Inteligencia astrológica

Guía astrológica
para iluminar
el destino

D1016211

ANDREA VALERIA
con Sherri Rifkin

Publicado por Random House Español, una división de Random House
Information Group, 280 Park Avenue, New York, New York 10017. Miembro de
Random House Company. Fue publicado por primera vez, en inglés, en 1999 por
Three Rivers Press, bajo el título *Astrological Intelligence: A Practical System for
Illuminating Life's Everyday Choices* Copyright © 1999 por Andrea Valeria.

Traducido del inglés al español por la autora.

Random House, Inc. Nueva York, Toronto, Londres, Sydney, Auckland.
www.randomhouse.com

RANDOM HOUSE ESPAÑOL y colofón son marcas registradas
de Random House Information Group.

Impreso en los Estados Unidos de América.

Diseño por Jesse Cohen

Edición a cargo de José Lucas Badué

Producción del libro
a cargo de Marina Padakis

Library of Congress Cataloging-in-Publication Data están disponibles

ISBN 0-609-81057-X

10 9 8 7 6 5 4 3 2 1

Primera Edición

CONTENIDO

AGRADECIMIENTOS

*P*lanear, construir, escribir y finalmente traducir este libro ha sido maravilloso. Personas, personajes, ideas y palabras encontraron su debido lugar después de pasar por las seis ideogramas, ¡excelente prueba fehaciente de que este método sí funciona! Tomé los primeros contactos y me acerqué a la palabra; hice preguntas . . . muchas. Vislumbré las estrategias adecuadas; negocié (hasta conmigo misma); busqué y encontré los vínculos adecuados y creo que acabé construyendo algo que resiste toda prueba y consolida ideas. Tendría que agradecerles a todo aquel con quien me he cruzado en la calle, en los cines, en las bibliotecas y en las librerías; ¡hasta al ladrón que se metió en mi hogar mientras traducía este libro! De alguna manera, todos han contribuido a mi propia historia, lo que me ha permitido verter todas estas líneas.

No quiero ocupar demasiado espacio para explicar todas mis propias razones de ser, pero quiero darle las gracias a unas personas en particular, sobre todo a aquéllas que me han aguantado en las altas y bajas de esta producción. Los refranes que a continuación incluyo—uno por signo—hablan por sí.

Para Aries: *"Nada existe más que átomos y el espacio vacío; todo lo demás es opinión".*

Demócrito

para mi madre Christiane Grautoff y César Vallejo, cuyas palabras me alimentan.

Para Tauro: *"Dáme un lugar firme sobre el cual me pueda parar, y moveré al mundo".*

Arquímedes

Para Christianne Gout, mi hija, estrella universal de donde quiera.

Para Géminis: *"Los ángeles pueden volar porque se toman a la ligera".*

G. K. Chesterton

Muchas gracias a Miles Davis, Lord Byron y un brindis al EZLN.

Para Cáncer: *"Las cosas son lo que son porque fueron lo que fueron".*

Graffiti

Gwendollyn Gout, mi personaje preferido de este signo; mucho cariño para Anne Edelstein, mi agente, quien siempre está presente con garbo y buen modo además de su gran inteligencia; para Sherri Rifkin quien enderezó mi primer manuscrito y me entiende; para la ciudad de Nueva York y para Julie Palau de Terrazas, siempre tan presente.

Para Leo: *"Esa pequeña chispa de fuego celeste de la consciencia".*

Jorge Washington

A Fritz Peter Landshoff cuya luz me acompaña en todo momento, para Will y Gerda Schaber los cuales compartieron el signo y una maravillosa vida.

Para Virgo: *"Los espíritus de los sabios están sentados en las nubes y se burlan de nosotros".*

William Shakespeare

A Everardo Gout, mi hijo, el mejor de todos los Virgos posibles.

Para Libra: *"Veni, vidi, vici".*

Julius Caesar

Para Abigail Agranat, buscadora de palabras mágicas, y la

ciudad de Cuernavaca, favorita de mi alma. También tengo que mencionar a la gran escéptica quien siempre le hace honor a su signo encantando a alguien, Joyce Buñuel.

Para Escorpión: *"Tiempo presente y tiempo pasado. Estarán ambos quizá presentes en tiempo futuro"*.

T. S. Eliot

A Leopoldo Gout, mi hijo, consciente de que su signo es mi gran favorito; a Norbert Guterman figura paterna y figura predilecta; a Robert Dreeson cuya inteligencia y sagacidad llevan la gran delantera.

Para Sagitario: *"Un poco de locura sobrevive la sabiduría y el honor"*.

La Santa Biblia

A Susana Slagt, amiga entrañable en las buenas y en las malas, con cariño.

A Christopher Warnasch, quien sugiere con suma inteligencia y sabe regalar expansión.

Para Capricornio: *"Me gustan los árboles porque parecen amoldarse a la manera que les tocó vivir que cualquier otra cosa"*.

Willa Cather

Para Lauren Klein, un alma fuera de lo común y gran artista.

Para Acuario: *"Todo momento es una chispa de eternidad"*.

David Hofstein

A mi Sikhote-Alin, pedazo de meteoro y portador de millones de años vividos en el espacio. A Christopher Medellín, que supo ver, medir y encontrar, y todo habitante de este signo, portador de milagros.

Para Piscis: *"Un escritor es alguien que puede hacer de una respuesta una adivinanza"*.

Karl Kraus

Mi padre nació Piscis, mi amor es Piscis, mi mejor amiga es Piscis. Para Valerio Marcu, Leon García Soler y Marely; con mucho amor aunque no entre en razón.

Para José Lucas Badué, porque sabe—admirablemente—cómo, cuándo y dónde poner el enfoque adecuado a toda palabra. Se merece premios cósmicos.

Y por último, mi agradecimiento—con un poco de polvo de estrellas—para Fernando Galeano y Marina Padakis, quienes ayudaron, con su propia fuerza estelar, a la puesta en escena de *Inteligencia astrológica.*

PRÓLOGO

"Nosotros, los terráqueos, podremos estar conectados al espacio que nos rodea de maneras que sólo apreciamos nebulosamente", dice al final de un artículo del reverenciado *New York Times*. Reconozco que este gran periódico no se refería específicamente a la astrología, pero no tiene siquiera que emplearse fuera de contexto para hacer la conexión. Comencé a los catorce años a interesarme en la astrología. Mi madre me la presentó, y puesto que yo idolatraba a mi madre, me subí a ese caballo sin ninguna duda. Mi madre nació dentro de una prominente familia de intelectuales alemanes cuyas veladas con los artistas y políticos de principio del siglo pasado tan conocidas y recomendadas que el mismo Thomas Mann escribió un cuento dedicado a la historia de mi abuelo, amigo de infancia suyo. Mi madre se casó a los 16 años con uno de los poetas y dramaturgos más reconocidos de los años 30, Ernst Toller, y ellos a su vez hacían una pareja imponente en las mesas de personalidades como Bertrand Russell, Bernard Shaw, Sir Winston Churchill, etcétera. Ella, joven reconocida actriz de teatro a quien llamaban la pequeña gran Grautoff, y él, guapo, seductor, poeta y arriesgado. Mi madre vivió una vida abundante, maravillosa y totalmente original, llena de personalidades imponentes, cartas astrológicas impacientes y momentos de gran tragedia. Ella se convirtió en astróloga en los años 50 al ser discípula de uno de sus varios novios con quien posteriormente se casó, y de quien—como era su costumbre—se divorció poco después. No fue hasta que llegué a ser adulta que comprendí hasta qué grado la astrología ayudó a mi madre a salir de problemas impacientes. Ella falleció a los 57 años, demasiada joven, y tengo el legado de miles de hojas y cuadernos dictados por ella, escritos por mí en letra muy infantil al comienzo y madurando, enderezándose y tomando forma con el paso de los años. Guardo cartas astrales elaboradas por ella como tesoros, no simplemente por pertenecer a personajes, pero porque siempre aprendo algo nuevo puesto que su perspicacia era fuera de lo común. La mía no lo es tanto. Yo me baso en mi biblioteca de unos cuatro mil ejemplares de libros que contiene desde textos clásicos del año 1640, libros bellamente encuadernados del siglo XIX y unas joyitas de portada blanda y palabras mágicas. Libros que subrayo, llenos de marcas y sujetapapeles para poder encontrar tal o cual cosa, puestos sobre anaqueles de fácil acceso que catalogo por ideas muy fijas. La experiencia de haber podido leerlos, escribir artículos para periódicos y revistas, usar la magia moderna del internet, dar consultas y contestar preguntas—a veces banales pero siempre interesantes—es una gran alegría y me ha orillado a querer mostrarles como las leyendas del cielo pueden ser recompensatorias y gratificantes bajo cualquier punto de vista.

Tengo un estudio en mi ciudad natal de Cuernavaca, México, con vista a la mágica pirámide de Teopanzolco, de la cultura Tlahuica, y allí me doy tiempo para pensar—a veces—en el primer, libro que adquirí. Tenía quince años y descubrí una librería astrológica llena de polvo y olores extraños—alquimia pura—en el número 281 de la Avenida Lexington en mi segundo amor, la ciudad de Nueva York. Uno tenía que subir una larga escalinata muy empinada, sucia, cuyo último escalón era como una prueba de equilibrista. El señor Mason, astrólogo polaco y dueño de todo lo que allí se encontraba, se extrañó al ver una jovencita tan interesada y me regaló mi propia carta astral. Se abrió una puerta en mí, la astrología era algo que no le pertenecía solamente al legado maternal, sino que había personas, personajes y otros que sabían cosas que yo ignoraba. Él, tan gentil y hosco al mismo tiempo, me hizo jurarle que no haría interpretación alguna hasta no haber estudiado mi propio horóscopo durante otros 15 años. "¡Tienes que doblar tu edad"!, me dijo. Pensé que nunca llegaría tan lejos, ya que todo es tan inmediato a esa edad. Pero le hice caso, y no fue hasta cumplir los 32 años que me atreví a leerle un mapa del cielo y dar una primera consulta. Fue alguien que trabajaba como gobernador de un estado y llegó a ser alcalde de la ciudad más grande del mundo. Yo se lo había prometido por sus astros. Y corrió la voz; doña Andrea sabe lo que dice . . . y como dicen en los campos de Zapata, siguió la mata dando. Ahora, con varios libros escritos en idioma inglés y español, usuarios cuyos datos envío por correo electrónico, telefax y teléfono, si estoy presentando algún libro en ciudades lejanas, hacer conjeturas astrológicas se ha vuelto la segunda gran alegría de mi vida. La primera, por supuesto, es verme con mis cuatro hijos ya adultos, desarrollándose dentro de sus signos, ya que cada uno lleva el mejor: Tauro, Cáncer, Virgo y Escorpión. Creo en la fuerza cósmica de todo humano y de cada cosa, y apunto los datos de objetos—mi lap-top, mi pedazo de meteoro, mis ciudades preferidas—de momentos; desde hacerle rico postre al señor de mi corazón, hasta a qué hora saldrá el sol desde atrás del Popocatepétl extendiendo sus rayos por las viejas piedras de Teopanzolco para reencontrar sus antiguas fuerzas mágicas. Una vez fue centro de fuerza y ahora bajo su sombra, centro de luz y fuerza de la ciudad de la eterna primavera. He llegado a comprender que la palabra *sí*, no tiene la misma raíz que el *yes*, y que cada signo astrológico lleva su propia entonación. Los doce signos del zodiaco constituyen una pequeñísima porción del extenso y la expansiva historia astrológica. La palabra en sí tiene sus raíces en el griego antiguo *astro y logos*. La combinación de estas dos palabras puede traducirse como *hablando con los astros*. *Inteligencia astrológica* ha llegado a tus manos a través de un largo viaje histórico, por siglos y siglos de la mano con el arte y la poesía, dejando destellos por su paso de asombro y consideración. Las correspondencias entre patrones cósmicos y experiencias humanas han pasado por muchas manos desde hace por lo menos cinco mil años. Los innovadores babilonios, los sabios egipcios de antaño, los sagaces chinos, los matemáticos mayas y los determinados aztecas tenían en gran estima a los estudiosos del cielo.

Inteligencia astrológica podría haberse llamado *Tu propio diccionario de pistas para saber escoger mejor bajo cualquier circunstancia*. Buena idea, pero demasiado largo. Sherri Rifkin, editora de Random House, supo ayudarme a poner las seis palabras claves en un orden coherente, y acabamos divertidamente corrigiendo página tras página dejando una estela de polvo astral en risas, carcajadas, dolores de cabeza y buenos recuerdos. Dos mujeres del mismo signo con una misma meta: aclarar las cosas. Este, nuestro mundo creado, no es más que un pequeño paréntesis de la eternidad, dijo alguna vez Sir Thomas Browne. La astrología no tiene fecha de caducidad y nos ha acompañado desde siempre. Gracias por entrar a ésta, nuestra casa, la de la bóveda celeste. ¡Ahora continúen inspirados!

EMPEZAR:
UNA INTRODUCCIÓN

*"Aunque le favorezca o no, el calendario es amo
del hombre".*
—FERNANDO BRAUDEL

Bienvenidos. Bienvenidos a mi casa que es tu casa, la gran bóveda celeste que ha estado protegiéndonos desde que amaneció el primer día.

Durante miles de generaciones los observadores de las estrellas, los anticipantes a lo anhelado, los que soñamos en posibles e imposibles, así como hombres y mujeres osados y sabios—y aquí incluyo a Paracelso, Tolomeo, Alexandro Magno, Galileo, Kepler, René Descartes, Goethe, Jung, François Mitterand, Ronald Reagan, Samuel Beckett, entre otros—y por supuesto, el hombre o la mujer tan común como tú o yo, consultaban el viejo arte astrológico para acertar en su vida diaria o para responder ciertas preguntas. Hay entrenadores de fútbol, médicos, filósofos, madres y padres de maravillosos hijos, novias, compañeros de trabajo, profesores de universidades, poetas, artistas y financieros que han tenido a bien echarse una mano con un poquito de ayuda estelar.

Al hacerlo, siempre reciben vislumbramientos de inteligencia astrológica, que se acomoda de una manera quizá algo mística en su ser, dejando un rastro de polvo estelar. En el muy cotizado *Oxford compañero de la mente*, editado por Richard L. Gregory, entre las interesantísimas cosas que escribe sobre la as-

1

trología, prefiero la frase que dice contrariamente a todo sentido común: parece funcionar. Es decir, las características personales que supuestamente son gobernadas por los signos solares aparecen curiosamente precisas.

Ahora, dentro de este, tu libro de inteligencia astrológica, tomo precisamente esas características, estudiadas por tantos durante milenios y por mí durante más de treinta años, para hacer ciertos lineamientos que te facilitarán los primeros, segundos y terceros pasos para tomar decisiones a corto y a largo plazo.

- ¿Te estás acercando a alguien o a alguna idea?
- ¿Deberías atreverte a preguntarle eso que has estado queriendo preguntar?
- Después de preguntar, ¿cuál estrategia debo tomar?
- Y ahora, ¿cómo le hago para negociar? Negociar tiene todos los sinónimos como traficar, comerciar, tratar, ponerse las botas, endosar, descontar, especular, convenir, pactar, sacar provecho, girar, emitir y hasta regatear.
- ¿Cuál camino tomo para que los vínculos que estoy estableciendo sean los adecuados y mis enlaces me convengan?
- Y, finalmente, para seguir adelante dentro de este gran mundo, y pensar que hay siempre mucho más que hacer, ¿qué hago para edificar relaciones productivas y hacer que crezcan de una manera positiva?

Inteligencia astrológica es un sistema de autoayuda para que lo consultes en tu casa, entre amigos, en la oficina, con la familia, con el ser amado y hasta para confrontar al enemigo. Véanlo como una ecuación:

Tus preguntas e inquietudes

x

consejos astrológicos

=

un camino iluminado y más y mejores oportunidades.

TABLA DE ECUACIONES ASTROLÓGICAS

Busca la acción correspondiente a tu signo en la página indicada.

	ACERCAMIENTOS	PREGUNTAR	ESTRATEGIAS	NEGOCIAR	VINCULOS	CRECER Y DESARROLLAR
ARIES ▶	*ATREVERSE* pág. 28	*MANDAR* pág. 88	*TEMOR* pág. 152	*COMENZAR* pág. 212	*TRABAJAR* pág. 274	*LOGRAR* pág. 338
TAURO ▶	*PRECAUCIÓN* pág. 33	*FORTALECER* pág. 92	*POSEER* pág. 157	*AGUANTAR* pág. 216	*CREER* pág. 279	*TENER* pág. 343
GÉMINIS ▶	*CURIOSIDAD* pág. 37	*ESCUCHAR* pág. 97	*CAMBIAR* pág. 162	*ARRIESGAR* pág. 221	*DUALIDAD* pág. 284	*TRADUCIR* pág. 347
CÁNCER ▶	*DIAGNOSTICAR* pág. 41	*HABLAR* pág. 102	*DEJAR* pág. 166	*LLAMAR A CUENTAS* pág. 225	*DAR* pág. 289	*CONCLUIR* pág. 352
LEO ▶	*VALORIZAR* pág. 44	*GASTAR* pág. 107	*CEDER* pág. 171	*VULNERABILIDAD* pág. 231	*DISFRUTAR* pág. 294	*AUTOEXPRESIÓN* pág. 357
VIRGO ▶	*JUZGAR* pág. 48	*GANAS* pág. 111	*PREOCUPARSE* pág. 175	*CONVENIOS* pág. 236	*CONTESTAR* pág. 299	*ENTENDER* pág. 362
LIBRA ▶	*INTROSPECCIÓN* pág. 53	*AMAR* pág. 116	*APARENTAR* pág. 180	*CONQUISTAR* pág. 241	*COMPROMISO* pág. 304	*RESOLVER* pág. 367
ESCORPIÓN ▶	*PASIÓN* pág. 58	*ENIGMA* pág. 121	*CAER* pág. 185	*IMAGINAR* pág. 246	*BUSCAR* pág. 309	*SABER* pág. 372
SAGITARIO ▶	*CRECER* pág. 62	*PLACER* pág. 126	*CONTINUAR* pág. 189	*SIMPLIFICAR* pág. 251	*RELACIONAR* pág. 314	*AMBICIÓN* pág. 377
CAPRICORNIO ▶	*PODER* pág. 67	*ESPERAR* pág. 131	*CONTAR* pág. 194	*INVERTIR* pág. 256	*AÑADIR* pág. 319	*PERMANECER* pág. 383
ACUARIO ▶	*INDEPENDENCIA* pág. 72	*ADIVINAR* pág. 136	*CEDER* pág. 199	*EXPLORAR* pág. 261	*ANTICIPACIÓN* pág. 324	*VITALIDAD* pág. 388
PISCIS ▶	*AMOR PROPIO* pág. 76	*ASERTIVIDAD* pág. 141	*ESCAPAR* pág. 204	*IDEALES* pág. 266	*CREAR* pág. 329	*SENDEROS* pág. 393

Es más, este libro, *Inteligencia astrológica*, es todo un sistema de palabras que van de acuerdo a cualquiera de los doce signos astrológicos—tú escoges cual—y que compaginados con las seis palabras clave te ayudarán a encontrarle salida a cualquier embrollo, distancia a toda dificultad, manera de acercarte a quien quieras y de comenzar a tomar los pasos adecuados para lograr tus propósitos. Es en realidad una tabla de multiplicar astrológica, de fácil acceso para momentos claves.

Cómo usar tu tabla de ecuaciones astrológicas:

Si naciste bajo el signo de Acuario y quieres "acercarte" a un compañero de trabajo que no te ha prestado la atención que te mereces, busca tu signo en la primera columna de la tabla. Ahora, busca *Acercamientos* en la primera linea. El punto donde *Acuario* y *Acercamientos* convergen te indicará la página donde se encuentra la respuesta. Tu palabra clave es *independencia*. Por último, busca el signo de tu "compañero" en esta sección, por ejemplo:

> *Acuario y Leo. Lo repetiré una y mil veces. Los opuestos sí se atraen, y en este caso sólo se necesita encontrar algo liberador en que los dos estén de acuerdo. Una vez encontrado ésto, que podría ser totalmente trivial, pueden acercarse en conjunto en lo que se les pegue la gana. No olviden que a Leo le hace bien el calor del sol para suavizar sus primeros pasos.*

Hagan otra prueba rápida. Digamos que tú eres Géminis. Que estás pensando en un negocio nuevo, o sea, cómo sacarle provecho o cómo regatear, es decir, *negociar*. Tu palabra clave es *arriesgar*. Puede conformarte simplemente con leer todos los pormenores de la palabra en la página 230 ó, si conoce el signo astrológico de la persona con quien quieres hacer el trato, léelo. Están incluidos los doce signos zodiacales en cada capítulo principal, relacionados y comparados con el tuyo.

Dete cuenta que tienes en las manos casi mil respuestas a

un sin número de preguntas que cada quien aprenderá a contestar según su momento.

Siempre he pensado—y los miles que me han consultado lo han constatado—que la astrología es un instrumento además de ser un arte. Cuando quiero ser lírica, digo que la astrología es la parte poética de la astronomía, y cuando quiero ser realista repito que la inteligencia astrológica es ¡lo mejor que te puede suceder! Es un idioma. Yo, siempre me presento como Andrea Valeria que habla cinco idiomas: español, inglés, alemán, francés y el quinto: el idioma astrológico. Repito una y otra vez, que así como nos ayuda a conllevar el día por venir, anticipar el clima. ¿Lloverá? Ponemos un paraguas bajo el brazo o llevamos el impermeable y no usamos zapatos preferidos; un buen chal si hace frío, algo ligero para el calor etcétera. De la misma manera asentarte y fortalecerte dentro de tu propio signo del zodiaco, que te ha sido regalado por la bóveda celeste y un gran aliviane, dirían mis hijos, y un protector, dirían los que se atreven. Llevo treinta años practicando—además de quince años de estudio—este maravilloso mítico y mágico arte que nos permea de una energía reconocible. No es en balde que una de las películas IMAX sobre el cielo termina con las palabras; "Todos los humanos tenemos una parte de polvo estelar".

Por supuesto que este sistema astrológico me costó mucho tiempo y trabajo, pero bien vale la pena mostrarles cómo puede la astrología convertirse en algo práctico—y no tan rimbombante—y de fácil acceso para el uso de cualquier persona que se dé el tiempo de sentirse bienvenido dentro de nuestra propia bóveda celeste.

La astrología tiene que ver con interpretaciones, como los buenos médicos cuyos diagnósticos son producto de una excelente interpretación. La astrología es un idioma y así como dos traductores diferentes nunca traducirán un poema de manera exacta, no hay modo de que dos personas—aunque tengan el mismo signo del zodiaco—interpreten el mensaje de las estrellas o de sus "influencias astrales" de la misma manera. La astrología rompe barreras, no las crea. Y por lo tanto, decidí que combinando palabras claves con interpretaciones cósmicas era la mejor manera—además de ser la más sencilla—para introducirles este arte tan antiguo, ahora puesta a la modernidad.

Y la palabra de fácil acceso que necesitan para comenzar la traen por haber nacido tal o cual día. Es tu propio signo del zodiaco. Tu signo solar, que puede ser Aries, Tauro, Géminis, Cáncer, Leo, Virgo, Libra, Escorpión, Sagitario, Capricornio, Acuario o Piscis. La mayoría de ustedes seguramente ya conoce el suyo, pero de no ser así, no tienen más que ver la página 13 para averiguarlo. La complejidad maravillosa y rica, imbuida de mitología y de historia de cada de estos signos está entretejida por todas las palabras de este libro. Al usar la inteligencia Astrológica ustedes llegarán a entender mucho más sobre sí mismo y sobre los que les rodean.

Lo que tú hagas y como escoges hacerlo son los cimientos de la construcción de tu propia vida que por esta ocasión y con la ayuda de mi amiga y exeditora de Random House—de quien les hablaré después—he dividido en seis partes que pueden ser utilizadas en secuencia o al juicio del jugador. Albert Einstein, todos sabemos quien es, y a partir de ahora ya saben que es del signo de Piscis, dijo alguna vez que la vida es lo que el hombre está pensando todo el día. De alguna manera ésto me ayudó a escoger las seis palabras siguientes para que sean pilares del sistema de la inteligencia astrológica que te ayudarán a escoger con más claridad lo que realmente te conviene. Seis palabras que nos facilitan los pasos para encontrar nuestro lugar dentro de cualquier incógnita. Algo que tenga que ver con lo que tú estás pensando durante tu día.

Aquí están:

1—*Acercamientos*: Te sitúas y comienzas o estás a punto de comenzar algo.

2—*Preguntar:* Te empiezas a hacer preguntas personales.

3—*Estrategias:* Comienzas a hacer un verdadero plan.

4—*Negociar:* Te relacionas. Ya estás colaborando. Ya son más de uno.

5—*Vínculos:* Has dado algo y posiblemente, lo has recibido. Empiezas a vincularte, unirte, a alguien o algo.

6—*Crecer y desarrollar:* Estás creciendo, construyendo y edificando. Se abre un futuro seguro.

Éstas seis palabras se pueden aplicar en cualquier ocasión. Escoger una falda o un pantalón, tomar un atajo, salir a comer, pedir aumento o vacaciones, gustarle a tal o cual persona, hablarle a un desconocido en un elevador, pedir un permiso, darlo, pedir la mano o la confianza de tu ser querido, el gran espectro de la vida diaria en los negocios, la familia, las amistades, el romance, la educación, la recreación o el simple gusto por divertirse aprendiendo encuentra su lugar dentro de esta lista, y todos tenemos nuestro apoyo personal, o llave de acceso que es nuestro signo astrológico. Además de que viene un enlistado de los mismos en la contraportada. Inclusive, pueden usar este libro al azar. Vean.

Ábranlo a la página 304 (me tocó Libra/vínculos). Tomen unos minutos, lean de que se trata, o si tienen poco tiempo, simplemente vean que dice sobre Libra y la manera en que pueda divertirse con todos los otros signos, ¡incluyendo el tuyo! Este es un sistema que beneficia a todos y divierte a muchos. Al usarlo, tus decisiones se refuerzan con un impulso positivo que te encamina hacia algo que como mínimo habrá valido la pena. No quiero decir con esto que cambiará tu mundo, pero si estoy totalmente convencida de que al utilizarlo, no puedes más que hacerte un bien y eso nunca es una pérdida de tiempo.

Estoy totalmente consciente de que el debate sobre la autenticidad de la astrología será quizá interminable. ¡Y qué bueno! Simplemente en los Estados Unidos, hay algunos cuarenta millones de adeptos; en la India no hay matrimonio sin un compromiso anterior avalado por la buena conjugación de los astros de los contrayentes, y yo misma he tenido la grandísima oportunidad de pasearme—sin tocarlos, desafortunadamente—por la mejor biblioteca sobre la faz de la tierra en esta materia, que se encuentra dentro del Vaticano. Aunque tú seas un entregado a la causa astrológica, un simple curioso o un total y absoluto nocreyente, vale la pena darle el beneficio de una duda, suficiente para permitirte unos momentos más que te desbloquearán para que puedas descubrir como puedes, con un solo párrafo, darle un empujón a tus deseos. Una posibilidad de creer en ti, porque eres parte de un todo, que siempre ha existido, y siempre existirá, simplemente por estar ahí.

Y por eso el nombre de inteligencia astrológica. Ambas palabras no se excluyen; al contrario. Y, aunque he estado en lugares donde simplemente me dicen cosas como, "Pero si pareces tan inteligente, como puedes dedicarte a esas cosas tan atolondradas"?, sé que son legítimas. Cuando eso me sucede les menciono algún adepto o interesado cuyo nombre tiene peso histórico, alguien que usó los trucos de las estrellas para acomodarse mejor y frecuentemente esas mismas personas me preguntan, "¿Y, que me puedes decir de mi signo"? . . . ¡nunca falla!

Me preguntan también con gusto y sencillez; "¿Y cuál es el mejor signo"?

Siempre contestaré lo mismo.

Sin lugar a dudas, el tuyo. El propio.

Si eres un Virgo, entonces Virgo es el mejor signo. Ve las páginas 48, 111, 175, 236, 299 y 362 y estarás de acuerdo. Si naciste entre el 23 de septiembre y el 24 de octubre, eres del signo de Libra, y si tú eres Libra, no existe sobre la faz de la tierra mejor signo que el tuyo. Pero el primero en tener que estar seguro de esto eres tú, y con los conocimientos que este libro encierra, encontrarás como empezar a creerlo. Hasta el principio del 2001, tiene que haber aproximadamente entre quinientos a seiscientos millones de individuos de cada signo. ¡No es tanto si los comparamos con todas las estrellas del cielo! Al mismo tiempo, así como no hay dos copos de nieve iguales, no hay dos escorpiones iguales, ¡aunque sean gemelos! Por esto es tan interesante adentrarse en los conceptos de lenguaje y paraje astrológico. Si dos sagitarios abren este libro a la página 189 (*Estrategias*) verán en un santiamén como las palabras de Antoine de Saint-Exupéry, autor de *El principito*) les atañe de diferente manera, y al volcarse sobre los caminos a tomar entre su signo y el de cualquier otro, su entonación será diferente, aunque hubiesen nacido en el mismo lugar, a la misma hora y del mismo vientre. Todos tenemos dedos, pero nadie tiene huellas digitales iguales. Estamos comenzando una aventura de autoconocimiento y diversión.

Es bueno notar, sin embargo, que el paso exacto del sol de un signo a otro, puede variar año con año. Si ustedes nacen en un día para lo cual no tienen la absoluta seguridad de su signo, consulten con un buen almanaque, astrólogo o libro de efemérides, porque nadie debe privarse de saber dentro de cual maravilloso cuento mitológico navega su alma para gozar con tempura. El libro de efemérides es un libro lleno de números calculados con relación al lugar de la tierra bajo el firmamento en grados, usados por astrónomos y astrólogos desde siempre. Así, podrán imaginar que su propio signo es un tronco común que reparte millones de hijos en una familia inmensa de árboles, ramas, hojas, flores, frutos y semillas todas tumultuosos y alborotados con exuberancia bullicioso cargando su propia personalidad única, que proviene del mismo—me repito—polvo cósmico.

Apoyado con tu signo personal y la de otra persona—si quieres—pregúntate algo por inverosímil que se te haga con este sistema de fácil acceso y verás como poco a poco se les abre un sin fin de posibilidades. Poco a poco porque conforme vayan conociendo mejor los secretos de su propio signo verán que Aries, Tauro, Géminis, Cáncer, Leo, Virgo, Libra, Escorpión, Sagitario, Capricornio, Acuario y Piscis no son simplemente nombres o dibujos extraños, sino que cada uno tiene la posibilidad de convertirse en un santuario, un resguardo que se va a ir pareciendo más a la gran familia arriba mencionada que a una simple estela dibujada hace miles de años. Y aprenderán como el mito y la magia de cada uno de los doce signos encierra fuerzas, causas, dones, ímpetus, características, flujos, flaquezas, contrariedades, posibilidades, extravagancias, elevaciones de potencia, suplementos accesibles y muchísimo donde tú encontrarás inspiración, desahogo y comprensión con los conocimientos y los secretos de tus palabras, que no son más que parte de propia solidez. Verás cómo tus decisiones serán más atinadas. Sagitario, por ejemplo, no simplemente aparenta o cree—en secreto— tener más opciones porque es mitológicamente mitad hombre mitad centauro, pero porque posiblemente (vea la página 60) lleva una fuerte carga de ADN puestas por las mismas nueve musas. ¿Y cómo domarlas? Depende con quién (páginas 126 a 131). Poco a poco se te abre el mundo, y aparece un laberinto de oportunidades tan divertidas como fuertemente inclinadas a lo que tu destino se merece.

Puedes utilizar este libro para comenzar a cambiar, para alterar pequeñas molestias diarias, para afrontar decisiones que otrora te hacían sudar, o simplemente te daban flojera. A veces verás como un mínimo giro cambia tu humor o tu posición, como el Feng Shui o la adecuada posición de un mueble que parecía no tener importancia puede cambiar el mismísimo clima de las cosas. Un Capricornio podría estar impidiéndote el paso o tú podrías ser Capricornio y desear impedir una acción que sabes ser inconveniente. Ve, en la página 194 por qué razón es tan importante invertir tu tiempo, y te aseguro que si además sabes el signo zodiacal de la persona bajo tu escrutinio, ¡será cosa de niños!

¿Qué tal si eres Acuario, y tienes un verdadero problema con alguien en tu trabajo? Te aconsejo que busques en el capítulo de *Estrategias,* y tu palabra clave te indicará el camino que debes tomar. Como eres Acuario, no eres muy adepto a los consejos ajenos, así que ya te dejo solo. El beneficiado, la beneficiada, eres tú. El tiempo que te tomes para relacionarte con tu propio signo astrológico siempre será adecuado porque es tuyo, y cuando te des un poco más de tiempo para juzgar bajo cual de las seis premisas vale la pena ponderar y te relaciones por consiguiente con tu signo, habrás dominado esta nueva tabla de multiplicar de la misma manera que cuando aprendiste que ocho por seis es cuarenta y ocho en el tercer año de primaria, algo que sabemos para siempre y con todo y las computadoras maravillosas, siempre nos saca de apuros. Tan fácil como encontrarle el número adecuado de la frecuencia de tu programa favorito en el radio. A veces, con adelantar el carro dos metros o girar la antena un cuarto de círculo ya está, entra la voz de tu cantante favorito a todo dar como decimos en mi querido México. ¡Haz la prueba!

Deben sentirse alentados por el hecho que no hay límites a lo que la mente humana puede imaginar, trazar o crear. Tú eres el mejor arquitecto de tu propia vida, el autor de tu historia que es única y el creador de tu universo personal diariamente además del día que escojas hacerlo. Esto es lo que hace que de vez en cuando la vida sea divertida, llena de momentos que hacen que nos sentamos contentos de estar presentes en medio de todo este movimiento, a veces a doscientos kilómetros por segundo como la velocidad de la luz, y a veces con la suave lentitud de un sueño. La inteligencia astrológica te encaminará hacia la buena pista, te pondrá al día en relación a tu propia persona y te permitirá seguirle la pista a lo que puedes hacer para ser más feliz, tener mejores relaciones y escoger de acuerdo a un conocimiento permanente, válido y eterno.

En el último capítulo, consolidando, bajo el rubro de Piscis; con quien frecuentemente me encuentro finamente ligada casi de manera kármica además de que mis dos personajes preferidos de este mundo son de este signo: Benito Juárez y Albert Einstein. Existe una frase maravillosa, legado de la sabiduría China: Los maestros abren puertas, pero eres tú quien tiene que entrar. Es una frase que escogí específicamente por estar no solamente dentro del último segmento del libro, pero también al cuidado del último signo del zodiaco. No hay último signo, como no hay mejor signo. El número doce está allí para darle paso de nuevo al número uno, Aries; igual que la tierra dá vuelta sobre su eje y el día le sigue a la noche hasta que la noche le sigue al día. No hay en esta tabla mágica de vocablos palabra alguna escogida al azar sin que tú la puedas utilizar metódicamente, y mientras más asesoramiento personal encuentres al usar este método y mejor te acomodes con este sistema de rápido acceso personal, con mayor brío se presentarán las ventajas de estar en relación íntima no solamente con tu signo personal y sus conveniencias, sino que también con la energía cósmica de aquellos que pasan, entran y posiblemente se queden en tu vida en toda circunstancia y en cualquier momento íntimo, platónico, profesional o familiar. Conocer el signo astrológico de la persona que tienes enfrente es muy parecido a saber de que país viene y en qué idioma puedes comunicarte con él o con ella. Al saber un poco más sobre su temperamento astrológico, entran en sincronía, como ponerte el color que te queda bien o encontrar tu perfume adecuado. Las interacciones que hagas serán como una buena racha de ideas, que es la espina dorsal de la inteligencia astrológica. Me di cuenta que al poder hacer referencias cruzadas con este libro, nos miramos con mas profundidad a los ojos del otro, quien está enfrente de ti, quien te acompaña, quien se cruza por tu camino

entre el 21 de marzo y el 20 de abril,
tu signo solar es **ARIES**;

 entre el 21 de abril y el 21 de mayo,
tu signo solar es **TAURO**;

 entre el 22 de mayo y el 21 de junio,
tu signo solar es **GÉMINIS**;

 entre el 22 de junio y el 22 de julio,
tu signo solar es **CÁNCER**;

 entre el 23 de julio y el 23 de agosto,
tu signo solar es **LEO**;

 entre el 24 de agosto y el 22 de septiembre,
tu signo solar es **VIRGO**;

 entre el 23 de septiembre y el 24 de octubre,
tu signo solar es **LIBRA**;

 entre el 25 de octubre y el 22 de noviembre,
tu signo solar es **ESCORPIÓN**;

 entre el 23 de noviembre y el 21 de diciembre,
tu signo solar es **SAGITARIO**;

 entre el 22 de diciembre y el 20 de enero,
tu signo solar es **CAPRICORNIO**;

 entre el 21 de enero y el 18 de febrero,
tu signo solar es **ACUARIO**;

 entre el 19 de febrero y el 20 de marzo,
tu signo solar es **PISCIS**.

o con quien prefieres no hablar. Así las relaciones se vuelven más pacíficas y duraderas.

Con sólo un cambio de página, pones tus cinco sentidos en forma adelantada.

Simplemente recuerden por favor, que en lugar de decirte lo que *deberías* hacer, la inteligencia astrológica te dice lo que *puedes* hacer y te deja ver como suplir las cantidades además del marco de referencia. He aquí el sistema. Úsalo. Navega en y con él, y verás que es un accesorio práctico que ya le ha comprobado su eficacia a sus miles de lectores en idioma inglés, y nunca deja de ser divertido.

Características astrológicas
de los doce signos del zodiaco

*"Una vez que has tomado el imposible como factor
para tus cálculos, sus posibilidades se vuelven
prácticamente ilimitados".*
—Héctor Hugh Munro, conocido como Saki

Aries. *Del marzo 21 al 20 de abril.* ¡Un estallido de energía es lo que traes en el alma, Aries! Eres capaz de—en segundos— iluminarle el día a alguien, o ponerlos en su lugar sin escatimar. Sepan todos que lo mejor que les puede pasar—a los demás once signos—es tener oportunidad de trabajar a tu lado Aries, aunque deben tenerte respeto y un poco de aprensión al mismo tiempo, porque no escatimas. El zodiaco comienza con tu signo, que probablemente tiene mucho que ver con el hecho de que te gusta estar y llegar a tiempo, en el primer lugar y a la vanguardia de tus deseos, tus atrevimientos y las ganas de comprobar cualquier cosa con valor. Es bastante común que seas el héroe o la heroina de alguien, sino de tu propia historia. ¡Eso sí, pobre del que se atreva a ofenderte! Con una sola mirada puedes intimidar a quien quieras, empequeñeciendo a grandes o a chicos, a valientes o a tímidos con la misma facilidad que tienes para, repentinamente, traerles una luz esplendorosa que ilumina el mundo de quien hayas decidido meritorio de tu iluminación. Se ve y se siente de inmediato cuando estás presente y quieres hacer algún bien; algo que estás predestinado a hacer una y otra vez en tu vida. Iluminas el mundo con simplemente estar. Ten siempre presente que si usas tu intelecto para agrandar y expander lo que puedas, mejoras todo. ¿Será que Marte, el planeta que rige tu signo, está en la mira del mundo por su propia voluntad, entendida por Gaia misma? Si Aries tuvo algo que ver con la primera mirada al cielo, no lo dudo en lo más mínimo porque tu signo tiene tal fuerza que puede activar cualquier energía con su simple presencia. ¡Para ti, Aries, cualquier cosa es posible!

TAURO. *DEL 21 DE ABRIL AL 21 DE MAYO.* Tauro, eres tú quien porta una medalla universal de un encanto irresistible doblemente porque lo sabes hacer con cierta precaución y con gran cuidado personal. Ni el tiempo ni la forma resiste tu fortaleza. Cuando alguna persona menciona la palabra "determinación" es porque estás presente aunque no estés allí. Soportas lo que sea necesario cuando te decides a creer en ti mismo, porque esa confianza que tu signo carga por dentro es tu máximo soporte. Si aún no estás consciente de ésto, es simplemente por no haber descubierto todo lo que tu maravilloso signo te puede ofrecer. Eres quien da fortaleza y resistencia a quienes necesitan recomenzar, aguantar o soportar lo que sea, y sabes cómo domar cualquier tipo de deseo para ponerlo a buen uso cuando sea necesario. Si alguien que no sea de tu signo astrológico te tiene como amigo o amante, por lo general, no puede olvidarte hasta que pase un siglo, y por lo general también, después de un siglo no hay quien no quiera volver a empezar la vida contigo a su lado. Eres tú, Tauro, quien sabe instintivamente como unir a los demás y ponerlos en contacto con su propio caudal de dicha. Eres tú Tauro quien sabes cómo legar lo adecuado para que todos nos llenemos de felicidad y fortuna sin pedir demasiado. ¡Tu paso por esta vida es extraordinario!

GÉMINIS. *DEL 22 DE MAYO AL 21 DE JUNIO.* Los que deciden escucharte, Géminis, aprenderán siempre bastante más de lo que asumían, y con toda seguridad se les abrirá una nueva perspectiva sobre cualquier materia. A tu signo, Géminis, se le puede llamar el gran revelador del zodiaco. Tienes el don de ser el comunicador mas claro del mundo si te abocas a explicar, divulgar o revelar de viva voz. Innovación es tu palabra clave. Cuando estás al lado de alguien, ellos pueden arriesgar lo que sea porque tú siempre sabrás como mostrarles la mejor manera de satisfacer su propia curiosidad con algún cambio totalmente adecuado. Sabes con gracia, como presentarle el mejor caso a cualquier partido, porque eres quien mejor define una palabra— la que fuese—para conveniencia de quien resulte responsable o no depende del momento cósmico, que siempre escogerás adecuadamente. Y cualquier momento dentro de todo tiempo siempre tendrá para ti Géminis, más de un lugar y una oportunidad adicional. Eres artista y gran experto de la dualidad perfecta y le muestras a quien sea cómo sacarle provecho a los dos lados que conforma toda historia. ¡Eres tan fascinante que todos nos sentimos azarosos con tu presencia!

CÁNCER. *DEL 22 DE JUNIO AL 22 DE JULIO.* Hacer valer nuestros propios méritos y encontrarse son procesos que se hacen con los toques finales del espíritu de Cáncer. La madre tierra y nuestra Luna han sido portadores de tu signo en las buenas y en las malas desde siempre. La evocación del brillo eterno de un rayo de luna que nos deja imaginar una luminosidad específica y personal es algo que tú regalas, y por eso te doy las gracias. Tú,

Cáncer, nutres y confortas el sique colectivo, el momento de cualquier dulce despertar sin que nos sacuda una cruda realidad. Estás en tu punto cuando nos muestras lo que es verdadero con compasión porque tú vives rodeándote de emociones y sentimientos a tal grado que tu destreza navegacional en este terreno es totalmente de primera clase. Eres *maestro* de las ceremonias de la vida. Les muestras a tus semejantes cómo estar en el lugar adecuado en el momento adecuado. Además, entiendes los diferentes grados de experiencia personal porque tus emociones están siempre prendidas y presentes. Si te equivocas o estás allí cuando otros no tienen razón, tu penetrante agudeza te da una firme habilidad de diagnosticar límpidamente, de llegar al fondo de todo problema y nos ayudas a enderezar o erradicar lo dañino o lo inútil. Prosperas, Cáncer, cuando sustentas. ¡Prométenos Cáncer, por favor, que nunca abandonarás la búsqueda—por grande o pequeña que sea—para que tú o quien quieras, se atreva a pedirle un deseo a cualquier estrella de nuestra bóveda celeste!

Leo. *Del 23 de julio al 23 de agosto.* Leo, eres el rey o la reina en la celebración de tu propio destino, a tal grado, que vuelves vulnerable a quien no sea de tu mismo signo cuando están en tus brazos o en tu cercanía. Los demás signos del zodiaco, tarde o temprano, pero por lo menos alguna vez, te rendirán pleitesía. Sabes como encantar, apantallar, impresionar, asombrar y hechizar a quien quieras. Las dos palabras—maravilla y sorpresa—probablemente fueron ideadas hace tiempos inconmensurables al mismo instante que surgió tu signo en los primeros instantes de vida del cosmos. Los agraciados que pasan tiempo a tu lado aprenden siempre algo significativo y valioso sobre sí, simplemente por estar a tu lado. Llevas un campo magnético, mágico y majestuoso que generalmente mejora al tener contacto contigo. Tu signo se dibuja a través del tiempo como un corazón abierto que late eternamente, dándole un valor especial al tiempo al vincular los dioses míticos con las almas humanas. Defiéndete, por favor, contra el llamado "complejo atlas", que te hace sentir como si cargaras todo el mundo sobre tus hombros. Está claro que aunque de vez en cuando eres capaz de hacerlo, tienes la enorme capacidad de saber balancear los verdaderos valores, aguantando cualquier límite, y salirte con lo tuyo, porque te lo mereces. ¡Leo, te lo mereces todo, porque sabes cómo!

VIRGO. *DEL 24 DE AGOSTO HASTA EL 22 DE SEPTIEMBRE.* Cada humano es único en su género e inimitable. Si logras emparentarte con tu unicidad Virgo, encontrarás que tu realidad tiene afinidades con lo que alguna vez fue llamada por la historia "las hijas vírgenes de Babilonia", que a su vez no es más que la casi perfección pura. Virgo, cuando tú pides, recomiendas, oras o imploras, sé que los dioses te escuchan. Eso pasa porque sabes como escoger las palabras perfectamente adecuadas y tienes una habilidad excelente para escoger el momento oportuno. Sé que a veces te cuesta trabajo conciliar tus demonios internos con el aparente caos mundial—o el llamado pan nuestro de cada día—pero sabes negociar con las palabras y los sentimientos de tal modo que por lo general, sales ganando a largo plazo. Virgo, te haces un magnífico favor cuando te haces caso en lo personal. La mayoría de los nacidos bajo este signo tan increíblemente comprensivo usan las preocupaciones y las inquietudes como etiqueta de identificación, y los que te acompañan en la vida simplemente tienen que tolerarte. Virgo, quizá tengas fibra esencialmente divinas porque tu signo tiene los mismos ingredientes que lo de los dioses pero como no eres muy partidario a lo misterioso o mágico, necesitas consolación en lugar de devoción. Deberías de conocer ésto de antemano Virgo, porque además de todo no hay nada que no puedas hacer. ¡Lo imposible te va de maravilla!

LIBRA. *DEL 23 DE SEPTIEMBRE AL 24 DE OCTUBRE.* Dale la bienvenida, tenle fe, deléitate y toma todo el placer que te sea posible en ser tú mismo Libra, porque eres quien mejor lo podrá hacer. Tu introspección llega a tal profundidad que fácilmente podrías auto-sicoanalizarte y siempre tendrás facilidad en auto-conquistarte. Laconquista en sí te viene bien. Si la perfección solamente existe ante los ojos del espectador, entonces eres el escogido—por signo—para hacerles sentir a tus seres amados que son absolutamente perfectos para ti. Es lo que más necesitas, aunque en el fondo de tu ser no estás tan convencido. Pero sabes cómo hacer feliz al de enfrente o de la otredad. Por lo general, comprometes tus propias necesidades y deseos personales para que esos mismos seres amados queridos o respetados no solamente satisfagan sus propios menesteres o faltas, pero también resuelvan sus propias dificultades. Eres quien se toma el tiempo para comprender a los demás y les indicas los caminos que tú sabes ver para que ellos encuentren su propia libertad con gracia y regocijo. El resultado de todo esto debe darse cuando encuentres que estás en paz contigo mismo al estar solo o acompañado, cuando al estar con desconocidos o bien amados te encuentras bien, y cuando entiendas hasta qué grado tu signo es capaz de dar de sí para el bien ajeno.

ESCORPIÓN. *DEL 25 DE OCTUBRE HASTA EL 22 DE NOVIEMBRE.* La Santa Biblia nos dice "buscad y encontrarás". Contigo, Escorpión, toda indagación involucra un examen de conciencia aunque no lo quieras reconocer. Tu profunda pasión por vivir puede resumirse con el refrán "vivir y dejar vivir". Tú, Escorpión ayudas a quien te lo pida a descubrir todo el misterio que traen adentro de tu ser, específicamente porque nada te ofusca ni te espanta. Y si llegas a caer en, entre, de, desde, para, con o dentro de cualquier problema, instintivamente sabes cómo encontrar el camino adecuado para salir adelante y triunfar, una y otra vez.

Todos debemos asegurarnos de que el tener alguien de signo Escorpión cerca o accesible es el mejor antídoto para cualquier dificultad, labor o aflicción. Cualquier cosa es realizable para ti o para aquéllos que necesitan asistencia tuya. Personas y personajes de signo Escorpión han estado deslumbrando al mundo desde que Claudio Tolomeo dejó plasmado en su *Tetrabiblios* que la estrella Antares, mentor de tu signo, era absolutamente espléndida, ¡hace más de mil años! En la mitología antigua, Escorpión estaba directamente emparentado con la idea del transcurso del tiempo. Los sabios de antaño decían que Escorpión despertó el inconsciente humano al concepto de la evolución. No hay problema que no puedas resolver, Escorpión, y esto debe darle paso a una íntima y profunda satisfacción a tu recóndito ser.

SAGITARIO. *DEL 23 DE NOVIEMBRE AL 21 DE DICIEMBRE.* Sagitario, eres el gran benefactor y repartidor de la bienaventuranza y de la alegría. Sabes envolver dentro de un paquete de placer estos sustantivos. Eres doctor en repartirlos y entiendes cómo utilizar esos dones para que los demás puedan confrontar sus momentos difíciles y llevar a quien lo necesite a tierra firme. Hace muchísimos siglos el signo de Sagitario se dividía en seis palabras, parecidos a las seis palabras claves de este libro. Cada una de ellas definía tu propio camino por la vida y simplificaba tus búsquedas para demostrarles a todos los demás habitantes de la tierra cómo prevalecer y prosperar. Los seis grupos de los filósofos, los profetas, los maestros, los atletas y los consejeros y aquellos que se divertían te convirtieron en el gran mentor del zodiaco. Estas categorías aun tienen fuero en estos días y nos muestran como comenzar a comprender el concepto de "eternamente". Sagitario, nunca debes olvidar que estás aquí para dar y repartir, no bienes materiales, sino que ideas, ideales, ambiciones, creencias y búsquedas. La mente y sus derivados es tu campo de acción y tu patio de recreo. Cuando los demás te piden consejos, se estarán haciendo un gran favor. La suerte está por lo general a tu lado porque Júpiter, el gran benefactor, es el regidor planetario de tu signo. Júpiter le abre paso a las mejores posibilidades y acomoda las cosas en su debido lugar. ¡Mientras más utilizes tu gran sensibilidad utópica, mejor estaremos todos, empezando por supuesto por ti!

CAPRICORNIO. *DEL 22 DE DICIEMBRE AL 20 DE ENERO.* Si permites, Capricornio, que otros se acerquen a ti y permanezcan a tu lado lo suficiente, aprenderán eso: el poder de la palabra quizá no siempre la palabra hablada, pero con seguridad la que perdura, la que tiene longevidad y se relaciona a la construcción aguda e inteligente de la vida en general. Capricornio es el mejor de todos los signos para demostrarle a quien se deje de cuantas formas puede la astrología ser la evocación poética de la astronomía. Si quisieras, convencerías al físico-matemático más huraño de que existen las brujas, pero falta que lo creas tú. ¡Algo casi imposible! Tú Capricornio necesitas, con "N" mayúscula, darte la oportunidad de relacionar la sabiduría de los cocodrilos sagrados que en antaño simbolizaban tu signo sobre pergaminos egipcios, y apuntaban el camino que debían tomar aquéllos que lograrían ese algo que ayudará siempre a sobresalir. Lo que esto significa para ti es que aunque no lo sepas aún, debes tener la seguridad que si te das la oportunidad, puedes hacer realidad tus sueños más extremos, extravagantes o visionarios. Capricornio eres quien tiene el gran don de saber esperar con tranquilidad y templanza, de detenerse para ir a todo encuentro y de tomarse el tiempo adecuado para cualquier logro. A la larga, siempre sales ganando porque el tiempo que inviertes en cualquier plan o actividad a largo plazo te beneficia. Solo tú, Capricornio, conoces el porqué. Eres quien sabe, casi perfectamente, como construir sobre la pregunta adecuada y como proseguir mientras mejoras. Si yo pudiera escoger, posiblemente hubiera escogido ser Capricornio. ¡Si los demás supieran todo lo que puedes lograr, quizá también lo pedirían!

ACUARIO. *DEL 21 DE ENERO AL 18 DE FEBRERO.* Acuario, necesitas declarar tu independencia de tus propios sueños para que todos los otros signos no tengan que adivinar lo qué quieres o quién eres. Difícil empresa para alguien como tú, que nunca debe dejar de explorar tu propia individualidad. Lo primero podría aparentar contradecir lo segundo, pero si eres Acuario no es así. Toda oposición, cualquier obstáculo y alguna rebeldía crea energía positiva en tu sique. Un acuariano, puede afrontar cualquier cosa, y sólo buscando la profundidad de las cosas conquistas tu merecido, que es mucho más allá de lo que tú mismo imaginas.

Naciste con la gran habilidad de arriar con toda o con cualquier fuerza cósmica disponible en el universo. Lo que te suceda, lo domesticas, si no te aburres antes. No hay sorpresa que te mengue. El dicho *"E pluribus unum"* que en latín quiere decir *"de los muchos, uno",* debe ayudar a todos los otros signos del zodiaco ver cómo y por que razón deben ceder cuando de ti se trata, por que sólo así te permiten la independencia suficiente para que te pongas de acuerdo con el porcentaje de ángel que llevas en tu alma. Esa parte que algunos dicen conforma un ochenta por ciento, tiene relación con los muchos en latin. El otro veinte por ciento que queda, uno lo tiene que despertar. Tú, Acuario, sigue soñando y ayuda a los demás—me incluyo—a orientarse y encontrarse con su faro de luz.

PISCIS. *DEL 19 DE FEBRERO AL 20 DE MARZO.* Piscis, eres el gran maestro de todo, de la totalidad, del emporio humano. Estás en tu mejor forma cuando puedes mostrarnos—a todos los habitantes de los otros once signos—como aguantar, cómo navegar y con qué salir adelante. Tienes la sabiduría de todos los tiempos en tu alma y puedes marcarle el camino a quienes te lo pidan, además de que siempre serás necesitado. Eres capaz de ir hasta el fondo del mar, o a la cima de cualquier montaña para ayudar a tu prójimo si lo crees necesario. Lo haces tan seguido, que hay quienes piensan que a menudo te escapas de ti mismo. Sin embargo, por lo general, no estás escapando. Estás ayudando a quien te lo pida a hacerse valer. Al hacerlo, les regalas un soplo vital a quienes lo necesiten. La conciencia de la humanidad podría aparentar descansar en ti, y toda proporción guardada a veces lo hace. Así que comienza desde este mismo instante—por favor—a creer mucho más en ti o mismo por la simple razón de que todos los demás signos del zodiaco te necesitan para poder seguir adelante y encontrar su propia autoconfianza. El talento que tienes para hacerles sentir que sí valen, además de cómo mostrarse adeptos y listo para el caso para cualquier circunstancia a tus semejantes es impresionante, porque eres capaz de realizar ésto aunque no estés de acuerdo con sus acciones. Es decir, tienes la gran capacidad de ser totalmente objetivo ¡si quieres! Sabes que eres el último signo del zodiaco Piscis, pero lo que es más importante es que tengas consciencia de que sin ti, no habría un primer signo. Por lo tanto, toda búsqueda te va tan bien y por lo mismo los demás se buscan dentro de un destino que sólo tú sabes reconfortar. ¡Gracias Piscis!

CAPÍTULO 1

ACERCAMIENTOS

*A*cercarse es hacer el primer contacto o tomar el primer paso. Es pensar en caminar con alguien o hacia algo, y es la primera llamada. Es atreverse a pensar que . . . llegó la hora. Es el momento en que te das cuenta que se aproxima un problema, el principio de una nueva relación o el comienzo de una nueva jornada. Ese acercamiento es cuando haces contacto con tu propia intimidad.

Podríamos enloquecernos pensando demasiado acerca de los misterios del universo, de nuestro lugar sobre la faz de la tierra, nuestras relaciones, nuestros sentimientos y lo que quisiéramos lograr.

La maravillosa película del nuevo planetario de la ciudad de Nueva York nos muestra que somos todos parte del mismo polvo cósmico. Eso nos une hasta con la estrella más lejana del universo. Estamos cortados con las mismas tijeras.

No podría seguir adelante sin recordarle a cada uno de ustedes lo espléndidamente admirables que son por el solo hecho de ser parte de este grandioso universo. Aries, Tauro, Géminis, Cáncer, Leo, Virgo, Libra, Escorpión, Sagitario, Capricornio, Acuario y Piscis, durante más de setenta millones de años el caos natural del universo los ha moldeado y convertido en seres humanos que debieran portar con gusto y orgullosamente esa chispa del ADN cósmico que puede servir para encontrar nuestro propio camino. Lo único que hay que hacer es entender nuestro universo. O sea, descifrarlo. Este libro es un buen principio para lograr dicha meta. Una vez descifrada esta información personal, puedes iniciar tu acercamiento en el preciso segundo que lo desees. Este libro te ofrece los instrumentos y el equipo necesario para crear tu propio destino. Te señalará el camino adecuado para que todo te salga bien. El camino de tu felicidad.

Albert Einstein, uno de los grandes hombres de todos los tiempos, de signo Piscis, dijo alguna vez: "Uno ha sido dotado con la inteligencia necesaria para ver con claridad lo inadecuado que esa inteligencia es al confrontarnos con lo que existe". Como buen Piscis, su modo de "acercarse" incluye la autoestima, como podrán ustedes verlo en la sección Piscis de este capítulo. Cada signo astrológico nos permite florecer y brillar al ponernos en contacto con nuestro propio potencial. Hacer efectivo ese potencial fortifica tu sique para enfrentarte hábilmente a cualquier situación y a cualquier persona. Esta habilidad te ayudará a convertir las relaciones abstractas, los sentimientos y las cosas materiales en instrumentos que te permitan un mejor dominio de tus propias posibilidades.

Abordarás tus situaciones de manera inteligente, conveniente y con una clara visión que disipará tus dudas. Al aceptar y reconocer la energía del cosmos y la fuerza de tu propio signo astral, todo será mejor para ti. Todo lo que hacemos tiene una historia propia con un punto de vista único: el comienzo tiene punto de partida personal y la parte del medio te lleva hacia el desenlace, y finalmente, llegas a la culminación. Todo esto te es propio, cualquier cosa que hagas. Se necesita valor para emprender y llevar las cosas a su última conclusión. Y este preciso minuto es el mejor para comenzar tu propia historia y acercarte a lo que quieras o a lo que siempre has querido con palabras, descripciones, reflexiones, narraciones y figuras literarias que van de acuerdo con el signo maravilloso bajo el que naciste. En este capítulo te ofrezco un rápido repaso de los eslabones del zodiaco; de las fuerzas que pueden ayudarte a trazar tu propio camino y prepararte para alcanzar lo razonable, útil y constructivo para escribir la historia de tu vida. Espero que esta información te ilumine nuevos caminos y te ofrezca el tiempo que te sea preciso para aprovecharlos. Estoy segura de que esta información te ayudará a convertir en realidad tus oportunidades, a reconocerlas y hacerlas más accesibles. Podrás ver como depurar lo que debe ser agilizado y sabrás también cuándo esperar para que las cosas mejoren. Cualquiera que sea el resultado, habrás actuado conforme a la inteligencia o ilustración astral. Habrás tomado el camino que corresponde a tu persona cósmica. Puedes confiar así en no equivocarte. En lugar de que tus decisiones te cuesten trabajo o sean una experiencia penosa, tu manera de abordar tu determinación será parte de un proceso moderno, docto, que te susurra al oído, "confía porque tienes ese conocimiento mágico y eres parte de un gran todo". Todos pertenecemos a una entidad cósmica que es tan fuerte como la suma de todas sus partes. Esas "partes" son lo que tú contribuyes al escoger, al acercarte, al tomar una decisión.

Este primer capítulo, *Acercamientos,* tira los primeros dados. Toma forma en el instante que te preguntas, "¿y ahora, qué"?; "¿qué sigue"?. Pues tómalo de esta manera: tu ADN astrológico ya le puso la mejor respuesta en tu signo zodiacal. De acuerdo que no siempre hay una solución perfecta para todo problema; ni para los matemáticos existen. Pero, si tú tienes acceso a la habilidad artística de tu signo por lo menos un instante, entonces podrás con facilidad convertirte en el autor de tu autobiografía. Todo lo que necesitas es tener confianza en tu autoresplandecimiento y verás como la manera en que tomas los primeros pasos será estratégicamente magnífica. Escogerás bien, y estarás bien ayudado.

Hacerlo puede ser que no te cambie la vida drásticamente, ¡pero sí que te hará brillar por cuenta propia!

Aries
acercamiento: atrévete

*"Si todos los hombres fuesen justos, no habría
necesidad del valor".*
—AGESILAS II

La idea de atreverse es parte de tu innata intrepidez, Aries. Lo atrevido por lo general "se te da" simplemente por haber nacido entre el 21 de marzo y el 20 de abril. Te regocijas mientras desafías. Comienzas retándote a ti mismo, y quizá sea por esto que tantos libros astrológicos definen a los Aries como aquéllos que atraviesan paredes sin pensar en el daño que se pueden hacer. Esta manera de ser es parte tan integral de la personalidad Ariana que El Gran Houdini (Aries) nunca dudó de la remota posibilidad de salirse de su embrollo hasta que por fin, ¡realmente no pudo! Quizá la razón de que esto sea así, es porque Aries es el primer signo de nuestro zodiaco. Las palabras, "en primer lugar" deberían estar grabadas en tu lugar predilecto y deberías de retar a quien sea a borrarlos. Ésto, para que—entre otras cosas—no olvides que inspiras a todos los otros signos a seguir adelante, de frente. Y es precisamente esa fuerza tuya que existe en todos los otros signos y que puede darle ánimos a los demás. Tú te acercas por lo general a las personas o a las cosas a empujones, con brío, apresuradamente, con vigor y con valor, a veces sin pensar, a veces enloquecidamente, a menudo tronando los dedos y no falta la vez en que desobedeces audazmente saliéndote con la tuya y sin rodeos. ¡Qué bueno! Sin embargo, no olvides que los otros once signos del zodiaco tienen diferentes puntos de vista y maneras de comenzar. Pudiera ser para ti demasiado fácil—o casi—el agobiar a los que te rodean, y antes de que tomen su segundo aire, ya les ganaste la partida. Aries, tu vivacidad y tu arrojo hace que los demás nos atrevamos a seguirte y por consiguiente aprendemos algo observándote actuar con esos enfoques tan novedosos.

Cómo acercarte a los otros signos del zodiaco:

Aries y Aries. La manera en que debes acercarte a alguien de tu propio signo debería ser tan claro como te sea posible, y ¡de serte posible aun más! Sin embargo, no tomes precipitadamente decisiones que puedan ofuscar tu paso firme hacia el futuro. Es decir, calma por favor. Date tiempo de pensar y pesa tus pasos. Recuerda que alguno de los dos puede tropezarse con la pared. Apacíguate un poco.

Aries y Tauro. Como tu primer encuentro amoroso, pon tus palabras, tus acciones y tus besos en el lugar adecuado. Cálmate más de lo que harías normalmente, y le estarás haciendo un favor a Tauro, quien te lo agradecerá. Específicamente, no lo tomes desprevenido, aunque *creas* que podría valer la pena.

Aries y Géminis. Otto von Bismark, un Aries, le dio un consejo a quien seguramente era Géminis: "Más valen balas puntiagudas que palabras puntiagudas". Esto quiere decir que cuides tus propias palabras y no creas que Géminis te está ofreciendo lo que parece ser algo magnífico. Hazle caso a tu primera impresión, ya que bien puede ser que por esta vez es la buena.

ARIES Y CÁNCER. Al acercarte a un Cáncer, ten cuidado de no hacerle sentir que estas alborotado. Cáncer agradece tiempo bien gastado y gastos bien pensados, pero Aries no siempre sabe cómo acomodarse para que Cáncer se sienta a gusto. Cuida de no hacerle daño y no te apresures ni trates de apresurar a este ejemplar tan complicado.

ARIES Y LEO. Si te sientes a gusto, probablemente tienes razón. Si te sientes seguro, probablemente lo estás. Lo peor que te puede pasar es que te diviertas demasiado y que puedas olvidar todo lo vivido con él o ella de un día para otro. Si las cosas no salen como te lo imaginabas, adopta una actitud diferente, ¡que tal si repentinamente todo es maravilloso o la solución es la adecuada!

ARIES Y VIRGO. No exageres ni simplifiques demasiado. Inmediatamente, Virgo puede sentir que invades su territorio simplemente porque no te has dado el tiempo de explicar detalladamente lo que realmente quieres. Da un poco más de ti para que Virgo comprenda que ese primer paso que quieres dar lo toma en cuenta. ¡Menos mostreo y más cateo!

ARIES Y LIBRA. Hálate la oreja para que te acuerdes de qué realmente puedes, pues Libra es tu opuesto astrológico y por lo tanto se te transparentará cualquier celada. Si logras que Libra te haga ver su punto de vista, la ventaja será tuya. Tu espíritu innovador cura la duda inherente que Aries pudiera tener.

ARIES Y ESCORPIÓN. Fácilmente podrían jurarse amor eterno o una amistad duradera sin titubeos, y fácilmente también podría cada uno caer de la gracia del otro. A la larga, sin embargo, Aries puede convencer a Escorpión que "era por el bien de los dos". Escorpión podría tardarse demasiado en entender que ese "subibaja" es un proceso que alimente el alma de ambos.

ARIES Y SAGITARIO. La mejor manera de que pueden acercarse ambos es discutiendo. Atrévete. Inmediatamente después podrán ver lo mejor y lo peor de cada quien, y así la relación podrá seguir adelante. Y, si siguen después de ese primer atrevimiento, tanto tú como Sagitario saldrán ganando. Recuerda que estos dos signos viven a fondo. Encuéntrense a mitad del camino.

ARIES Y CAPRICORNIO. Cada quien con su cada cual, decían las abuelas. Actúa un poco hasta que te sientas "a gusto", sin exagerar. La palabra "coherencia" tiene mucho que ver con este encuentro, porque Capricornio siempre te estará midiendo. Esperemos que por tu bien.

ARIES Y ACUARIO. Aries y Acuario siempre "la gozan", "se entienden" y saben lo que está de moda. ¿Tendremos que ver el pasado para medir el futuro? Podría ser la mejor pregunta que pudieran hacerse para atreverse a tomar la delantera y acercarse, ¡ya que pueden entre sí construir lo que ni ustedes mismos se imaginan!

ARIES Y PISCES. Tengo el máximo respeto para esta combinación. ¿Saben lo que es el ourobouros? Es un dragón mitológico que continuamente renace de sí mismo. Traten de comprender todo lo que se pueden dar si se acercan y emprenden algo con respeto. Pueden tratarse el uno al otro hasta siempre, o si prefieren hasta nunca acabar, incluyendo lo material y lo espiritual.

Tauro

acercamiento: con cuidado

"Todo lo que prevee, lo encuentra".
—HENRY WADSWORTH LONGFELLOW

*P*odría ser que el cuidado o la precaución sea una de las mejores tácticas para cualquier ser que haya nacido bajo el siempre fascinante signo de Tauro. El cuidado se adhiere a ti y te ayuda a encontrar la calma que tanta falta te hace. Tú, Tauro, naciste con el síndrome mundial de la sagacidad sensitiva. Y, ¡no estoy exagerando! Lo que pasa alrededor tuyo te apabulle hasta que lo dominas. A veces la memoria de tu conciencia parece serte algo totalmente original en lugar de algo ya vivido, y las escenas evocan diferentes sentimientos en lugar de lo que para cualquiera de los otros signos les sería normal. Tus memorias deberían ser envueltas por los cinco sentidos, que son tu realidad, Tauro. Tu mejor táctica por todo lo que esto implica es la precaución. Sin embargo, precisamente por esto no dejes nunca de planear amplia o lejanamente. Mide con horizonte abierto, mientras más puedas, mejor y tómate siempre el tiempo que creas necesario. Que no te apresuren. ¿Por qué? Porque así tu acercamiento será el más abierto, con todas las posibilidades que te mereces. Por ejemplo, en lugar de acercarte con ese aire de "yo ya decidí que . . .", por qué no preguntarte antes, "y qué si".

Con ese sencillo detalle, tu acercamiento o lo que comienzas tendrá una gran ganancia bajo el brazo. Y una vez que te tomes el tiempo tan necesario para conectarte con ese cuidado que tanta falta te hace, tus opiniones serán escuchadas con más atención. Si no lo haces así, corres el riesgo que tu confianza en ti mismo no sea vista más que como una opinión sin base. Mientras más te acomodes, mejor te va, y lo cómodo viene empaquetado con tu esmero personal. Como un gran rompecabezas, las piezas, las preguntas y los sentimientos tomarán su propio peso, para tu bien, porque se acomodan donde deben. Ese momento de más o ¡ese cuidado adicional te brindará la oportunidad que necesitas para comenzar lo que sea tu real voluntad! Estar cómodo es para ti una necesidad absoluta. Desde los muebles de tu casa hasta la silla en que trabajas, deben serte cómodos, y con el cuidado necesario, poco a poco construyes tu reino. O sea, lo necesitas para enfrentar la vida diaria. No exagero si te digo que es importantísimo que "te" cuides para que "te" acomodes y puedas tomar la delantera, responder y acatar tus primeros pasos dentro de cualquier acción. Una notita pegada a tu alma que diga, "manéjese con cuidado" es lo indicado para que los otros once signos astrales entiendan.

Cómo acercarte a los otros signos del zodiaco:

Tauro y Aries. Muéstrale con firmeza al Aries que ya lo pensaste. La etiqueta arriba mencionada de "manéjese con cuidado" viene al caso especialmente entre ambos. Les hará bien a los dos. En cuanto Aries entienda que estás en donde estás porque ahí quieres estar, podrás beneficiar de la experiencia y los conocimientos de él.

Tauro y Tauro. Cada uno de ustedes debe ser un apoyo para el otro, pero de una manera divertida, como el más delicioso de las piezas musicales de Hayden; es decir, con estilo y garbo. Con buena voluntad y buen trazo, se ayudarán mutuamente.

Tauro y Géminis. Ten la seguridad de que Géminis investigará como lograr el método adecuado para lo que desee cuando de un Tauro se trata. No necesitas palabrería enredada para acercártele y conseguir que te haga el caso que desees. Se le notará de inmediato el interés, así es que si no funciona esta relación en los primeros quince minutos, entonces aquí se rompió una taza, y cada quién para su casa.

TAURO Y CÁNCER. El acercarte a Cáncer podría ser una experiencia que te vuelve a dar alivio, ¡siempre y cuando no divagues demasiado y te mantengas en tus trece! Trata de volver darle alivio a Cáncer para que relacione tu osadía con un sentimiento de paz y sosiego. Vale la pena tratar de que este acercamiento funcione una y otra vez hasta lograrlo.

TAURO Y LEO. Ten cuidado al comenzar tu acercamiento con Leo para que no te juzgue de inmediato. Lo rápido en esta relación es lo que menos conviene. Es más, superficialmente esto podría aparentar ser un desastre, pero no olvides que el calor de uno le hace mucho bien al fuego del otro. Y ustedes pueden divertir a los que les rodean con simplemente estar presentes cuando se juntan.

TAURO Y VIRGO. Una bendición disfrazada podría, y sin demasiado esfuerzo además. La casualidad es su mejor aliado porque todo acercamiento entre un Tauro y un Virgo puede seguir adelante. Si parece que las cosas no marchan bien, tiene una razón de ser, y puesto que Virgo es muy cauteloso, tú puedes soltarte más el pelo.

TAURO Y LIBRA. Estos dos signos son regidos por Venus, y a su vez, Venus es el planeta responsable por todo lo bello. Así es que entre los dos pueden salirse de cualquier embrollo o mejorar lo que se imaginen qué pudieran hacer. Cuidado de no entrar en demasiada competencia entre ambos, y cuiden el uno al otro porque igualmente,¡podrían resbalar encima del mismo charco!

TAURO Y ESCORPIÓN. Tomen su tiempo. Luego, tomen más tiempo. Son signos opuestos, cálidos y fanáticos cuando menos se lo imaginan, especialmente al acercarse. Uno tiene que ceder ante el otro. Uno de ustedes tendrá que ser el ancla para que el otro se vea bien. Yo no me atrevería a escoger, ya que eso les toca a ustedes.

Tauro y Sagitario. Lo más sabiondo que Tauro puede hacer para acercársele a Sagitario es traer bajo el brazo un conocimiento ecológico, aunque no tenga nada que ver con la propuesta inicial. Hay una corriente muy positiva que fluye entre ustedes, pero no siempre es palpable. Pidan la intervención de una tercera persona.

Tauro y Capricornio. Si te pones al día en algo que realmente le interesa al Capricornio, estarás acercándote con la mejor de todas las "vibras" posibles. Bájale al presupuesto—y no tiene que ser simplemente monetario—y ganarás aun mas respeto de esta singular persona. Ayuda a que se relaje Capricornio, y no tomes a la ligera la posibilidad de hacerle sentir que tu traes algo mágico que a él le hace falta.

Tauro y Acuario. Si pueden hacer que todo funcione suavemente sin que haya asperezas al comenzar,¡se sacarán el gordo! Si tú, Tauro, te equivocas un poco al acercarte, dale una nueva oportunidad o deja que se te dé a ti. Entrar a su casa sería excelente, y recuerda que todo puede ser muy diferente de lo que parece cuando ustedes se juntan.¡Aprovechen!

Tauro y Piscis. Una combinación que podría ser caótica y sorpresiva y que tiene una fuerza cósmica que para algunos es fuera de lo normal, generalmente para bien. Cualquier cosa puede suceder. Acercándose, uno de los dos puede bajarle las estrellas al otro. Sin embargo antes de viajar a la luna, tomen sus precauciones.

Géminis
acercamiento: con curiosidad

"La mayoría de la gente sólo quiere saber para poder hablar".

—BLAISE PASCAL

"Sólo quiero averiguar cómo" es un mantra excelente a seguir si logras "saber" sin malgastar el tiempo de los demás. Porque tú, Géminis, si realmente quieres averiguar algo, tienes, que saber *qué* preguntar. No te enredes, Géminis. Si logras deshacerte de tu manto de superficialidad podrás acercarte a las estrellas. Tu gran curiosidad empezó en tu infancia, y desde muy joven comprendiste que "preguntando se llega a Roma". La curiosidad, tu curiosidad, es el mejor compañero. Averiguando el *por qué* de las cosas es el mejor paso que puedes tomar, y tú Géminis regalas versatilidad a paladas.

Tienes el don de saber cómo repartir ideas para interesar a todos. Tu voluntad y tu espíritu siempre están presentes cuando hay que hacer aclaraciones y eres el nominado renovador del ingenio. Deberías como alguna vez escribiera Robert Burns, "gentilmente escandir tu hermano hombre", o al contrario, pasar por una venta de garage y encontrar un gran tesoro escondido que antes había pasado desapercibido. Puedes ser el mejor de los compañeros cuando estás con alguien,¡sin imaginarte cuánto te extrañan cuando ya no estás presente! Marilyn Monroe era una de mis Géminis predilectas, aunque su vida no nos llena con tanto conocimiento intelectual como aquel de Adam Smith, un Géminis cuyo acercamiento mordaz a los bienes y al capitalismo nos interesa tanto ahora como cuando vivía. Sus palabras en *La riqueza de las naciones*, "el verdadero precio de todo, lo que todo realmente le cuesta al hombre que lo quiere adquirir, es el trabajo y la molestia de adquirirlo", nos deja una razón para amedrentar nuestras búsquedas personales.

Así que, Géminis, tú eres el signo designado para mostrarle a los demás como investigar y con quién aprender. Mides y pesas la curiosidad de lo mejor de las maneras posibles, sin tomarte demasiado en serio.

CÓMO ACERCARTE A LOS OTROS SIGNOS DEL ZODIACO:

GÉMINIS Y ARIES. Si no te aterra la idea de meterte de lleno en algo sin tener una opinión clara desde el principio, le sacarás todo el jugo que necesitas al comenzar lo que quieras con Aries. Imagínate que es una broma, no una búsqueda para empezar y oprime el botón de "ver" como si estuvieras jugando con tu computadora. Lo que ves no es exactamente la realidad, pero difícilmente habrán equivocaciones graves.

GÉMINIS Y TAURO. No te molestes si parece que Tauro te está examinando. Tauro podría tener puesta su careta de "y a mí qué", y es cierto que ambos podrían estar muy lejos de llegar a un acuerdo. *¡No os preocupéis!,* aunque parezcan estar tan lejos como las estrellas el uno del otro, se hacen un muto favor. Cobran ímpetu juntos.

GÉMINIS Y GÉMINIS. Ten bajo el brazo, sino a la mano el teléfono de un buen abogado al acercarse. No por una litigio inminente, pero porque una disputa está engendrándose para que lleguen al fondo de lo que realmente quiere cada uno. Entre ustedes un abogado es mucho mejor que un sicoterapeuta.

GÉMINIS Y CÁNCER. Tu curiosidad podría acabar con el cuadro si no eres absolutamente sincero con Cáncer. Si realmente quieres una contestación sencilla, haz la pregunta fácil. Además, te estarás haciendo un favor si pretendes ser un poco *menos* conocedor de lo que crees ser. Podría sucederte que Cáncer ya te tomó la medida antes de comenzar.

Géminis y Leo. Lo mejor que puedes hacer con Leo es ser absolutamente sincero aunque creas que le duela. Hablen y pregúntale qué es lo que *no* le gusta y por qué. Una buena razón está a tu disposición. Sólo necesitas hacerte notar por Leo con tacto. Leo puede tenderte una emboscada, y tú tendrás que divertirlo.

Géminis y Virgo. Según el dicho, "el postre está bueno si se acaba", lo mejor es lo absolutamente realista. Esto se escribió para ustedes. A Virgo le haces un favor si escuchas lo que tiene que decir en un atmósfera personal, si se deja. Acércate haciendo comparaciones. "¿Qué significa esto para ti"?

Géminis y Libra. Libras generalmente se la pasan haciendo sus propias semejanzas. Fácilmente pueden poner las cosas de tal manera que ellos salen beneficiados. Y para ti Géminis, esto quiere decir que tienes que ceder *un poco*. Podrían divertirse a lo grande si cada uno toma su turno.

Géminis y Escorpión. No te esfuerces demasiado con Escorpión porque éste no soporta que lo obliguen. Además, difícilmente reconocerá que le interesa tu manera de acercarte. Si no funciona por el momento, pregunta y acércate de nuevo cuando cambie el clima.

Géminis y Sagitario. Si no le pones la suficiente atención podrías hacer que Sagitario haga justamente lo que menos quisieras que hiciera. Sagitario es tu signo opuesto y si tienes cuidado, si curioseas adecuadament—es decir, que no se te note—podrías enganchar tu caballo a la carroza de este signo y, ¡qué lindo viaje podrían tomar!

Géminis y Capricornio. Tomar un giro serio es lo mas indicado cuando decides acercarte a Capricornio. Si no te muestras como alguien que tiene la cabeza bien puesta sobre los hombros, Capricornio te borrará de su lista. Ah, pero si pareces tener demasiada seguridad, a Capricornio se le despierta la curiosidad y todo cambia.

Géminis y Acuario. Posiblemente acercarte a cualquier Acuario te haga dar varias volteretas inusitadas, pero, curiosamente, esto podría despertar en ti uno de tus pasos más originales sino eccéntricos. Es bien probable que el resultado final tenga mucho más que ofrecer de lo que tú imaginabas. Algo incomparable tiene que sucederles. ¡Enhorabuena!

Géminis y Piscis. Aunque superficial, esto podría traer acceso a una relación de amor contra odio, o de odio contra amor. Te amo, te dejo y no tengo complejo parecen decirles los astros a los portadores de estos signos. Combínense para mejorar lo que se les ocurra y todo pasará con la dulzura que Piscis puede comenzar a mostrarte. En esta relación uno va a ser más afortunado que el otro. ¿Cuál de los dos? ¡Eso lo decidirá la luna!

Cáncer
acercamiento: averiguar y diagnosticar

"Lo que hoy se comprueba, alguna vez sólo
se imaginaba".
—William Blake

*H*ay momentos durante los cuales los nacidos bajo el signo de Cáncer aparentan ser inaccesibles y puestos sobre la faz de la tierra para entenderse solamente a sí mismos. ¿Por qué? Por la sencilla razón de que para Cáncer es casi un regalo el poderse perder dentro de sus propios pensamientos e ideas. Un Cáncer siempre se está recuperando de si mismo. Se aisladan dentro de sus propias paradojas y se pierden para luego encontrarse con una seguridad apabullante. Es importante que te acostumbres Cáncer, y que logres amaestrar ese constante sentimiento de soledad que te da el estar siempre a la búsqueda de tu propio tiempo perdido, como bien lo describe en más de mil páginas Proust, Cáncer ejemplar.

Al comenzar cualquier acercamiento, recuerda que tus emociones deben estar razonablemente relacionadas con tus acciones, y no irrazonablemente agraviadas. Pregúntate, "¿me estoy portando lo suficientemente realista"? No importa si no lo eres, lo que importa es que te des cuenta. No pretendas algo que es irreal. Reconocer tu propia realidad es lo que te ayudará a diagnosticar cualquier problema o falla personal. Toma la ventaja que te da el ser algo lunático y de espíritu malhumorado. Lo puedes convertir en una gran ventaja si aprendes a manipularlo.

Tú, de todos los signos conocidos del zodiaco, tienes la capacidad de escoger lo que más te conviene sintiendo y dándole el primer lugar a tus sentimientos, siempre y cuando estés realmente de acuerdo con tus sentimientos, y no confundido por tus sentimientos y humores. Con la ayuda de tus sentimientos ya depurados, siempre podrás certificar que lo que desees prometer, mejorar o mostrar estará a tu disposición como y cuando tú lo decidas. Lo único que tienes que lograr es aprender a ser un poco más arriesgado, por lo menos más de lo usual. De esta manera inmediatamente mostrarás tus encantos—que a veces se encuentran algo velados—y te pondrás donde debes de estar: en la primera fila, la fila de los ganadores. Las cosas son mucho mejor de lo que te imaginas; esa es la gran fuerza astral que ilumina tu destino. Lo que generalmente te hace falta es sobreponerte a ese primer impacto emotivo.

Tú puedes con todo y todos solo, aunque te cueste trabajo creerlo. Acurrúcate a tus sueños, cualesquiera que sean, pues tu camino está bien abierto hacía todo lo que quieras.¡Qué te importa si te dicen que los elefantes no pueden caminar sobre la luna! Antoine de Saint-Exupéry nos mostró que sí lo hacen en su gran libro, *El principito,* y él, por supuesto, era Cáncer.

Cómo acercarte a los otros signos del zodiaco:

Cáncer y Aries. El uno le hace fuerte al otro cuando se trata de diagnosticar porque Aries le perdona poco a Cáncer, y viceversa. Tómalo con calma y acepta el hecho de que todo tardará un poco más de lo previsto. Lo que tienes que recordar es que para Aries el "tiempo" es muy distinto a tu manera de contar los minutos, las horas o los días. Pero tú, Cáncer, podrías iluminarle la vida . . . ¡si se deja!

Cáncer y Tauro. Esto puede ser un encuentro de lo más tradicional, a largo plazo y que toma y da para que las cosas encuentren su propio paso. En realidad, la combinación es buena y si no funciona, no es culpa tuya, Cáncer. Tendrás que confiar en Tauro y dar un poco más de ti. Acepta que Tauro es muy buen enmendador y es bueno para arreglar las cosas cuando andan mal.

CÁNCER Y GÉMINIS. Déjate encajonar por Géminis, pero no te muestres muy efusivo si Géminis hace que todo funcione bien. Recuerda que siempre habrá otro Géminis para tomar el lugar del primero. No te encajones ni te enconches. Y sobre todo, no dejes que se salga totalmente con la suya. Toma nota que bien puede servirte para después.

CÁNCER Y CÁNCER. Lo que hay que hacer para que un Cáncer esté tu esquina es ¡encontrarle la cuadratura al círculo! Es decir, difícilmente se puede, pero un común acuerdo es imperativo. Hay que buscar el lado optimista del asunto y no perderlo de vista. Uno le puede hacer mucho bien al otro. De todos los impactos celestiales posibles, este puede resultar uno de los mejores.

CÁNCER Y LEO. Ambos tienen tanto poder imaginativo que podrá serles difícil el ponerle "el dedo a la llaga" sin una tercera persona que funcione como mediador. Sobre todo, al acercarse por primera vez a alguien que no sea ni Cáncer ni Leo, sino que de cualquiera de los diez signos restantes. Cáncer, dale a Leo por su punto flaco, es decir, su ego. Si logras entender un poco sobre su ego, llegaras más lejos con él.

CÁNCER Y VIRGO. Virgo es justamente la persona indicada para terminar lo comenzado con balance positivo. Aunque sus intereses sean opuestos debes confiarle a Virgo hasta el cansancio, pues Virgo sabrá, en casi toda situación, como indicarte el camino adecuado. Haz de lado cualquier mal humor que puedas tener, porque eso a Virgo lo saca de quicio.

Cáncer y Libra. Probablemente tengas que ceder más de lo que esperabas, y como alguno de esta vibrante combinación tendrá que hacerlo, espero que seas tú Cáncer, porque estarás aprendiendo algo importante si así lo haces. Libra tiene la vista más afinada que tú para acercarse a lo que sea, Cáncer. Esto es porque a Libra no le afectan tanto los rayos de la luz de la luna. Déjate llevar un poco.

Cáncer y Escorpión. La persona de signo Escorpión suele tener una firmeza bastante intensa que le viene por haber nacido bajo ese, su signo. Esto te hace bien, Cáncer, porque Escorpión podrá ayudarte a reconocer pequeñas flaquezas que te producen briznas de tensión nerviosa, a veces inusitado. Pregunta en lugar de afirmar y verás que la combinación y sus primeros pasos se convierte en algo positivo.

Cáncer y Sagitario. Deja que Sagitario te muestre la lógica de toda situación. En eso se esmera. Los por menores que al principio pudieran aparecer no tendrán efectos secundarios si actúas con flexibilidad y admites que el punto de vista de Sagitario podría ser interesante, ¡o mejor que el tuyo! En esta combinación frecuentemente tú eres el que aprende y Sagitario el que enseña.

Cáncer y Capricornio. El signo opuesto al tuyo muy a menudo te muestra más de ti mismo de lo que quisieras reconocer. ¡Tú dices *aullido*, y él dice *alarido*! Por esta vez, muéstrate firme y no cedas tanto. Los acercamientos te convienen si sabes acomodar tus prioridades y ¡lo demás tomará el curso que más le convenga a los dos!

CÁNCER Y ACUARIO. Ambos son los magos en mostrar lo "diferente" que cada situación "común y corriente" puede ofrecer. Sin embargo, tu punto de vista está influenciad por las emociones mientras que el de Acuario se ilumina explorando. Serían la pareja perfecta para un viaje espacial porque hacen un equipo muy fuera de lo común. ¡En sus marcas . . . listos . . . fuera!

CÁNCER Y PISCES. El acercamiento entre ambos no debe tener ningún "pero", salvo si hubiese luna llena. Asegúrense que lo que usen, planeen o busquen sea de buena calidad. Que sus documentos estén bien puestos en su lugar y que todo marcha a "todo motor". Cualquier "atorón" no es más que un atascamiento sin importancia. ¡Adelante caminante!

Leo
acercamiento: valorizar

*"Respétate dentro de tu más pura emanación,
tu palabra".*
—S.R. HIRSCH

Tomar algo en cuenta para hacer una decisión es valorarlo. Valorar algo en si es escoger, y para ti Leo, será siempre un aliciente inspiracional, porque como ya debes saber, nuestro Sol te ilumina, te protege y es tu astro regidor. Aunque todo lo que brilla no es necesariamente oro, si tiene matiz dorado. Tú eres el quien puede aumentar el valor de algo o alguien por el simple echo de escogerlo, quererlo o desearlo. Tendré que obligarte a estar de acuerdo. Tienes la perspicacia cosmológica para mostrarle a los demás el valor de dar el primer paso. Instintivamente reconoces lo que justamente debería ser en toda inversión, sabes cuánto servicio se le debe exigir y cómo hacerlo rendir. Entiendes de inmediato por qué se necesita, además de cómo podría ser mejorado. Valorar es algo que por lo general haces objetivamente y Leo, tienes que reconocer que todo esto te es bastante fácil. Porque sabes valorarte a ti ante todo. ¡Enhorabuena! Si tú valoras algo, debe de valer la pena.

No escatimes en estimular, mostrar, enseñar, dejar, mejorar, desarrollar, abarcar, procurar y encontrar la calidad más importante de cualquier cosa que te interese, porque lo mejorarás. Puedes por lo tanto ayudar a quien quieras a llegar a sus metas mostrándoles como elevarse en el mejor sentido de la palabra. Eso es, siempre y cuando quieras. Leo, debes sentirte bien contigo mismo al despertar por tener este don. Y si no te sientes bien, es porque lo estás desperdiciando. Si la vida fuera perfecta, tendrías la oportunidad de quedarte en cama hasta que supieras como mejorar algo de este día, ¡porque así te lo mereces tú! Tu ímpetu es una de las cosas de más valor que tenemos, y puedes ser tan generoso que a veces logras cumplir las necesidades de una infinidad de gente cercana. Es más, tienes tanto poder en comprender los valores desconocidos de otros que yo te pondría de inmediato en cualquier jurado, porque esas cualidades hacen de ti un excelente juez. "Por el bien público", dijo Tácito, un Leo: "un buen uso para cada todo y todos". Así que Leo, acércate a los demás y susúrrales esas mismas palabras. Sé el portador del pensamiento de Tácito porque tú iluminarás el valor de lo que los demás escojan.

LEO Y ARIES. Aries infrecuentemente te dejará salir totalmente con la tuya. Es más, posiblemente Aries no te permitirá más que lo que tenía planeado al principio; pero con cuidado y buenas maneras pueden "bailar en la misma fiesta". Recuerda—y si tienes oportunidad recuérdale—que no existe la perfección ni siquiera dentro de las ciencias exactas. Una vez aclarado esto, las cosas se ponen mejor. Y luego, aún mejor.

Leo y Tauro. Probablemente la primera impresión que tenga el uno del otro no sea ni la adecuada ni la mejor. Antes de acercarse sobre algún asunto que los junte de manera personal, harán bien en ponerse de acuerdo sobre a quien ayudar, como mejorar el ambiente, etcétera inclusive algo como un programa voluntario. No se atranquen en sus respectivas esquinas, dejen que las cosas se aflojen, esto seguramente pasará de manera bastante inusitada.

Leo y Géminis. ¡Qué divertida combinación! Excesos a la orden del día, aunque no lo crean. Entre ambos, pueden generar suficiente atención como ¡para que todos quieran acercárseles!—a este conjunto—y deben acomodar las fichas para sacarle el mejor de los provechos posibles. ¡Podrían apantallar, impresionar, iluminar o ganarle la partida a quien quieran! Acérquense a todo y todos como equipo.

Leo y Cáncer. Sacude a Cáncer. Encamínalo. Le estarás haciendo un favor, despertándole a la vida real. A ti te puede parecer somnoliento cuando en realidad Cáncer está construyendo castillos en el aire. Tú puedes y debes mostrarle que vales bien la pena. Tus aptitudes le harán tanto bien que comenzará a cambiar de ritmo. Y por cierto, sentarse juntos en una cena puede ser divertidísimo.

Leo y Leo. Dos Leos pueden ser excelentes juntos si es que no se provocan de manera absurda. ¿Por qué? Porque Leo tiene tanto afán de sobresalir que multiplicado por dos puede anularse en lugar de producir más. Hay que abordar todo tema con gran honestidad bajo toda circunstancia y recordar que toda acción genera consecuencias. El resultado final está en tus manos.

LEO Y VIRGO. Si no le muestras a Virgo como eliminar lo que no sirve él o ella te mostrará a ti. Nunca te permitirá mejorar su postura y puede, a veces, serte molesto. Pero si le das a Virgo "su lugar" además de suficiente tiempo para acomodarse, verás que todo juego entre ustedes bien vale la pena.

LEO Y LIBRA. Imagina el reflejo del sol sobre algo tan bello que no puede ser descrito con palabras. Eso es lo que podrían entre ambos bajo la mejor de todas las posibilidades lograr. Probablemente tú, Leo, tendrás que soltar algo que con el tiempo verás que ni la pena valía.

LEO Y ESCORPIÓN. Tengan cuidado al acercarse el uno al otro. Escorpión tiene un energía que puede destantearte, Leo. Tendrás que ser algo tradicional en tu propuesta y acercamiento, buscar espacios abiertos, divertirse y divertirle un poco, y no pedir que de inmediato hablen de eternidades. Eso podría venir después.

LEO Y SAGITARIO. Dos signos altamente suertudos, al acercarse y juntarse, no debería pasar mas que "de lo bueno". Cuentas mancomunadas, negocios al por mayor, bipartidismo y acuerdo. Podría ser algo caótico, pero sigan adelante. Hazte un gran favor, Leo; echa la mayor parte de tu sentido común por la ventana. Tu acercamiento tendrá más productividad si lo haces.

LEO Y CAPRICORNIO. Si hay la posibilidad de que entre este acercamiento exista algo remotamente parecido al sexo, pongan de inmediato sus cartas sobre la mesa. Cada quien a su manera, por supuesto. Uno podría estar deseando algo que el otro ni se imaginaba. Si tú, Leo, reconoces tus deseos con valentía y veracidad puede que la combinación funcione tan bien como muchos de los matrimonios que conozco entre estos dos signos.

LEO Y ACUARIO. No te será muy fácil dejarte llevar por Acuario. Contrariamente, da lo mismo. El valor del resultado final es lo que debe aparecer desde el comienzo de este asunto y no jueguen ni con palabras ni con "la señora de la suerte", aunque parezca todo color de rosa. Eso sí, diviértanse.

LEO Y PISCIS. ¿Alguna vez haz pensado en apuntar tus sueños en un diario? Piscis *debería* y tú, Leo, *podrías*. Si no te es muy familiar la idea, date tiempo y lee un libro sobre sueños para que aprendas y uses la sabiduría que está almacenada en tu subconsciente. Los puntos de vista que tanto difieren entre ustedes son como puntos de apollo, además de que iluminan sus esfuerzos bajo nueva y poderosa luz. ¡Haz la prueba, y verás!

Virgo
acercamiento: juzgar

"Un momento de sabiduría vale a veces la experiencia de toda una vida".
—OLIVER WENDALL HOLMES

Las emociones tan envueltas en nerviosismo que cargan los Virgo dentro de su alma deben poderles ayudar además de dominar ese "síndrome de ansiedad" que cargan y así aclarar asuntos, de tal manera, que todo acercamiento puesto en marcha a su lado se ennoblece. Cosas que otros ni siquiera ven se aclaran, funcionan, caminos se abren. Es más, al entrar de urgencia en el quirófano para una intervención quirúrgica del corazón, al confesarme el doctor ser de signo Virgo ("no me diga que cree en esas cosas", dijo) me sentí totalmente confiada de que lo que en ese momento estaba muy en "veremos" estaría perfectamente bien al ser evaluado por ese doctor, quien resultó estar de la mano con mi ángel de la guarda, porque, ¡aquí estoy!

Yo seguiré para siempre confiando en su buen criterio con la esperanza de que sigan juzgando hasta la eternidad. Juzga a tu modo la manera que mejor podamos atacar y solucionar nuestros problemas, te lo ruego, Virgo.

Virgo eres quien más nos cautiva de todos los seres de este gran dibujo cósmico del que formamos parte, y eso te hace mucho bien. Tu ritmo interno tan especial y tan propio a tu signo te permite afinar los detalles menos notorios para que hagas esos juicios que tanta falta nos hace. Será que lo haces tan bien porque naciste con un sentido único de lo que es y lo que no es justo. Desde que apareció tu signo en los cielos de tiempos idos, sin contar años porque irían demasiado lejos, has sido el escogido y alejas las aprensiones porque te las adjudicas. Cuando una injusticia se cruza por tu camino aparece como por arte de magia ese rasgo heroico que te orilla a tomar el camino adecuado y nos salvamos los demás. Tienes un inherente sentido de conciencia ecuánime de donde debería prevenir todo juicio. ¿O no? Inclusive, cuando tu escrupulosidad te hace tomar una cierta distancia, tienes la habilidad a flor de piel de mostrarles a los demás signos que pueden seguir tu ejemplo y ser menos—o más—discriminatorios. Por lo general podemos contar contigo en situaciones tumultuosas, conflictivas o hasta de desesperación. Confiamos en tu juicio y te pedimos ayuda Virgo.

Johann Wolfgang von Goethe, un Virgo que puede iluminar nuestro camino con la seriedad que se merece, habla sobre la astrología en su autobiografía. Dice en la primera hoja que nació "bajo una constelación afortunada". Sigue en su relato contando como los buenos aspectos del día fueron los "responsables por su sobrevivencia ese día". Le agradezco profundamente la confianza que le confiera al arte astrológico que tanto me ha inspirado en el curso de la vida. Desde hace años cuando por primera ves leí este pasaje extraordinario, me he confiado en el juicio de los Virgos con los cuales me he topado. Ahora juzguen ustedes mismos.

Cómo acercarte a los signos del zodiaco:

Virgo y Aries. No se critiquen si no es de manera constructiva. Busca la manera de disminuir lo que Aries llamaría "tu pasividad" y el resultado final mejorará a pasos gigantes. Decirte que con Aries puedes lograr cualquier cosa es decir poco.

Virgo y Tauro. Nunca se te ocurra censurar al Tauro ni tampoco discutas la posibilidad, por remota que sea, de conflicto salvo si estás dispuesto a enfrentarte en ese momento. Si te procura aparentar que Tauro se "salga con la suya", asegúrate de que estarás ahorrando más de lo que te imaginas. Dejándote llevar un poco por Tauro aprenderás mucho de cómo complacer.

Virgo y Géminis. Para poder sincronizar sus "vibras", "ondas" o simplemente simpatías, probablemente tendrás que hacerle entender a Géminis de que no se puede salir siempre con "la suya", cómo de costumbre. Posiblemente tú tengas mas facilidad de palabra aunque Géminis tenga más rapidez. Si las cosas se complican, cambia de táctica, de giro o de forma.

Virgo y Cáncer. Cuestiónalo todo. Pon atención y reúne toda la información que te sea posible. No hay límite al premio que recibirás si le haces sentir que tu buen criterio mejorará la vida

Inteligencia astrológica

para Cáncer. No te preocupes por compromisos formales, porque entre los dos pueden divertirse de manera ni soñada por otros signos.

VIRGO Y LEO. Si te parece un poco fuera de tono el criterio de Leo, por favor no se lo hagas saber. Leo valora lo aparente mucho más que tú. De una vez por todas, apréndete una regla básica de Leo: es capaz de borrarte de su lista si siente que tus discrepancias intervienen en su intimidad. Hazte un favor y haga uso de la discreción.

VIRGO Y VIRGO. Un crucigrama que tiene la palabra "emoción" como idea básica es una alegoría a lo que ustedes podrían estar haciendo juntos. Si no encuentran palabras para comunicarse adecuadamente, róbenle tiempo al tiempo y disfruten de una sinfonía de otro de mis Virgos favoritos; Felix Mendelssohn. Su *Sinfonía número cuatro en "do"* por ejemplo. Pueden descubrir juntos lo maravilloso que es el poder de apaciguar el alma.

VIRGO Y LIBRA. Cuida la bolsa y las finanzas. Eres el mejor juez cuando los demás estamos en búsqueda de un tesoro quizá imposible. Además, al unirse estos dos signos, tu buen ojo calculador no dejará que las cuentitas embrollen las cosas. No te dejes burocratizar y elimina las tonterías. Y recuerda: siempre podrás contar con un Libra para saber cómo decir algo desagradable de manera agradable.

VIRGO Y ESCORPIÓN. Si los jurados fuesen compuestos simplemente de Virgos y Escorpiones, los veredictos serían inmediatos y convincentes. Sin embargo, ten siempre presente que la velocidad no tiene que ver con el saber escoger bien. La preocupación daña la salud de ambos y juntos pueden descubrir maneras interesantes de mejorar sus días.

VIRGO Y SAGITARIO. Tú y Sagitario son capaces de divertirse de tal manera que podrían echar al olvido todo lo demás. Si logras, Virgo, dominar el lado fuera de control que lleva en sí todo Sagitario, estarás usando tu juicio sagazmente y al máximo. No dejes que minuciosidades entorpezcan las cosas.

VIRGO Y CAPRICORNIO. Con calma y sosiego, caminando bajo una calle arbolada o en el campo que aún huele a fresco, podrán evaluar y juzgar cualquier asunto y asegurar un éxito total. Si tratas de aligerarle las cargas al Capricornio, estarás haciéndole mucho bien, puesto que el tuyo es el signo que mejor le puede prestar este servicio. Si Capricornio dice que no le alcanza el tiempo para nada, acorta la distancia, pero no dejen de caminar en lugares agradables donde se escucha el canto de algún pájaro.

VIRGO Y ACUARIO. En los milenios pasados, Virgo representaba las siete virtudes: fé, esperanza, caridad y amor, prudencia, justicia, entereza y moderación. Virgo, por lo mismo debes convencer a Acuario de que todo es posible, específicamente de manera más justa y calmada. Los acuarianos toman las decisiones demasiado rápido y por eso tú puedes guiarles para que juzguen adecuadamente sin lastimarse ni lastimar.

VIRGO Y PISCIS. "¡Cuidado! ¡Aguas"!, diríamos en México. Son signos opuestos y mientras pueden debatir en forma, mientras más discuten, más puede alargarse un pequeño conflicto. Aquí es donde no hay que juzgar. Aplica todo lo necesario para que sepas escoger las palabras adecuadas. ¡Usen diccionarios, enciclopedias o listas de sinónimos si pueden!

Libra
acercamiento: introspección

"Una vida no examinada no vale la pena".
—SÓCRATES

La definición de la palabra *introspección* es bastante más sencilla que otras palabras que nos atañan. Quiere decir "una mirada a nuestra propia mente o manera de pensar con plena libertad". Pero la verdadera pregunta sería, ¿cómo hacerlo? Todo está involucrado. Hay más científicos y grandes pensadores que se preguntan si el cerebro realmente entiende cómo funciona la mente, y si algún día se entenderá por completo. De la manera que quieras definir la palabra, vale la pena discutirla, específicamente en relación al signo Libra. Libra, eres el gerente de la balanza, tu signo lo define con seña clara; eres el dueño del don de la consideración, de la finura, el tacto y la harmonía. Sabes cómo mostrarle el camino hacía adentro—de autoconocimiento—de los demás, si los demás se atreven. Nos hace falta a todos aprender cómo escanear nuestros modos y maneras con los instrumentos que más nos convengan: perspicacia, autocrítica, un espejo normal y uno de esos llamados "espejos verdaderos" (que reflejan lo que ven los demás, es decir en él no ve tu reflejo invertido) con brío un poco de buen gusto y juicio artístico. Esto hace posible que nos aproximemos y nos acerquemos de una manera mas sagaz a lo que más nos interesa o nos importa. Pero tú Libra, haces todo esto y seduces al mismo tiempo. Da lo mismo si te seduces a ti mismo, o simplemente seduces. Y lo haces maravillosamente bien. Si crees que no es así, entonces aún no te conoces.

Antes de acercarte a alguien o a algo, Libra, debes y necesitas tomarte el tiempo para darle equilibrio a esas maneras suaves que tan bien te van. Especialmente si mientras te autoexaminas, no pierdes tu sentido de humor.

Una vez que hayas mirado a tu interior, te puedes airear. Entonces podrás comprender hacia qué o con quién debes aproximarte y porqué haz de hacerlo. Quizá estés tratando de acercarte a una persona, a una idea, a un sentimiento, a un lugar o hasta a un trabajo. Puede ser algo importantísimo o un evento mínimo en tu vida. Poco importa. El símbolo mítico de tu signo astrológico le corresponde a tu planeta regidora, Venus. Desde siempre se le ha impugnado a Venus con todo lo relacionado a la sensualidad, al encanto y a la seducción. No tienes pierde, Libra. Estas palabras ya están plasmadas en relación a tu signo en un manuscrito del siglo XV, *Splendor solis*, y ese tiene influencias de otros escritos místicos y mágicos del siglo XII. Así podríamos irnos remontando seguramente desde que el primer hombre escogido volteó hacia arriba maravillándose con la luz de cualquier estrella.

¿Qué podría ser más ilustrativo que esto?, puesto que poco hay más agradable que saberte portador de un poder que permite que tú, Libra, te acerques hacia lo que quieras, desees o necesites con conocimiento de causa. En primer lugar, con el poder de profundizar en tus propias experiencias observables, y en segundo lugar, con la sabiduría de generar la dosis exacta necesaria de seducción en el sentido mas amplio de la palabra. Atrévete, por favor, Libra, y ayuda a quien puedas cada vez que tengas oportunidad para mejorarle calidad de vida, mostrando como encontrar el modo perceptivo para conocerse a sí mismo y encontrar su propio punto de apoyo. Porque Libra, tu signo es aquel que necesita la tranquilidad de los demás para *ser*, para lograr ser y para incrementar el autoconocimiento. Toma tú siempre el primer paso y acércate más a ti para dar esa ayuda que todos necesitamos.

CÓMO ACERCARTE A LOS OTROS SIGNOS DEL ZODIACO:

LIBRA Y ARIES. Con sólo decir la palabra "tacto" al Aries, verás como todo cambia. Este signo, opuesto al tuyo Libra, casi siempre trae bajo el brazo aire fresco, pues ve las cosas de forma distinta. Así que deja que se exprese, calla y espera. Te hará bien Libra, autocuestionar tu propio punto de vista aunque tus convicciones se tambaleen.

LIBRA Y TAURO. Ambos, Libra y Tauro le siguen el peso a Venus la Bella—y poco predicible—puesto que a ambos rige. Apóyense para encontrar no sólo lo visible, sino que lo oculto de lo que se aparezca en su camino. Hagan la prueba y pónganse de acuerdo en dónde ir, qué tomar o cómo festejar algo agradable antes de ir al grano. O sea, algo que afloje.

LIBRA Y GÉMINIS. Entre los dos—de preferencia tú, Libra— tienen que escoger quien será punto central del otro. *Un paso pa'lante, y uno pa'trás,* como en un baile de pueblo, denle vueltas a cualquier idea sin dejar que les caiga la más mínima sombra de un mal humor o algo que se le parezca. Ignoren lo que no encaje y búsquenle lugar a eso que llamamos tiempo *pa' gozar.*

LIBRA Y CÁNCER. Esta combinación podría traerles algo novedoso a ambos. Y si alguno de los dos se siente impactado, posiblemente sea porque uno de los dos tiene que tomar en cuenta que existe algo que se llama "realidad". Cualquier proceso que traten de llevar a cabo es de provecho mutuo. Inclusive si hay momentos desconcertantes, no cejen.

LIBRA Y LEO. Existe una medida llamada un *angstrom.* Tiene su raíz en el nombre de su inventor, un científico sueco. Mide la cantidad de agua desplazada por el aterrizaje de una mosca sobre la superficie de una alberca. ¿Les parece extravagante? Pues fíjense bien, porque ustedes dos, Libra y Leo pueden inventar, medir o asumir lo que deseen en conjunto, ya que uno influye en la vida del otro aun sin pensarlo. No tienen que medir nada, sólo atreverse.

Libra y Virgo. Entre los dos hay mucho en común que puede ser utilizado. La primera impresión de Virgo y tus ilusiones ópticas, Libra para comenzar. Lo que le hace bien a uno, le hace bien al otro, bajo diferentes perspectivas. Déjense de la grandeza de ánimo y lugar para actuar. No se acerquen con temor.

Libra y Libra. "Cada hombre toma los límites de su propio campo de visión como los límites del mundo", dijo el filósofo alemán Arturo Schopenhauer, quien no era Libra. De alguna manera se anticipó al autoconocimiento sicoanalítico. Esta idea les queda a la perfección al conjunto de dos personajes, ambos Libra, mientras se acercan a sí.

Libra y Escorpión. Mídanse bajo presión. Hagan un escrutiño. Miren de cerca. Una vez que se hayan dado la oportunidad de darse mas oportunidades—de varios modos y maneras—fíjate muy bien de tu propia reacción, especialmente cuando te arrepientes. Esta relación bien podría ser como los que se aman, se casan, de divorcian y se vuelven a casar. Además, también puede funcionar de maravilla. Escorpión siempre se fijará en lo que valga la pena y tú tendrás que perdonarlo por ese hecho.

Libra y Sagitario. El dinero sobre la mesa. ¿Te parece demasiado fuerte? *No* hay nada que pudiera ser dicho con demasiada franqueza cuando combinan fuerzas, sobre todo que entre los dos podrían juntar mas de lo que se imaginaban. No te des por vencido si no hay que mejorar, y no dejen de vislumbrar alguna que otra perfección en este combinado camino.

LIBRA Y CAPRICORNIO. Un poco de cuidado, porque no siempre verán lo mismo aunque sea igual. *Ni* contarán siempre el mismo resultado con números similares. Como los tres mono sabios, el que se tapa los ojos también debe ver lo que es poco claro y puede terminar claro como el lodo. Pongan las cartas sobre la mesa, y ya.

LIBRA Y ACUARIO. Posiblemente estés a punto de creer que esta oportunidad es única en tu vida, el amor siempre soñado o la mejor idea que hayas escuchado desde que tenías el uso de la razón. Posiblemente así sea, pero también, posiblemente así no sea. Vale la pena hacer la prueba y discutir todas las variedades de puntos de acercamiento. ¿Lo harás o no lo harás?

LIBRA Y PISCIS. Lo mejor que pueden hacer para comenzar es acercarse y averiguar en qué coincide lo que no funciona tan bien como quisieran dentro del cuerpo físico de ambos. ¡No se asusten! Pero la combinación de estos dos signos tiene aptitudes para poder poner el dedo sobre la llaga de las impurificaciones físicas de una manera muy constructiva. Un ejemplo sencillo: inscríbanse al mismo gimnasio o salgan juntos a correr.

Escorpión
acercamiento: pasión

"Podemos aifrmar absolutamente que nada de gran invergadura se ha hecho en el mundo sin pasión".
—GEORG WILHELM FRIEDRICH HEGEL

*H*an pasado ya alrededor de unos veinte millones de años para que el buthos occitanus, el arácnido pulmonado también llamado "escorpión" haya llegado a tener el grado de perfección que tiene para subsistir, además de ser con la cucaracha, los únicos animales sobre la faz de la tierra que tienen la capacidad de aguantar una explosión masiva atómica y salir vivos. La energía que cargan los nacidos bajo este signo de Escorpión ha tenido por lo tanto la misma cantidad de años para desarrollarse plenamente. Quizá sea por esto que muchos otros se consideran suertudos al verse compartiendo los deseos o las necesidades de este enigmático signo. Se apasionan por todo, se apasionan muchas veces al día, y el apsionamiento es una de sus llaves de supervivencia. Esperemos nosotros, que somos de cualquiera de los otros once signos astrológicos restantes, que nos apasionemos alguna vez si no muchas veces con el mismo brío que Escorpión. Tú, Escorpión, tienes la oportunidad de que nos puedes presentar la palabra *"pasión"* y sus varios significados sobe un platón de plata y servírnoslo para que nuestras vidas den más de sí. La pasión es "ese algo" adicional que amasa el alma de la misma manera que un maestro panadero amasa el pan. Sin darle vueltas, airearlo y moldearlo, el pan no tiene el sabor adecuado. ¡Y sin pasión en la vida, algo siempre hará falta! Vean la lista de algunos famosos nacidos dentro de este signo cuyas tentativas hablan por sí sólo; Pablo Picasso, Fiódor Mijaílovich Dostoievski, Alain Delon, Grace Kelly, Carl Sagan, Indira Gandhi. La lista podría llenar varias hojas de este libro, aunque claro está que existen representantes apasionados dentro de cualquiera de los otros signos también. Sin embargo, al Escorpión, más que a los demás, le mueve y le puede su pasión para seguir siempre adelante, pase lo que pase.

Tú, Escorpión, generalmente tienes mucho qué decir porque tanto te está pasando que ni cuenta te das del porqué de tu propio apasionamiento. Surge, y ya. No es por demás hacerles ver a los Escorpiones, que Antares, una de las estrellas más grandes de nuestro cielo, ha sido considerada desde siempre como un reflejo de Escorpión, así como la liga de lo que este signo puede aportar a la inteligencia y a la actividad de los humanos. Es posible que por ahora, los demás signos astrológicos tomen esto con tanta pasión que se sientan molestos conmigo, pero si cada uno de nosotros reflexiona y nos fijamos con suficiente entusiasmo como Escorpión amaestra su arrebatado efervescencia y lo convierte en pasión, aprenderemos a valorar su intensidad. Un poco de lo mismo, de esa pasión, puesto en situaciones que podrían parecer banales, nos enaltecerán. Especialmente al acercarnos a esto que llamamos vida. Dejémonos llevar.

CÓMO ACERCARTE A LOS OTROS SIGNOS DEL ZODIACO:

ESCORPIÓN Y ARIES. Al combinar sus tiempos y sus esfuerzos, cualquier cosa puede pasar. Por ejemplo, disparates pueden acrecentarse y parecer locuras, o el tiempo podría venírseles encima. Sería excelente si tú, Escorpión, te tomaras unos minutos para mostrarle a Aries como acercarse sin peripecias. Tranquilos, por favor, mientras adelantan, aunque fuese a paso de tortuga.

ESCORPIÓN Y TAURO. Imagina que tu relación con Tauro se parece a las mareas. Tauro es el signo opuesto al tuyo, Escorpión, así que cuidado con las aguas revueltas, con lo cual quiero decir que podrías estar disfrutando algo plenamente cuando repentinamente, en lo que tú crees es sin ton ni son, te veas volando bajo. Cuidado de nuevo, porque un encuentro con Tauro podría ser, contradictoriamente, mandado hacer en el cielo, ya que si se atraen, cualquier cosa puede pasar.

ESCORPIÓN Y GÉMINIS. La vehemencia es algo que va agarrando su color poco a poco, algo entre la pasión y una revelación. Tiene algo místico. Y es por ahí que deben comenzar a tomar los pasos de este acercamiento. Busquen la manera de ser diferentes, de poner lo viejo bajo un nuevo punto de vista. Recuérdense constantemente que aunque muchos han tratado de hacer lo mismo, ustedes dos lo pueden lograr.

ESCORPIÓN Y CÁNCER. Te encontraste con la horma de tus zapatos, Escorpión. Te costará trabajo reconocerlo que Cáncer puede ser tan apasionado como tú, pero Cáncer se protege con su caparazón. Además, los nacidos con el sol en ese séptimo signo dan por hecho que todo se lo merecen, así es que tu pasión y su efervescencia podrían durar para siempre.

ESCORPIÓN Y LEO. Murmúrale al Leo—si puedes—como quisieras acercártele para que sea algo muy privado. Uno de los dos sentirá la necesidad de ser el que toma el mando; la ventaja será para aquél que no se deje, y de nuevo, me rehuso a tomar partido o a simpatizar por una pasión o por otra. Deja que el ardor hable por sí sólo y goza su presencia.

ESCORPIÓN Y VIRGO. ¡Yo quisiera que todo Virgo sobre la faz de la tierra siempre tenga la oportunidad de ser introducido por alguien de signo Escorpión a la pasión que sea! Virgo, a la larga, sale ganando y tú, Escorpión, debes ser lo más discreto posible además de dejar que las cosas tomen su propio curso.

ESCORPIÓN Y LIBRA. Cada vez que escucho el final de las noticias diarias un anuncio velado sobre lo que "mañana les contaremos" me da rabia. Reacciono de inmediato buscando como criticar a quien esté hablando, aunque todos lo hacen con guión. Algo parecido puede suceder con el acercamiento de Escorpión y Libra ya que tratan de evitar algo que está por suceder y las predicciones por lo general.

ESCORPIÓN Y ESCORPIÓN. Si logran mostrar lo que uno puede hacerle al otro o explicar lo que uno quiere hacerle al otro, aunque los dos quieran ganar apasionadamente, el resultado final inspirará a quien los vea juntos, porque habrán acrecentado su potencial. No es tan complicado como parece, siempre y cuando no se lo tomen con demasiada seriedad.

ESCORPIÓN Y SAGITARIO. Haz gala y muestra lo que tengas que valga la pena mostrar, juega el todo y por lo menos causa gran impacto si es que no puedes "apantallar". Si mientras están juntos te atreves a acercarte a una experiencia apasionante, osa con todo lo que puedas. Debería ser un reto que no puede más que convenirte, a tu cuerpo, a tu mente, ¡y te hará sobresalir!

ESCORPIÓN Y CAPRICORNIO. Para Capricornio, un nuevo objeto a desear es un maravilloso despertar, y no le sucede del diario a este signo que por lo general planea las cosas a largo plazo. Hay veces en que Capricornio no sabe cómo afrontar una pasión o algo apasionante. Pero cuán bien le puede hacer—al Capricornio—si logra acercarse de una manera nueva a algo.

ESCORPIÓN Y ACUARIO. Esta combinación podría llegar a necesitar ayuda o consejo de terceras personas. Ten más cuidado de lo que usualmente tienes Escorpión, porque pueden salir chispas de donde menos te imaginas. ¡Hay mucha energía entre los dos, y la palabra pasión ya trae lo suyo!

ESCORPIÓN Y PISCIS. Acércate a Piscis, puede llegar a ser tan placentero que no querrás intentar nada sino que con él o ella. Pero tendrás que ceder un poco. De lo contrario, Piscis te dejará con alguna duda sobre tu propia persona que obstaculizará tu próximo acercamiento. Cualquiera que sea la duda, es por tu bien, así que agradécele a Piscis antes de que la pasión se merme.

Sagitario
acercamiento: crecer

"Para poder obrar con sabiduría no basta ser sabio".
—FIÓDOR MIJAÍLOVICH DOSTOIEVSKI

Como una enredadera ascendiente, tú, Sagitario puedes cambiar de giro simplemente porque "pasan tantas cosas" y tu deseo insaciable de crecer no te deja alternativa. Sumas esfuerzos, sean naturales o sean artificiales, y esto te embriaga y te llena de arrojo. Esto le sirve de ejemplo a los que te ven, quienes a su vez se llenan de ánimo y quieren también crecer. Tu personal manera de desarrollo está directamente eslabonado a toda aproximación o acercamiento que hagas. Comienzas algo sólo si sabes instintivamente qué te puede llevar a lo que llaman los biólogos "un proceso de crecimiento substancioso". Tú lo traduces personalmente sintetizando corporalmente una positiva expansión física y mental que siempre está mejorándose. Se expande, crece y mejora. Comienzas cosas que luego toman su propio camino, a veces extrañandoles a unos, porque no hay nadie mejor que tú para mostrarles ese mismo camino, el adecuado a quienes lo necesitan. Eres el factor de esperanza para más gente de lo que te imaginas. Y a menudo, acabas lo que comienzas antes que otros, sino mejor. ¿Sabías que hay más alumnos que pronuncian discursos de despedida del signo de Sagitario que de cualquier otro signo del zodiaco? Jane Austen, Voltaire, Magritte, Flaubert, Noël Coward, Steven Spielberg, y Emily Dickenson, entre otros.

El signo de Sagitario está directamente ligado con las nueve musas por profetas y almas adivinatorias de la historia. Las musas son las musas de la poesía épica, de la historia, de la poesía del amor, de la poesía lírica, de la tragedia, de la poesía sagrada, de los cantos corales y el baile, de la comedia y de la astronomía. Si hay un gran maestro, mago o hada del universo, probablemente sea del signo de Sagitario. Nada mejor le puede suceder a los otros once signos que comenzar y/o acercarse a algo con ustedes, los suertudos del cosmos. Tú, Sagitario, por lo general creces y te desarrollas como debe de ser, escoges junto con tu vida tu propia personalidad y por lo tanto puedes mostrarle a los demás como aumentar lo que sea "su" voluntad.

A menudo tú, Sagitario, obtienes casualmente lo que a otros les cuesta mucho trabajo; hacer amigos, como ejemplo. Por lo general te haces indispensable con el crecimiento ajeno y tus acercamientos personales tienen mucho que ver con saber escoger con la madurez adecuada para que el crecimiento valga la pena. Tu optimismo, que por lo general es un don de tu signo, te permite una magnífica ambición, bien puesta y bien llevada. Tú sabes que puedes lograr lo que quieras ser o tener. Los demás nos enaltecemos al fijarnos como te acercas, comienzas y creces; eres un buen prototipo. Y no olviden todos que Sagitario forma parte del sique de cada uno de nosotros; la oportunidad de acercarnos a esa fase de nuestro ser es lo que nos ayuda a crecer.

CÓMO ACERCARTE A LOS OTROS SIGNOS DEL ZODIACO:

SAGITARIO Y ARIES. Tú, Sagitario, toma el toro por el cuerno y ten la confianza para atreverte a ser todo lo elocuente que quieras, que Aries te permita ser. Mientras más impresionantes y fuera de común sean tus palabras, mejor. De todas formas te has encontrado con quien puede lidiar contigo, quizá, fácilmente.

SAGITARIO Y TAURO. Tú puedes estimular a Tauro, y le hará mucho bien acercarse a lo que tu le indiques sin titubear. Pero no es fácil convencer al Tauro de nada, y aunque hagas uso de tu buen humor, posiblemente las cosas se estanquen en primera instancia. Busca la segunda. Usa maña, y a la larga Tauro quizá te lo agradecerá.

SAGITARIO Y GÉMINIS. Ten a la mano un buen manuel o modo de empleo para que a la hora de "los atorones" puedan sobrepasar los pequeños detalles y seguir adelante con lo que tengan planeado. Si encuentras que en realidad son polos opuestos, no quiere decir que Sagitario no pueda ayudar a Géminis a madurar, o viceversa.

SAGITARIO Y CÁNCER. Me atrevo a pensar que tú podrías convencer a casi todo Cáncer que lo que le propongas lo puede hacer bien. Además, me atrevo a decir con cautela que dejar que los eventos tomen su propio curso, en lugar de tratar de apurar las cosas, es lo mejor que pueden hacer ambos. Sus gustos seguramente no serán los mismos, pero un signo siempre acrecienta al otro.

SAGITARIO Y LEO. Eres justamente lo que Leo necesita para progresar, aunque le costará mucho, muchísimo trabajo reconocerlo. Eres la persona adecuada para acercarte a todo, Leo, y mostrarle lo divertido que puede ser el extenderse y el crecer. Leo podrá creer que es perfecto nada más porque si tú no lo tomes a mal, habla sin rodeos, ¡y dále el beneficio de dejarle gritar!

SAGITARIO Y VIRGO. Si Virgo se queja, escúchalo/la. Si tú tienes ganas de quejarte, guárdate las ganas porque es la peor manera de acercártele al Virgo. Concuerden y convengan en algo preciso antes de continuar. Tienes que ser todo lo optimista que puedas. De lo contrario, Virgo no verá la luz al final del túnel.

SAGITARIO Y LIBRA. Poco a poco y bondadosamente, toma del brazo a Libra—si se deja, toma de la mano a Libra—y busca el mejor lugar del momento, tomando en cuenta buena luz y calidez, porque la luz y las sombras podrán ser factores decisivos en los primeros pasos de comunicación entre ustedes. Piensa en un suave vaivén, en un momento inolvidable, en la magia del momento para que todo continúe.

SAGITARIO Y ESCORPIÓN. Juntos deberían hacer un voto que los comprometa a ambos a mejorar el mundo. Si tú, Sagitario, sin ser demasiado autoritario podría convencer a Escorpión de "abrirse un poco" hacia lo que le estás ofreciendo, habrás tomado el curso adecuado, sino perfecto. ¡Uno podrá transformar al otro! ¡ustedes decidan!

SAGITARIO Y SAGITARIO. Deja al lado tu orgullo, y comienza de nuevo. Lo que tenga que ver con crecimiento está tan presente como el hecho de que ustedes mismos se encuentran juntos; y no necesitan demasiados consejos salvo si alguno de los dos tenga un carácter infernal. Si es el caso, aléjate en lugar de acercarte. Como regla general, Sagitario no sabe cómo lidiar con lo detestable, aunque lo carguen consigo.

SAGITARIO Y CAPRICORNIO. Las bases para acercarse ya están bien puestas, aunque posiblemente Capricornio aún no se ha dado cuenta. Déjalo ser (al Capricornio) y dedícale un poco más de tiempo de lo que tenías planeado. Capricornio detesta malgastar su tiempo. Detesta malgastar lo que sea, pero si le muestras que tú también tienes ambiciones, las puertas de la sabiduría se abrirán como por arte de magia; palabra odiada por el Capricornio también.

SAGITARIO Y ACUARIO. Con Acuario a tu lado, puedes y debes acercarte con sencillez y candor. Con desafío no llegarás a ninguna parte, y el desafío puede aparecer—en un comienzo— sin que se lo esperen. Cuídate de eso y trata siempre de tranquilizar los astros conjuntamente.

SAGITARIO Y PISCES. No te olvides del buen humor, comprensivamente y en grandes cantidades. Si no te esfuerzas a ello, podría ser que lo que aparenta ser serio se vuelva insoportable por razones incomprehensibles para ambos. Pisces podrá requerir algo tuyo que tu solamente sabrás darle si has crecido emocionalmente lo suficiente. Es como una prueba para Sagitario, que bien vale la pena.

Capricornio
acercamiento: poder

"Nadie sabe lo que puede hacer hasta que trata de hacerlo".

—SIRO PUBILIO

S i haces una lista de los personajes que más poder tienen bajo todo punto de vista y en cualquier área de empeño como los de la lista de los 500 de la revista *Fortune* (*Fortuna*), o las "Cien personas más bellas del año" de la revista *People* (*Gente*), un alto porcentaje de los que tienen ese poder probablemente sean del signo Capricornio o tengan características de este signo en su mapa cosmográfico.

De la misma manera como las tormentas solares afectan las comunicaciones sobre la tierra, el factor poder ha sido relegado y relacionado al planeta Saturno, regidor astrológico de Capricornio desde que el hombre comenzó a medir el tiempo en nuestro mundo. Nuestro Saturno de la mitología llevaba un cetro que representaba lo tanto los principios sólidos del carácter como la deliberación, el aprendizaje y el conocimiento. Tú, Capricornio eres, de todos los signos del zodiaco, quien mejor sabe que "paciencia es poder" o mejor dicho, que para tener poder hay que tener paciencia. Pensándolo bien, las dos cosas tienen matices distintos. Tú, Capricornio, consideras que construir así como invertir son los dos "líderes mayoritarios" en tu tan privilegiado cielo. Estas dos entidades bien podrían ser el cemento que mantiene la estructura detrás de tu trono, porque en toda fase de tu vida, ahora, ayer o mañana, tu determinación sostiene el poder que tienes sobre el tiempo, tu gran aliado. Si no me crees, remítete a la historia y lee algo sobre la vida de algunos Capricornios de envergadura. Juana de Arco, quien podría representar el poder de la fe; Isaac Newton, evidentemente el poder por la gravitación; Aristóteles Onassis, el poder de la riqueza o Alberto Schweitzer, el poder de la bondad.

Tú, Capricornio, puedes y debes construir tu propio programa de accion afirmativa, de decisiones íntimas que te llegarán al lugar dónde quieres estar, aunque tardes más que otros. La espera es tu aliada, y cuando te propones a acercarte a algo, verás que las cosas se acomodan a tu voluntad, eliminando lo que no te conviene, en su mayor parte por tu propia jerarquía celestial. Tú mejor que nadie sabes cómo hacer que las cosas te rindan, porque tu primer instinto entiende a la perfección como convertir menos a más. Este instinto te provee con el poder de pelear por lo que quieres con un afán igual al que lucha contra la injusticia. Yo les deseo a todos los Capricornios que tengan tanto éxito como seguridad material porque ustedes tienen la virtud y el poder de poner un buen ejemplo con lo que sea, y mientras más, más poder de ayudar. Tienen el poder de extenderse y todos los demás once signos se benefician si se fijan en cómo te acercas a lo que quieres. El poder de sobrellevar no tiene mejor voz que aquel que le da Rudyard Kipling en su poema *Si.* Kipling era Capricornio, y las ideas que le rodean y están detrás de sus palabras deberían inspirar todo acercamiento a la vida en general. Es más, el poema completo no solamente nos muestra cómo nos acercamos de una manera superior, sino que se hace las mejores preguntas, muestra las mejores estrategias, nos deja vislumbrar perfectas habilidades de negociar, nos dice cómo convertirnos en expertos al enlazar lo que deseamos y nos abre caminos para poder construir una mejor estructura de vida con el paso del tiempo, tu aliado, Capricornio.

Lean el poema, y encuentren su propia inspiración así como han hecho tantos a través del tiempo.

Cómo acercarte a los otros signos del zodiaco:

Capricornio y Aries. Esta combinación es la casi perfecta para el síndrome del que trabaja sin descanzar, algo que tú sueles hacer, Capricornio. Ambos tienen fuerte capacidad y sentimiento de "lider", y lo son. Así que no olviden que la unión hace la fuerza, porque al juzgar por el simple poder, difícilmente encontrarán quien tiene más dosis de qué. "¡Juntos, aunque no revueltos", diría mi abuela!

Capricornio y Tauro. Excelente combinación para probar cosas nuevas, aunque entre los dos tendrán que decidir a quién le toca qué. Cualquier cosa les puede funcionar o suceder, y mientras más usen el poder de los números, mejor. El resultado final podría ser tardío—especialmente para Tauro—pero confían de lo muy positivo que esta alianza puede ser.

Capricornio y Géminis. Que no te convezca Géminis de que no tienes razón, Capricornio. Es más, tus opiniones testarudas deben prevalecer, y no te dejes convencer de nada. Si Géminis te acusa de ser inflexible, mejor, porque tú eres el maestro de este juego, Capricornio, ¡salvo que no te interese llevar la batuta o le quieras regalar todo a Géminis nada más porque sí!

Capricornio y Cáncer. No exageres, e invita en lugar de imponer tu punto de vista, sobre todo cuando de poder se trata, y más que nadie, cuando estas acercándote a Cáncer. Podrías agobiar a éste, tu signo opuesto, y te perderías del poder de aprendizaje, el tuyo, Capricornio. Porque de Cáncer puedes aprender a nutrirte de bondad y soltura. Te hace falta, generalmente.

Capricornio y Leo. Por un lado, esta es la mejor combinación para dos seres que tienen dado ya una buena y abierta linea de comunicación establecida. Por otro lado, es la peor combinación para dos seres si alguno de los dos decide callar. Tú, Capricornio eres bien capaz de obstaculizar por reservar, especialmente si no te sientes seguro. Sé que no es tu estilo, pero en este caso, maniobra para que puedan convertirse en algo de alto poder.

CAPRICORNIO Y VIRGO. Tanto tú, Capricornio—como Virgo— saben cómo escoger lo mejor de cualquier plan si les conviene. Si pudieran combinar su esfuerzo con diversión estarían amarrando para bien de ambos un trato que debería ser positivo y duradero. Podrías, inclusive, mostrarle a Virgo como poder aumentar sus cuentas.

CAPRICORNIO Y LIBRA. Probablemente la "amabilidad" no es algo en que te sacas el premio, Capricornio, aunque tú no te des cuenta y trates de ser gentil. Es bien probable que ser amable es un gesto muy común del Libra, y te beneficiará enormemente, Capricornio, si lo estudias un poco y te dejes seducir algo. En el fondo puedes.

CAPRICORNIO Y ESCORPIÓN. Podría existir una fuerte corriente erótica y sensual entre los dos, sin reparar en sexo ni en géneros. Averigua por dónde viene esta energía y por qué, investigando. aunque tuvieses que mirar hacia adentro como reportero o detective. Una vez que la primera fase sea comprendida, lo demás se vuelve como pan de miel, fácil y digerible.

CAPRICORNIO Y SAGITARIO. Si le dejas campo abierto al Sagitario, si te dejas llevar por ese signo, te estarás haciendo un gran favor cuando de poder se trata, Capricornio. Además, al acercarse y planear la creación de algo podrían estar aspirando a máximos sin darse cuenta. Deja que Sagitario te lleve a dónde quieras ir. Saldrás ganando.

Capricornio y Capricornio. No escatimas, pues nunca será "demasiado para los dos". Cuando te acerques a tu congénere Capricornio, estarás con la seguridad de que pueden "aguantar lo que fuese", y si alguno de los dos es un Capricornio suertudo, así será. El poder que ambos exuden cuando se sobrepasan es uno de los máximos.

Capricornio y Acuario. La inconsistencia te es, por lo general, insoportable, pero los Acuarianos tienen una razón poderosa por ser inconsistentes. Su signo está siendo bombardeado con efectos altamente poderosos cósmicos, y tendrán la oportunidad de mostrar cómo maniobrar de manera inusitada. Esto no tiene realmente nada que ver contigo, Capricornio, pero el estar a su lado te enaltece. Pueden ser aliados poderosos.

Capricornio y Piscis. Piscis y Capricornio pueden enseñarse con éxito como realizar hazañas, y de dónde tomar fuerza. Si terceras personas se meten en su poderoso acercamiento, cuidado. No se dejen. Que Piscis aleje cualquier agraviante y tú, Capricornio, escoge el camino más fácil por una vez. Fuerzas con vientos herculeanos los acompañan, el poder está al alcance de la mano.

Acuario
acercamiento: independencia

"Debería, por lo tanto, puedo".
—EMANUEL KANT, PARAFRASEANDO A RENÉ DESCARTES
(*PIENSO, POR LO LO TANTO, SOY.*)

La independencia juega un papel tan importante en este país y sobre nuestro continente que hasta hay un día en que se le asigna singular importancia. Del 4 de julio al 16 de septiembre, podríamos poner el día de independencia de otros paises latinos. Por supuesto que la independencia no es algo que solamente al Acuario le concierne, pero, cuando están contemplando su propia realidad, para Acuario "independencia" es una palabra que está presente en su lista de preferencias; independencia, autonomía, libertad. Todos los demás signos astrológicos tienen algo que aprender sobre la manera en que tú afrontas esos sustantivos y logras tomar tus propias decisiones personales que te atañen la vida.

Los métodos que usas para hacer valer tu independencia son totalmente personales y pueden ser encantadora o deliciosamente impactantes, así como también rebeldes, sin restricciones. Para ti, Acuario, toda ventura tiene precio que pagar. Pero para ti Acuario, la independencia es algo tan imprescindible que podrías repetirte diariamente; "quién no arriesga, no gana". Que mejor que recordarte lo que Daniel Webster dijo sobre la libertad, primo sinónimo de independencia: "Dios otorga libertad sólo a aquéllos que la aman, y están siempre dispuestos a cuidar y defenderla". Tú, Acuario, con esa manera tan ingeniosamente singular, prosperas firmemente al estar cerca de la independencia y no es por casualidad que será algo relevante en todas tus relaciones y en tu vida en general. Desde temprana edad le habrás—espero—hecho notar a tus padres o seres cercanos, con firmeza, que necesitan darte ese espacio que ellos no están quizá acostumbrados a dar. De modo natural, sin empujones ni gritos, los Acuarianos pueden abrirle el camino a todos los otros signos para que ellos a su vez encuentren "su propio camino"; desde el punto de vista Budista, quienes dedican gran parte de su vida a esa reflexión. No olvides, sin embargo, la importancia que tiene de que *tú* comprendas que tu manera de sentir y asumir tu auténtica libertad no complacerá a todos. Quizá, no complacerá a muchos. Toma esto en cuenta antes de acercarte, de comprometerte o de enlazarte con personas o con ideas. Recuerda las sabias palabras de los nobles maestros de la China antigua: "Cuando la mariposa aletea, el efecto se siente hasta el otro lado del mundo". En otras palabras, siempre habrá alguien que sentirá o resentirá consecuencias por tus acciones. Necesitas tenerle el respeto adecuado a las opiniones de los demás y ellos así, seguramente, optarán por entender tu independencia.

CÓMO ACERCARSE A LOS OTROS SIGNOS DEL ZODIACO:

ACUARIO Y ARIES. Aries necesita complacerse a la luz de tu autonomía, que para un Aries es mucho más profundo que simple independencia. Aries prefiere ponerse de acuerdo que compartir. Por lo mismo, entre ustedes debe ser amor inmediato—no quiero decir "a primera vista" porque eso los limita—porque de lo contrario, sentirán ambos que algo les está "faltando".

ACUARIO Y TAURO. Pónganse de acuerdo para que pase lo que pase, ustedes dos se divertirán. De lo contrario, podrían tener ciertos tropezones al acercarse porque alguno de los dos espera más de lo que el otro pueda dar. Involucren a terceras, cuartas o quintas personas, o hagan cosas en grupo para liberarse un poco de molestias individuales.

ACUARIO Y GÉMINIS. No se restrinjan cuando discutan con Géminis, y asegúrense que tampoco Géminis lo haga. Puede ser que de entrada, Géminis tema frustrar ese aire de "espíritu libre" que te envuelve. Exige lo que te corresponda, porque Géminis tratará por lo general de agarrar más de lo que le atañe. Está en su personaje, y ¡no lo puede evitar!

ACUARIO Y CÁNCER. Traten de aproximarse a cualquier situación bajo puntos de vista divergentes y no olvides, Acuario, que no te será muy fácil disipar las aprensiones correspondientes a su signo (¡todas!). Cáncer necesita más seguridad de lo que tú sueles ofrecer. Pero a ti, Acuario, que no se te olvide la necesidad que sí tienes de nutrirte a ti mismo. Cuida tus palabras y tus pasos al acercarte en este caso, y guarda tu independencia al margen.

ACUARIO Y LEO. Lo repetiré una y mil veces. Los opuestos sí se atraen, y en este caso sólo se necesita encontrar algo liberador en que los dos estén de acuerdo. Una vez encontrado esto, que podría ser totalmente trivial, pueden acercarse en conjunto en lo que se les dé la gana, sea está regalada o no. No olviden que a Leo le hace bien el calor del sol para suavizar sus primeros pasos.

ACUARIO Y VIRGO. Si logras que tu Virgo se "suelte el pelo" haciéndole sonreír, sonrojar o carcajearse, tendrás un Virgo que te apoye en todas tus andanzas. Para aquéllos que se inclinan por lo más intelectual, repítanse en voz alta varias veces las palabras de Epicteto: "Ningún hombre es libre si no es maestro de sí mismo". Si ésto no les aclara el significado de la palabra, no lo entenderán jamás.

ACUARIO Y LIBRA. Necesitarán consejos de seres independientes para hacerles avanzar en su acercamiento, en sus planes y en sus proyectos. Ninguno de los dos tienen que preocuparse y tú, Acuario, tienes suficiente sentido de lo que es "justo" para dejar que Libra se desenvuelva adecuadamente. Una vez encontrado el camino, Libra se beneficiará de tus disimulos.

ACUARIO Y ESCORPIÓN. Para Escorpión, existe la posibilidad que te vea como si tuvieras un toque de libertino, y quizá Escorpión no se equivoque. ¿Pero quién dice que tú no estás haciendo más que recobrando lo que es tuyo? Ahora, para acercarte a Escorpión, reconsidera lo que has comenzado, y borra cualquier acceso pasional. No necesitas agraviantes, y sí te beneficias con puntos de vista discrepantes.

ACUARIO Y SAGITARIO. Transfieran la libertad adecuada a sus respectivas necesidades de uno al otro y verán que no habrá nada que evadir. Fíjate en quienes te dominan para que puedas actuar como deberías, Sagitario. Ahora, entre los dos, gasten todo el tiempo libre que tengan y ayuden a quienes más lo necesitan; más que ustedes.

ACUARIO Y CAPRICORNIO. Servir no necesariamente tiene que ver con estar al servicio de alguien. Tú, Acuario, deberías ya de tener la madurez adecuada para comprender cuán cierto es esto. Si no distingues una cosa de la otra, Capricornio puede y podrá mostrarte cómo. Tú te beneficiarás al escuchar a una persona, Capricornio, que aunque te parezca cohibida, posiblemente sea mucho más libre de lo que crees.

ACUARIO Y ACUARIO. Contempla todas las alternativas posibles a lo que otros pudieran decir o hacer. Entre ustedes dos encontrarán cuáles les convienen para acercarse y compartir lo que sea su voluntad. Si se sienten un poco atascados, busquen un tercer Acuario y pídanle consejos después de que pruebe su maestría. Siempre hay un Acuario en algún lugar que gusta de cooperar.

ACUARIO Y PISCIS. Dentro del diccionario del señor Webster, dice que "independiente" es un adjetivo que significa "no sujeto al control de otros". Cuando tú te acercas a alguien que sin tener el afán de sacarle un provecho incondicional Acuario—en especial cuando te acercas a Piscis—aclara, por favor, que tu definición de "independencia" no es como la del Sr. Webster. No eres la única persona que necesita su propio espacio, es algo inherente a todos.

Piscis

acercamiento: amor propio

"Estoy lleno de palabras".
—JOB 32:18

*E*l amor propio, o el autoestima, es uno de los conceptos más sútiles e importantes de todo este libro. Elegí ponerlo en el primer capítulo bajo el primer concepto porque todo ser humano debe comenzar cualquier hazaña por grande o chico que este sea—desde qué zapatos ponerse hasta con quien compartir la vida—estimándose. Creyendo y sabiendo que seas del signo que sea, tengas lo que tengas, tú vales la pena. Piscis es el conducto magistral capaz de inventarnos un haikú perfecto—uno por habitante sobre la faz de la tierra—para promover a su máximo esta palabra y sensación, pues Piscis es el soporte del zodiaco. Termina para volver a empezar. Y con un Piscis a tu lado, para sostenerte, tienes tanto como si tuvieses todo un grupo de entusiastas o admiradores.

Piscis, eres ante todo ciudadano del mundo, con lo cual quiero decir que eres capaz de poner de lado tus propios achaques para ayudar a despejar aflicciones ajenas. Podrás ser a veces desleal contigo mismo, pero nunca con los demás. Tienes la capacidad de ser una alegoría para ti mismo o misma, y cuando ya tomaste la decisión sobre quién eres y qué es lo que realmente quieres de la vida en general, ya has aleccionado a los que te son cercanos una gran lección: el de saber escoger el camino adecuado, siempre y cuando de ti no se trata. Tú puedes perderte, pero nunca les permitirás a los tuyos extraviarse. Capaz de bañarlos con agua helada o de convencerlos con palabras impecables, muestras caminos, y Aries, Tauro, Géminis, Cáncer, Leo, Virgo, Libra, Escorpión, Sagitario, Capricornio y Acuario entienden como auto-estimarse antes de dar el primer paso gracias a que estás presente. No te confundas, Piscis, es importante que lo comprendas, si te digo que aunque tú te pierdas no dejarás perderse a los tuyos porque tu signo del zodiaco tiene ligas y conecciones místicas y mágicas al caos primal y a los mínimos momentos antes del *Big Bang*. Eres, Piscis, tan adepto a encontrar que es lo que hace vibrar a los demás, que deberías estar presente en todas las seciones de todos los psicoanalistas del mundo, aunque ellos lo debatan. Puesto que sabemos que esto es imposible, vamos todos los que no somos Piscis a buscarte y ponerte como ejemplo para encontrar nuestro propio autoestima y acercarnos así a nuestras propias necesidades para así saber que tenemos que ofrecer. Es bueno, saludable y necesario tener una buena dósis de dignidad y di amor propio. La definición de el "yo" en el *Dicionario Oxford de filosofía* le da al clavo con su descripción. "Uno mismo, el elusivo yo que muestra una tendencia alarmante a desaparecer cuando tratamos de examinarlo con introspección". El autoestima es una cosa que tienes en buena dósis Piscis, acércate a él y muéstranos como obtenerlo con congruencia.

Esta definición muestra humor, y nunca olvides de utilizarlo cuando tú, Piscis, te acercas a otros. El amor propio, el autoestima, o lo que quieras llamarle, nunca debe ser convertido en autodecepción y para asegurarse de que esto no suceda hay que evitar ser contraproducente. Los deseos que logres por esfuerzo propio no son tan importantes como los logros relacionados con dignidad. Y, de alguna manera tiene que aparecer la palabra amor en tus búsquedas y encuentros propios: amor inspirado con imaginación y capeado con habilidad creativa. Tu propio autoestima por lo general te viene fácil porque eres, de todos los signos, el menos egoísta, y por lo mismo, aceptas la vida como se te viene presentando con desasosiego siempre dispuesto o dispuesta a transigir y a afrontar lo que venga. Hay quienes te acusan de "escapismo", pero tus remedios son tan finos que le mejoras la vida a quien lo necesita y con suerte, podrás hacer lo mismo contigo. Y aún hay más: para tu propio bienestar y autoestima, cuando momentos difíciles te asechen, tómate el tiempo para soñar o contar en tus sueños. Por lo general, contienen material introspectivo que te mostrará el camino indicado, inclusive antes de que tengas que decidir contando en las estrellas.

CÓMO ACERCARSE A LOS OTROS SIGNOS DEL ZODIACO:

PISCIS Y ARIES. El sentido propio del "yo" de Aries es generalmente lo primero que se ve o se siente, mientras que tú, Piscis, generalmente andas en pos de algo indefinido. Podrían formar una cadena interminable de eventos que finalmente apuntalarán hacia algo ingenioso que siempre ayuda a resolver cualquier desafío. Aries necesita darte tiempo, y por lo general tiene prisa y le encanta tenerlo. Deja Piscis, que Aries te apresure.

PISCIS Y TAURO. Tauro tiene necesidad de estar a gusto cuando sus sentimientos aparecen. El sentir, ver, pensar y ponerse de acuerdo son asuntos que involucran procesos de comprensión reales. Trata de ser lo más directo posible cuando estás preguntándoles algo dentro de este contexto. Te conviene "hacerle un poco al dectective", porque no es fácil que Tauro se abra de inmediato. Pero eres indicadísimo para lograr lo que intentas.

PISCIS Y GÉMINIS. Esta combinación es una de las mejores para entrar de lleno a discusiones sicológicas. Por ejemplo, si existe o no una diferencia entre el ego y el subconsciente. No dejes que te apremien ni tú trates de orillar; más bien acércate al asunto con ojo "de buen cubero" para que nadie te pueda culpar de nada simplemente, porque Géminis no se siente correspondido.

PISCIS Y CÁNCER. Aquí habrá una y otra vez el "yo" objeto y el "yo" sujeto. Deja que Cáncer tome la rienda entre los dos o en cómo dispondrá de cada uno. Poco a poco todo caerá deliciosamente por su propio peso. Una crisis personal no puede más que hacer mucho bien porque te dejará ver—y los dejará ver—elementos de duda que finalmente podrán aclarar al estar fundamentalmente más seguros de sí mismos. Juntos crecen ambos.

PISCIS Y LEO. Define desde el principio quién es quién, y qué es lo que realmente quieren lograr. Así, los dos disfrutarán mostrando su propia auto determinación. La parte de estima personal aparecerá a su debido tiempo. Si ambos pueden seguirse en lo que algunos llaman una "hartura de posibilidades", ambos lograrán mucho más estructura personal de lo que creían posible.

PISCIS Y VIRGO. Virgo podría hacerte sentir que existen más dificultades de lo que realmente hay. Esto es porque en realidad todo lo que necesitan ambos es liberarse de pequeñas aprensiones, que una vez puestas sobre la mesa, pueden ser fácilmente diluidas. Simplifícalo todo. Ustedes son signos opuestos y se pueden auto-ayudar muchísimo y para bien. No te confundas por lo que parece rigidez de Virgo; la causa principal es más profunda. Y si las cosas parecen no tener arreglo, una consulta con el sicólogo no estaría de más.

PISCIS Y LIBRA. Hay quienes dicen que no puedes dar en el blanco o acertar con exactitud cuál es el problema con o sobre alguien de signo Libra. Otros, como los Libras, usan simplemente la teoría de la seducción que puede funcionar para que un acercamiento valga la pena o no con estos seres algo volátiles. Quizá lo que valdría la pena sería acomodarse de manera que ambos se sientan bien sin esperar demasiado.

PISCIS Y ESCORPIÓN. Busca y encuentra la liga directa con tus genes egoístas y utilízalos para algo productivo. Una vez que se logre, aparecerá como por arte de magia el autoestima "a todo vapor". Además, y no olviden, que los genes egoístas, en la terminología biológica, tienen que ver con selección natural.

PISCIS Y SAGITARIO. Piscis, tú tendrás que rectificar algo antes de acercarte a Sagitario para que éste se sienta mejor en su propia persona. Puesto que tú eres el escogido del zodiaco para ser "el que ayuda", dale la oportunidad de salirse con la suya. No gastes más de lo debido, pero deja que Sagitario gaste más de lo que esperabas en ti. Los gastos pueden ser contados en dinero, tiempo o energía.

PISCIS Y CAPRICORNIO. Si esta historia tiene moraleja, deberá ser de tipo personal, puesto que tú, Piscis, le haces bien al engendrar nuevos puntos de vista de autoestima ajena. Su historia, aunque fuese solo al principio, tiene tamizes muy privados o tú,

Piscis, así lo crees. Puedes hacerle mucho más bien a Capricornio de lo que a Capricornio le gusta reconocer.

Piscis y Acuario. Acuario tendrá que cambiar de identidad, o por lo menos, aparentarlo. Si tú, Piscis, también aparentas lo que te cuesta trabajo aparentar terminar mal. Incluye a otros y no dejen de involucrarse tomándose cada uno como el verdadero centro del universo. La magia podría hacer aparecer las buenas hadas y la ecuanimidad reinará en lo personal si se conscienten un poco.

Piscis y Piscis. Si dos Piscis son complacientes consigo y con el de enfrente, ¡su autoestima puede subir como el sueño de un experto en la bolsa de valores! Atrévanse, pues, y no escatimen oportunidades. No deben cuestionarse demasiado, porque las cosas pueden fluir si ustedes dejan que eso suceda, y entonces, no tienen pierde.

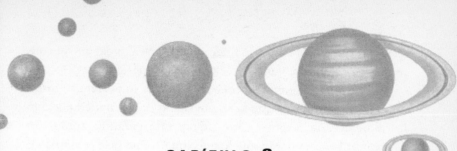

CAPÍTULO 2

PREGUNTAR

Ni falta decirlo: preguntar o cuestionarse cuando no. Preguntando, diriges tu vida y al mismo tiempo tomas riesgos mientras que esperanzadamente te encaminas por donde crees que debes. Poco importa si eres un gran conocedor o si eres diletante, y da lo mismo si tienes como meta ser un aficionado o un experto en el trabajo o en el hogar, mientras planeas tus vacaciones o al tratar de resolver problemas. Al cuestionar, estás a la búsqueda de algo tangible o intangible. El siguiente paso es comprender lo que has deliberado, además de seguirte cuestionando sobre cómo lo estás buscando. Piensa que aunque hayas tomado la decisión de eliminar algo, has escogido lo que es de alguna forma una suma al resto de tu vida, porque, por el simple hecho de haberlo considerado, ya forma parte de tu biografía. Por un lado de la cuestión, tienes interrogante, una expresión, un sentimiento, un examen o algo que está sujeto a una duda. Y por el otro lado hay un intervalo, una laguna, la incógnita por pequeña que sea. El efecto de lo que vayas a *escoger* se agregará a la historia de tu vida de una manera o de otra, igual que el contenido de este libro, igual que cada día que pase.

En realidad, cualquier pregunta es tan importante—quizá aún más importante—que la respuesta, así como cuando decían los abuelos una respuesta tonta para una pregunta tonta. En este capítulo aprenderán que lo más importante no es como contestar una pregunta sino cómo hacer o hacerse la pregunta adecuada; adecuada a tu signo astrológico. Recuerden que dicen que el viaje en sí puede ser bastante más importante que el destino final. En otras palabras, al estar ante una cuestión o algo inseguro tienes y puedes aprender a cuantificar, calificar y planear de qué manera podrás indagar y cómo hacer para superarte. Te ayudará a dar el primer paso así como cuando se descompone la computadora, el coche, la impresora, el CD o la bicicleta, consultas la documentación adecuada, el folleto de indicaciones. Este capítulo te mostrará como despejar dudas y comenzar a resolverlas. Cuando consultas este manual—el de la inteligencia astrológica, llevas ventaja porque paso a paso aprenderás a estar al frente de toda cuestión, inteligentemente.

Sabemos todos que siempre hay esa otra posibilidad, ese otro camino, que hubiéramos podido tomar. Es más, algunas decisiones por inverosímiles que nos puedan parecer son parte de un todo, de lo que nos sucede día con día y aunque sean a veces banales, como "¿por dónde me atravesaré"?; "¿qué camisa me pongo"?; "¿cómo hago desaparecer mis ojeras"?, etcétera. Pueden hacernos descubrir nuevas potenciales propios donde menos los imaginamos. Mínimas algunas, sin gran importancia otras, pero conductivas todas. Vas a ver y a aprender—a ver lo escrito, y a aprender con el uso de este manual—como usar las fuerzas que cada signo astrológico te aporta. El tiempo te será mucho más favorable, tendrás mayor seguridad en ti mismo, y por consiguiente, te estarás haciendo un gran favor. Verás como puedes maniobrar con facilidad, por tu bien así como evitar que te manipulen. Llevarás la ventaja dentro de situaciones variadas, banales, extraordinarias de suma importancia o a veces hasta insignificantes, pero así como planeas qué ropa ponerte al ver o a escuchar el clima del día—lluvia, nieve, vientos o el fuerte sol— y así como tienes oportunidad de saber qué tipo de tapado llevar— si meter al portafolio un paraguas o ponerte esos cómodos guaraches—encontrarás aquí a la mano un vademécum personal y propio. Al aprender las pequeñas singularidades de las combinaciones por signo del zodiaco tendrás una clara visión para saber por dónde empezar; tus búsquedas tendrán más que ofrecerte, porque sabrás como abordarlas. Cuestionarás con conocimiento de causa.¡La tuya!

Al tener un acceso fácil y sencillo sobre cómo relacionarte con los demás, estás en ventaja, porque interceptas las identidades mitológicas de los y las que te rodean, algo que ni soñabas conocer de otra manera, y conociendo algo de los sueños ajenos, puedes hacer las preguntas adecuadas. Usar el arte de la astrología de esta manera es algo parecido a navegar el internet para encontrar el máximo portal del internet. Preguntando lo apto consigues la información adecuada para poder tener un mejor punto de partida y lograr lo que realmente te convenga.

Por supuesto que no hay garantía absoluta para encontrarle el remedio fácil a todo, ni todas las respuestas son las perfectas. Pero, *"preguntando se llega a Roma"*, y esta es una frase que ya tiene más de dos mil años entre nosotros, eso no es mera casualidad. Una buena pregunta, adecuada a la situación y a la persona que tienes enfrente, aunque sea *vis à vis* el espejo, te abre mayor perspectiva y mejora tus opciones. Puedes combinar tus propias influencias astrológicas con habilidad para escoger el momento oportuno, por ejemplo; ¿debería pedir ese aumento *hoy*? ¿Me voy solo o acompañado? Ultimadamente podrás ver cómo iluminar tus propios conductos; ¿Debería tomarme unos meses para recorrer el Himalaya a pié, o mejor me asoleo en una bulliciosa playa de Cancún? Si la primera respuesta no parece complacerte, puedes acomodar tu consulta navegando hasta que encuentres la que creas convenga y jugar con los otros signos del zodiaco. Comienzas entrenándote para ser más perceptivo, puesto que la percepción es algo que los astrólogos afirmamos que te proviene de una manera u otra, simplemente por ser de un signo astrológico u otro. Cada una de las doce maravillosas alegorías astrales tiene su propia fuerza, don de preguntar lo que debe y manera de fortalecerse. Y puesto que este arte cosmológico—la astrología—nos permite estar al centro de nuestro propio universo, aunque los budistas dicen que el centro del universo está en cualquier lugar donde se juntan el mar con el cielo y la tierra, se nos facilita hurgar todo proyecto. Toda pregunta, siendo tuya, es el centro de tu propio universo y al comenzar a deducir cómo ir poniendo cada pieza en su lugar—como un gran rompecabezas que tiene el paisaje adecuado para tu vida—no tienes porqué minimizarlo. Velo así; un signo astrológico es un patrón, un modelo ejemplar que cada quien puede usar a su propia conveniencia. Al presentarles como abordar las preguntas adecuadas, el ángulo visual aumenta y todo se facilita. En la filosofía hay algo llamado un "principio máximo" que es una teoría sobre las decisiones que intenta mostrar como la decisión adecuada es la que acrecenta al máximo el resultado mínimo. Es decir permite que el peor resultado se convierta en lo mejor posible. Descubrir la pregunta adecuada tiene mucho más que ver con la acumulación de las observaciones convenientes que pertenecen a tu signo astrológico y al de los demás de lo que tú te imaginas. Cuando finalmente te encuentres a gusto con tu cuestión, cuando te acomodes con una pregunta adecuada—así como cuando te pones tu ropa interior preferida—la respuesta debe ser más que nada una parte de los vínculos que haces con el mundo que te rodea. Eso siempre será un buen punto de partida.

Cuestionar requiere un diálogo interno muy personal que nos obliga a reconocer quiénes somos antes de tratar de resolver cualquier otra cosa. El hecho de preguntar o preguntarse tiene que ver con la exploración de tu privanza, tu propia historia personal para que puedas abordar una a una las jerarquías que realmente te importan *antes* de seguir adelante. De acuerdo al signo dentro del cual te tocó nacer, cada uno puede hacer lo siguiente para comenzar. Como prueba, Aries podrá recargarse en potenciales; a Tauro sabrá esculcarse con corazonadas; Géminis o se motiva o motiva; Cancer podrá siempre echarle una manita a su prójimo o apoyar a alguien que lo necesite Leo con nociones claras preguntará mejor. A Virgo el escepticismo le queda a la perfección, y a Libra le va bien toda influencia reconocida como tal. Escorpión se autoayuda, y por lo consiguiente cuestiona mejor si usa extremos, y Sagitario progresa cuando se inclina con brío. Capricornio con algo fundamental y útil llegará a una límpida conclusión para averiguar cómo cuando y dónde y Acuario tendrá que reconocer que maravillarse con cualquier cosa siempre le llevará a formular la pregunta que ultimadamente hará que salga adelante. Piscis no tiene más que confiar en sus instintos. Todas estas posibilidades son parte de un proceso aún mayor que debe comenzar con una buena idea; la que toma forma cuando uno se pregunta, ¿debería?, ¿valdrá la pena preocuparme por esto?, o ¿puedo? En este capítulo verás como puedes prender la mecha de ese primer paso que te conecta con los que te rodean a quienes puedes o debes decir, ¿te puedo hacer una pregunta?, ayúdame a darle al clavo, o quisiera averiguar.

Ilumina tu destino preguntando y deja que la inteligencia cósmica te inspire, te aclare y te sugiera el camino ideal.

Aries

pregunta: mandar

". . . y de los hilos que enlazan las estrellas y de las
matrices del componente del padre".
—WALT WHITMAN

*P*or supuesto que a todos nos encantaría decir, yo mando si
no todas las veces, algunas. Sin embargo, Aries es por excelencia quien debería poder decirlo todas las veces, en especial
cuando de cuestionar se trata.

Lo más conveniente para ti, Aries, es esmerarte por ser muy
específico cuando hables sobre el tiempo, el espacio, la realidad,
tu resistencia, las necesidades, la substancia, la propiedad, la materia, lo dicho, los hechos y los eventos. Pocos son los que tienen
capacidad por ser tan concretos como lo eres tú cuando tienes
oportunidad de mandar. No quiero decir que si no eres Aries no
puedes mandar. Lo que sí quiero decir es que cuando cualquiera
cuestiona si debe o no debe disponer o determinar cualquier
cosa, se ilumina la parte de Aries que todos llevamos por dentro.
Y si naciste bajo el signo de Aries, desde el instante en que
tomaste tu primer buche de aire esa faceta tuya se iluminó.

Si puedes encontrar la oportunidad adecuada para tomar
partido antes de preguntar cualquier cosa, estarás en lo justo. Y
siempre saldrás ganando si estudias las reacciones tan opinio-
nadas que sobre ti se hacen tus amigos, tu familia o tus colegas.
Los demás deberían ser entusiastas con tus propuestas, aunque
no estén de acuerdo. Si la conjetura que estás por hacer tiene la
mínima oportunidad de llevarte hasta la cima de cualquier

asunto, tu pregunta es la apropiada. Tu primer mensaje se relaciona por lo general con una cuestión, porque tu signo y tu esencia es preguntona. Eres quien tiene la capacidad de recibir tus propios mandamientos. Un claro ejemplo sería equivalente a alguna persona que comienze su propia colección de cuadros o de arte. Tú, en lugar de colgar cuadros en las paredes, de la casa o de la oficina, te estás autoeducando para aprender a ver que es lo que más te conviene tener; el arte moderno, el arte renacentista o el arte tridimensional que utiliza materiales de desecho. Lo importante en este caso—el tuyo—es que sepas escoger para que surja la oportunidad de que tú seas tu propio maestro. Él es quien manda. Ni siquiera importa, por ahora, si tu esfuerzo se pierde. Lo importante es sentir que la decisión sea propia.

Debe haber siempre, en todas tus tentativas, una manera de ligar tus primeros pasos a tus propias preguntas o cuestionamientos con cierta autoridad. Henry Wadsworth Longfellow escribió que algunos tienen que seguir y otros tienen que mandar. A ti te tocó ser parte de su segundo grupo, o sea, el que manda. Aries, tienes el corte del que capitanea, pero tienes que recordar que aunque tú sepas que a todos les podría convenir el que debería llevar el timón, no es posible que siempre sea así. Sin embargo si tú das el primer paso con la intención básica de algún día ser quien controle ese o aquel asunto, estarás en lo justo, aunque aún no mandas del todo. Los demás aprenderán poco a poco, y ya te llegará tu turno.

Respuestas a tus preguntas sobre los otros signos del zodiaco:

Aries y Aries. Uno de ambos tiene que tomar sus precauciones para no prender ni echar a andar su módulo autocombativo antes de empezar, porque frecuentemente un Aries elimina al otro sin siquiera saber por qué. Dense ambos suficientes oportunidades de ser mandones, a cada quien su turno, y no des opiniones repentinas o a la buena de Dios porque posiblemente no sean las adecuadas. Lo justo es lo sagrado en esta combinación.

ARIES Y TAURO. Posiblemente, sin darte cuenta, le estés mandando a Tauro una señal equivocada. Mejora tu comportamiento y el modo de tu presentación física; arréglate, peinate, perfúmate, etcétera. Tauro te juzgará basándose en tu apariencia física en primera instancia. Necesitas dejar que seas el proyecto que Tauro quiere realizar, o por lo menos hacercelo sentir. Posiblemente esto no será todo lo divertido que quisieras, pero haz la prueba, por favor.

ARIES Y GÉMINIS. Hay ocaciones en que la mayor experiencia no es lo más conveniente. Hoy en día hay tanto de donde escoger y maneras de afrontar proyectos nuevos que pueden acabarse antes los números que los modos. Ustedes podrían llegar a descubrir maneras tan inovadoras como para hacerles volar a lo mas alto, es decir, alcanzar lo que quisieran. Adelántense en sus planes aunque otros crean que construyen castillos en el aire.¡Atrévanse!

ARIES Y CÁNCER. Tú, Aries, influyes con más presión sobre el sique de Cáncer de lo que él o ella quisiera reconocer. Cáncer puede tardarse más de lo que tú tenías pensado, además de que posiblemente tendrás que poner atención de no ser culpabilizado por algo que no tiene nada que ver contigo. Deja que Cáncer maniobre según sea su costumbre, pues Cáncer arregla intangibles majistralmente.

ARIES Y LEO. Si quieres un buen aforismo para esta combinación, Leo podría ser el helio mientras que tú, Aries, el globo que sube. Concéntrense para que empleen a su máximo sus atributos positivos y logren lo que sea su voluntad. Recuerden que los globos siempre terminan por poncharse, pero mientras se pueda, ¡aprovechen!

ARIES Y VIRGO. Si Virgo hace todo lo posible por divertirte, cuidado. Esto querrá decir que Virgo te está tendiendo una trampa para salirse con la suya. Tu cuestión podria infringir las andanzas de Virgo y la realidad puede ser todo lo contrario. Tienes que aclararle las cosas, porque Virgo así siente que deben ser sus asuntos. Si Virgo se siente conminado, es caso perdido. Podrías ensayar mandar divertidamente.

ARIES Y LIBRA. Esto es una orden. Déjate influir por la seducción o el don de Libra y aprenderás algo nuevo. Libra, tu signo opuesto, puede a veces mostrarte como aligerar alguno de tus pesares, y tus cuestiones deben iluminar ese preciso camino.

ARIES Y ESCORPIÓN. Escoge con cuidado tus palabras y tu manera de hablar. Escorpión medirá tu lenguaje en tu pro y en tu contra. No argumentes simplemente por argumentar, porque podrías salir perdiendo. Sin embargo, si encuentran cómo hacer equipo, su compromiso será por el bien de los dos.

ARIES Y SAGITARIO. Imagínate al Sagitario en cuestión sin ropa, ¡como Dios lo trajo al mundo! Esto romperá cualquier barrera de tu parte—no se lo digas, por favor—específicamente aquel que te impide ser todo lo libre con tus ideas o cuestiones como realmente eres capaz de ser. Planea a largos plazos, especialmente se tienes a la vista algo inovador.

ARIES Y CAPRICORNIO. Sea lo que fuese, o lo que están a punto de cuestionar, asegúrense de que la pregunta tenga un aspecto industrial. Ejemplo, ¿cómo escoger el tipo de vehículo dentro del cual van a cargar lo que necesiten o en que van a trasladarse de un lado a otro? Si se enfocan a resolver el lado concreto de su trato, los dos tendrán oportunidad de triunfar. Sin embargo, si olvidan tener cuidado, pueden perderse en el simple plan en lugar de trazarse un camino.

ARIES Y ACUARIO. Uno de ustedes tiene más envergadura que el otro, pero el que pareciera ser que se quedó cojo es el más fisgón. Cuando ustedes se juntan, nunca se sabe cuál de los dos es el que manda. Lo que tienes que cuidar, Aries, es de no tomarte la libertad de adjudicarte todo, pues Acuario nunca soltará esa rienda que ni cuenta te diste, y ¡parece tener!

ARIES Y PISCIS. Dale oportunidad a Piscis de hablar, discutir, remediar y pensar. ¿Has oído decir no le pude sacar nada? Tienes la capacidad de provocar a Piscis de tal manera, que lo haces. Se cierra. Tú, Aries, combinando tus cuestiones cuando de Piscis se trata, tendrás que mandarle más querencia a tu propio corazón. Tienes mucho que aprender de este signo que siempre está a tus espaldas, cuidándotelas.

Tauro
pregunta: fortalecer

"Estamos todos sentenciados a un retiro solitario
dentro de nuestra propia piel de por vida".
—TENNESSEE WILLIAMS

*T*auro, si por casualidad te encuentras carente de la fuerza que necesitas para lograr lo que sea—y asegúrate que siempre vayas en búsqueda de una sola cosa a la vez—no tengas miedo de volver a comenzar. Al reconocer que necesitas más tiempo, estás tomando el primer paso hacía tu propia realidad. Haz la pregunta adecuada. En otras palabras, que no te apresuren. Tú eres quien se conecta con su propia fuerza vital al tomarte el tiempo adecuado o al escoger por corazonada. Cuando te sientes realmente seguro, las cosas te suceden como quieres; te salen, las logras. Sin embargo, necesitas tomar consciencia de que tu fuerza gira y oscila; puede variar desde el cielo hasta el infierno, desde la absoluta mortificación hasta la invencibilidad; sentirse abrumado para luego, casi de inmediato, sentirse con toda la tranquilidad del mundo. Cualquier pregunta o cuestión por grande o pequeña que sea es cuestión cabal para tu alma. Esto quiere decir que para que escogas con destreza, necesitas sentir que es de una sola pieza tu decisión. Al no hacerlo, te desmeritas, te debilitas.

¿Te parece bastante fácil? Pero tú, Tauro, eres una persona que considera cada parte de un todo, de un plan o de una idea con ponderación. Ponderación es una palabra que te queda como anillo al dedo. Así te aseguras poco a poco y te llega la seguridad que sabes tan bien acomodar, usar y disfrutar. Podrás fortalecerte así con lo que realmente te conviene en vez de perderte dentro de un laberinto demasiado personal y poco conveniente. Para ti, Tauro, cuando las cosas te vienen fácil es porque ya pasaste un largo proceso de cuestionamiento individual que llega al fondo más recóndito de tu ser. Tu fuerza se encuentra dentro de esa habilidad innata que tienes para ordenar y seleccionar, y la fuerza del Aries, Géminis, Cáncer, Leo, Virgo, Libra, Escorpión, Sagitario, Capricornio, Acuario y Piscis está en saber tener algún Tauro a su lado para cuando no saben cómo cuestionar el índole de sus propios ajustes.

Es de suma importancia que no confundas fuerza con dureza o energía, porque ninguno de las dos cosas tienen que ver en lo más mínimo con lo que debes preguntarte en particular.

Deja que los demás signos astrológicos usen cantidades

como prioridad de fuerza. Tú puedes asumir la solidez de la calidad de tus propias percepciones de tus creencias íntimas y posteriormente entiendes ya fortalecida lo que puedes lograr con ellas. Para comenzar, imagínate respirando unas 21.000 veces al día, aproximadamente. ¿Te parece extravagante? No lo es. Todos lo hacemos pero desde el punto de vista de Tauro cada vez que inhalas, recibes un regalo del cielo. Esto es una conección cósmica con una fuerza enigmática que es reflejo determinante de lo que puede lograr cualquier Tauro, con o sin contar.

Respuestas a tus preguntas sobre los otros signos del zodiaco:

Tauro y Aries. Aries tiene mucho que aprender de tu determinación. Tú tienes capacidad para mantenerte bien parada, y así debe de ser. En realidad, Aries se fortalece estudiándote y al entender como tú, Tauro, te fortaleces. Aries debería dejarte la delantera mientras cuestiona aun más, aunque a decir verdad, lograr que Aries sea el segundo de la fila no es fácil.

Tauro y Tauro. En el centro preciso de nuestro cerebro, existe el lugar donde nace el sentir del placer. Este preciso lugar estará a tu plena disposición, Tauro, si aprendes como accesarlo. Cuando lo hagas, verás que el placer es algo que siempre has sabido gozar, y podrías mostrarles a los demás signos cómo encontrar su propia fuerza por, con y a través del placer.

Tauro y Géminis. Tú, Tauro, tendrás que aprender de las mañas de Géminis para convertirte en alguien tan adaptable como los nacidos bajo este signo. No quiero ser repetitiva pero tengo que enfatizar esto para que tú te atrevas a ser menos rígido (Tauro), guardar la calma y mostrar tu fuerza casi de manera indicifrable. Aprende a esperar sin desesperar, y así te irá mucho mejor.

Tauro y Cáncer. Si es día de luna llena, tranquilízate por favor, pues Cáncer estará desfasado. De lo contrario, toma tiempo extra, medita, ponte de buen humor y llena tu espacio con buenas vibras y música agradable. En otras palabras, usa gentilezas y enfoca tus fuerzas. Cáncer, generalmente, vive en otro mundo, diferente al que marca cualquier reloj o limita el clima. Ahora que si se acoplan, ¡podría ser divino!

Tauro y Leo. El que rico podría acabar en un simple cuidado si no formalizan sus prioridades ante todo. Trázense un plan y cuiden lo que podría atravesarles en el camino pues Leo seguramente no lo hará. Leo siempre querrá brillar mientras tú cuides tu sombra. Tienes sin embargo fuerza para salir ganando, atrévete.

Tauro y Virgo. Tú podrias utilizar algo de Virgo—como su recatadez—y Virgo podría aprender de ti, fijándose en tu estilo. No dejes soslayar el hecho de que no estás cien por ciento cómodo con él o ella porque Virgo nunca te lo perdonará si siente que no apruebas su manera de ser. ¿Complicaciones? Podría ser. Pero es una combinación que bajo toda circunstancia vale la pena.

Tauro y Libra. Entre los dos deben encontrar la fuerza para hacer lo que quieran, puesto que tienen el mismo planeta regidor, Venus. Venus condesciende, humaniza y bendice. Tú, Tauro, te mantienes firme mientras Libra prefiere arreglar las cosas por la buena. Para lijar asperezas, búsquense un lugar bello, calmado y agradable para hacer decisiones. Ponte al día y gasta más, complace, fortalécete con algún placer antes de preguntar acerca de lo que tenías planeado.

Tauro y Escorpión. Puesto que Escorpión es tu signo opuesto, quien te esté cuestionando sea colega, vecino o algún enamorado si es de ese signo, estará presente en casi toda ocasión cuando de este signo se trata alguna corriente sexual. Una vez que aceptes este hecho y lo asumas, podrás medir o mejorar cualquier emoción, por fuerte que sea.

Tauro y Sagitario. Eso es precisamente lo que quería saber, es la respuesta que sabe Sagitario dar con precisión. Y le sale muy bien, en especial cuando se le cuestiona sobre algo del cual no está muy seguro/segura. La causa de esto es porque la palabra "verdad" forma parte del sique de Sagitario. Por eso, recuerda que tu fuerza en esta relación estará siempre en usar la sinceridad y la franqueza.

Tauro y Capricornio. Posiblemente se darán cuenta que ambos tienen la misma pregunta en mente. Explícate en un idioma fuera de lo común, cambio de indumentaria, cambio de giro o de acento, usa imagenes en lugar de palabras y Capricornio entenderá inmediatamente la razón de tu locura y te apoyará, ¡dándote así aún más fuerza!

Tauro y Acuario. Si logras cansar a Acuario, tu pregunta le intrigará, porque se imaginará que es algo que tiene una meta diferente a la suya. Simplemente, porque cansado, Acuario no ve claro. Una vez interesado, cuidado, porque puede escurrirse hacia algo que le intrigue aún más. Lo mejor que puedes hacer con Acuario es lograr que respete el fervor de tu propia fuerza.

Tauro y Piscis. Los espíritus altruístas de ambos deberían aprender cómo festejar de lo lindo mientras conjuran la manera de contestar correctamente, y así poder cuestionar en unísono, para volver a comenzar. O sea, preguntar de nuevo. Tú, Tauro, te estarás haciendo un favor si pugnas por esta complicación. El resultado final podría beneficiar y fortalecer a mucha gente.

Géminis
pregunta: escuchar

*"Tenemos dos orejas y sólo una boca para que oigamos
más y hablemos menos".*

—Zenón

*T*ienes que reconocer que te sientes mucho mejor cuando eres tú quien habla, Géminis, y es por esto que tu interrogante es aprender a escuchar. Es más, Géminis, el signo doble sólamente es gemelo real cuando está decidiendo si va a escuchar o si lo que tendrá preponderancia es la palabra hablada. ¿Estás hablando o estás oyendo? Porque tú, Géminis, tienes el don de no tener que callar cuando escuchas, aunque bien debes aprender a prestar atención a lo que dicen o te dicen los otros. Los otros son todos ellos, los demás, el que te dirige la palabra o a quien dices estar escuchando. Fascinante Géminis, si tú eres el que tiene la palabra, tu mente, volátil e interesante al extremo puede convertir lo que quieras en lo que sea tu voluntad. Sabes invertir cualquier palabra para que parezca otra. Quijótico hasta más no poder, tus preguntas casi siempre llevan una doble razón. O, por lo menos, lo deberían llevar. Tú eres quien puede hacer algo de la nada con simplemente escucharte. Aunque creas que esto es imposible o aunque creas que algo es imposible, tú mismo eres quien logra convencer que tu empeño sí tiene posibilidades de ser. Ten la seguridad de que si a quien cuestionas te comprende, literalmente, cualquier asunto en cuestión mejorará. Y ten la seguridad de que si a quien cuestionas no te comprende, es porque el intercambio verbal no ha sido suficientemente observado por ti.

"Conózcate", dijo el gran Sócrates. Sus palabras nos llegan sin trabas desde antes de Cristo hasta ahora, comenzando un nuevo milenio. Estoy convencida de que esas palabras nos llegan iluminadas desde el cosmos directamente desde que nacieron algunas estrellas. Sócrates las recogió como una antena recoge un señal de radio y si tú, Géminis, te permites una genuina búsqueda personal, puedes hacer algo parecido y vislumbrar las palabras para aclarárselas a quien lo necesite. Las preguntas que enfrascan a otros a ti te esclarecen los hechos. Creo que al escuchar, aprendes a incrementar, substituir o duplicar cualquier pregunta con maña. ¡Así llegas a poder manejarte y a administrarte mejor que nadie!

No te preocupes por las dudas que puedas tener, puesto que preguntando estarás encaminado hacia lo mas apropiado. Al preguntar asimilas. Cuando tienes duda, estás formándote para sobrepasar obstáculos, estás dando el primer paso para despejar molestias y así avanzas, de duda en duda corrigiendo tus pasos, aprendiendo como retarte dentro de tu propia doblez. Tu pregunta, tu cuestión, necesita pareja, tiene que tener dos caras, saberse de doble sentido, además de encontrar de vez en cuando un giro con toque riesgoso, incluido a la normalidad. ¿Doble corazonada? También. Estas duplicidades le harán mucho bien tanto a Géminis como al escucha; si no logras cuoro, sin afán de ofender, grava tu vuz. Escúchate.

La única contingencia que pudiera sucederte es si encuentras que simplemente no te entienden. O tú no te entiendas. Para asegurarte de que esto no suceda, pregúntate, ¿me estás comprehendiendo? O también, ¿me enteré, percibí, me cupo en la cabeza? Aquéllos que te siguen no deben tener duda alguna de que tú, Géminis, puede alumbrar cualquier pregunta al unir tu voz con un sencillo, ¿Y tú, que piensas? Es una pregunta que todos deberíamos escuchar con mayor frecuencia.

Respuestas a tus preguntas sobre los otros signos del zodiaco:

Géminis y Aries. Haz un escrutiño, porque si dejas que Aries tome el primer paso, lograrás poner futuras dudas donde deben estarretiradas. Es decir, puedes optar por dejar tu pregunta y las palabras que pensabas escuchar para otra ocasión o estimular a Aries para que siga tu ejemplo y así, callarse los dos, por esta única vez. No dejes que terceras personas se metan.

Géminis y Tauro. Cuidado y cuidadito. No te imagines que simplemente por el hecho de que el primer paso fue tan fácil, lo que sigue será igual. Necesitas buscar tu propio espacio para tener lugar donde aprender a ser introspectivo. Lo extrovertido por lo general te viene fácil. Un buen consejo de alguien de signo Aries o Leo podría iluminarte. No es el mismo caso para Tauro, quien cuando está contigo se vuelve más narcisita de lo que esperabas. Toma la delantera, Géminis. ¿Me estás escuchando?

Géminis y Géminis. Entre ambos, alguno tendrá que deducir cómo intercambiar lo que simplemente llamamos "escuchar", por el más complicado escuchar furtivamente. Eso debe tener bastante más sutilidad y tacto, cosas que les hace falta a los dos. Déjale el trabajo más importante a tus oídos para que saltes y tomes la delantera en cuanto estés seguro de saber cómo. Muchas preguntas vienen al caso cuando de ustedes dos se trata y las respuestas vienen veladas.

Géminis y Cáncer. Tendrás que aprender a ser malabarista. Dos cosas a la vez es lo que necesitas dominar para escuchar lo que Cáncer realmente te está diciendo. Jugar tenis y masticar chicle no es tan difícil y te sirve como entrenamiento. La capacidad de poder afrontar dos sentimientos al mismo tiempo es lo que Cáncer te pide. Atiende su buen o mal humor y no olvides que aunque caprichosos, no hay mejor signo que el de Cáncer para ser transmisor de la pregunta que sea, y en toda circunstancia.

Géminis y Leo. Un juego de asociación de palabras es una magna oportunidad para que se entiendan, se escuchen, se pregunten y se lleven. Mucho dependerá de la agilidad de Leo para que tú te sientas a gusto. Cualquier cosa que tarde demasiado no es conveniente para esta relación. Durar, si. Tardar, no. Entre ustedes, por esta ocasión, ¡el escuchar no es tan importante como el aguantar!

Géminis y Virgo. Virgo podría asumi—con o sin razón—que tú, Géminis, estás diciendo específicamente lo que no hay que decir o que eres demasiado exigente. Pídele a Virgo una lista de sus necesidades para que lo difícil no llegue a más. Cada uno tiene un cincuenta por ciento de razón, así es que escucha tus propias dudas que podrían aclarlo todo.

Géminis y Libra. Su carácter aparentemente dócil anudado a su poder extravagante es justamente lo que te hace falta para escuchar otras cosas, como el viento, el golpeteo de la lluvia y el mundo exterior. Ocurren demasiadas cosas que no te has dado tiempo de ver ni de escuchar, y Libra es quien puede abrirte el camino hacia ellos. Una vez establecido esto, Libra podría convencerte de algo que ya deberías de saber.

Géminis y Escorpión. Si trabajan juntos y hay un trastorno interno, bueno. Si la pregunta o cuestión sobrepasa esa situación, tómate el tiempo y escucha exclusivamente lo que Escorpión tiene que decirte sin dejar que se entremetan terceras personas. Tú y Escorpión necesitan darse tiempo, o dejarle tiempo al tiempo.

GÉMINIS Y SAGITARIO. Sagitario es un maravilloso destello de luz para ti, Géminis. Pues aunque es tu signo opuesto, puede enseñarte a callar cuando debes. Sagitario es una de las mejores cosas que pueden sucederte si sigues tres reglas principales: (1) Encuentra algún Sagitario; (2) Deja que Sagitario haga sus propias interpretaciones; (3) Inspírate con sus palabras.

GÉMINIS Y CAPRICORNIO. Posiblemente tardes algo, pero si puedes convencer a Capricornio de cambiarse de lugar—por ejemplo que se vayan a otro cuarto, piso, calle o ciudad—sería excelente. Puedes tomar esto de manera figurativa o no, eso ya depende de tu libre albedrío y tus posibilidades. La pregunta podría ser una historia interminable, una búsqueda que no necesita tener fin.

GÉMINIS Y ACUARIO. Varios scientíficos nos aseguran que es mucho más importante hacer algo satisfactorio que simplemente divertirse. Si lo satisfactorio va de la mano con el trabajo—dicen—la mente aprovecha más de lo que necesita para lograr más percepción. Tanto tú Géminis, como Acuario podrían llegar de común acuerdo a esta misma idea, o podrían hacer algo al escuchar en unísono las necesidades del mundo y afrontar en conjunto preguntas que bien valgan la pena. Háganlo, por el bien de nosotros.

GÉMINIS Y PISCIS. Oigo a dos personas que no están de acuerdo. Échale más ganas, por favor Géminis, y trata de entender y escuchar la profundidad de Piscis porque así le tocó nacer. Es más si puedes hacerlo antes de preguntar cualquier cosa, tanto mejor. Luego, cuestiona para averiguar algo relacionado a lo mismo, pero con profundidad. Sigue dando más de ti, y date otra oportunidad, escuchando tu propia consciencia y posiblemente llegues a tener suficientes agallas para dejar que Piscis te marque el camino.

Cáncer
pregunta: hablar

"¡Contemplad!, este soñador llegó".
—GÉNESIS

Cuando tú, Cáncer, hablas, nos aclaras aquello que necesitamos escoger para ubicarnos, porque tú sabes cómo iluminar con tus vocablos nuestras memorias, nuestras palabras o las ideas que llevamos en algún lado de la cabeza. Un tono o un gesto puede cambiar el significado de cualquier palabra. Tú, Cáncer, dominas esa gracia. Todos, al hablar, entregamos una expresión y no hay nada sobre la faz de la tierra que puede imitar exactamente lo que hace la mente cuando interpreta una idea con la palabra. Pero tú, Cáncer, eres portador de la llave de nuestras emociones. Puede ser que esto sea porque quien te rige es la luna, y ella es la que despierta y agita impresiones. Deben todos los demás signos agradecerte por desencerrar la puerta hacía la emotividad, el desasosiego, la vehemencia y la efervescencia o, si quieren, podemos echarle la culpa a esa luna que a veces es tan voluble.

Una persona de signo Cáncer tiene ligas que han viajado a través de todos los tiempos con nuestra Madre Tierra, y por lo tanto, debe siempre hablar y hacer hablar en cualquier lengua cuando se cuestiona a sí mismo, cuando cuestiona a otros o cuando existe la posibilidad de dar o tomar nuevas posibilidades de tomar la palabra. Si eres Cáncer, grava tu voz y escucha su sonido. Te sorprenderás. Si oyes algo o un tono que te desagrada, cuestiona a quien puedas y planea firmemente cómo cambiar.

Modula tu voz, toma clases para ello y adquiere el conocimiento que te permitirá gozar y usar tus oídos como cajita de música. Ese don lo tienes gracias a tu signo.

Puedes juguetear con un gran porcentaje de aquellas dudas que la versátil luna te otorga, y la mayoría de las veces será por tu bien. Siempre y cuando creas en tu propia voz, y en lo que ella es capaz de decirte. Toma consciencia para que sepas cómo usar ese sonido singular—el de tu voz—para convencer, consolar o influenciar a quien te necesite. Debes de saber ya como usarla ingeniosamente y encantar con el mágico hechizo de tu persona. Cuando cuestionas te transmites de tal manera que los que te escuchan se animan hablando, no solamente escuchando. Te enalteces con la energía absorbida de los demás, y a los demás les pasa lo mismo contigo. Para ti lo mejor es intercambiar vibraciones y barajar lo que crees que puede mejorar vidas ajenas, sin llegar a ser metiche, por supuesto.

Eres el primero de los tres signos emotivos—los otros dos son Escorpión y Piscis—y esto quiere decir que necesitas darte tiempo una vez al día para enfocar y afocar tu propia rimbombancia. Esto te permitirá escoger lo negativo de lo positivo con facilidad; lo interesante de lo aburrido con gusto; lo saludable de lo insaluble con tino. Claro que hay momentos en que no encuentras las palabras adecuadas, pero eso es simple recordatorio estelar para que no dejes de rectificar tus palabras ni olvides las palabras claves que te facilitan responder a cualquier cuestión. Los antiguos caldeos veian en tu signo Cáncer, a quien marcaba el camino hacia la puerta por donde entraban las almas nuevas al mundo y, posteriormente lo comprendían. Ábrenos las puertas con tus palabras, permítenos entrar, y haz un esfuerzo para ser todo lo objetivo que puedas. Tu búsqueda y tu cuestión seguramente lo merece.

Respuestas a tus preguntas sobre los otros signos del zodiaco:

Cancer y Aries. No te lo tomes a mal si Aries te dice que por favor que te calles. Lo que esto querrá decir en verdad es que no has sido todo lo preciso o precisa que deberías de ser. ¡Es viable que Aries piense que te pasaste de viva! En vez de sentimentalizar, pídele a Aries que te muestre una nueva manera de comenzar. Déjate llevar sin exagerar.

Cancer y Tauro. *Déjalo ser,* como dijeron ya los Beatles en el título de su famosísima canción. Si realmente eres entonado, pídele a Tauro que trate de hace duo contigo, pues no necesitarán más que un buche de aire fresco para ponerse a gusto o contentos. La pregunta ni siquiera importa, y recuerda que tú podrías darle sabios consejos hablados de cómo mejorar su apariencia a Tauro, pero Tauro puede hacer lo mismo contigo.

Cáncer y Géminis. No se te vaya a ocurrir decirle algún secreto a Géminis, quien jamás sabrá guardarlo. Cuando planeen algo en conjunto, asegúrate de que la discreción no entre en el trato. Ten en cuenta que así como Géminis puede decir mentiras blancas, puede también culparte por lo que menos te imagines. ¿Te acuerdas de *Catch-22*? Así parece ser lo que les espera. Despierta, Cáncer, que no te agarren dormido.

Cáncer y Cáncer. Podría extrañarte, pero fíjate bien como despiertes de mañana, o en una precisa mañana en especial, y permite que ese sentimiento sea tu timón. Cuando te cuestiones o al hablar con un hermano de signo, transpórtate al primer abrir de ojos del día. Para Cáncer ese momento tiene un significado profundo. Discútelo. Úsalo. Te iluminará.

CÁNCER Y LEO. Tendrás que esmerarte para no aburrir a Leo. Proponle algo que tenga que ver con una fantasía—de preferencia que no sea la tuya—algo conforme a lo que vislumbres que Leo pudiera esperar. Si crees que Leo está haciéndote perder tu tiempo, quizá tengas razón. No te enfurruñes, dale un poco de su propia medicina—a Leo—y háblale de algo que no brille.

CÁNCER Y VIRGO. Virgo no lo reconocerá jamás, pero tú, Cáncer, puedes hacer gala de tu experiencia y le estarás haciendo un favor a Virgo quien tendrá que lidiar con tu superioridad. Lastimita, decían cuando yo estaba en la primaria. Virgo tardará en acceder, pero cuando lo haga—después de que le hagas la pregunta adecuada—será como si ya se hubiesen contado todo. Con una buena pregunta, se abren todas las puertas.

CÁNCER Y LIBRA. A menudo, cuando ustedes se juntan, posiblemente tú, Cáncer sientas que no deberías estar allí. No tienen demasiado en común, pero sin embargo si logran encontrar algo para que ambos puedan ponerse de acuerdo, que tenga a su juicio algo suficientemente bello como para pasar un rato contemplándolo, se divertirán de lo lindo. Hablen para convencerse de gustos y placeres contiguos. ¡Hacer esto se compara con una sintonía radial de FM que llena un gran espacio de sonidos que muchos pueden gozar!

CÁNCER Y ESCORPIÓN. La canción preferida de uno no tiene que gustarle al otro—Cáncer y Escorpión—porque siempre encontrarán alguna otra cosa, relacionada con las artes, con que ponerse de acuerdo. Ambos se harán un favor si hablan de arte cada vez que puedan, pues tanto Cáncer y Escorpión tienen disposición artística. Pero no se limiten; en cualquier cosa hay destreza.

Cáncer y Sagitario. Quizá Cáncer no sea un signo astrológico sino un estado de ánimo. La realidad es que a la mayoría de Sagitarios, esto les importa poco y pensarán que esta afirmación es tontería total. Por lo mismo, hagan lo que puedan y tomen lo que quieran. ¿Probamos?, es lo mejor que podrían decirse.

Cáncer y Capricornio. Cáncer le muestra algo fuera de lo común a Capricornio, o Capricornio hará algo parecido con Cáncer. Si alguno de los dos siente temor, traten de recordar que están mirando su imagen en un reflejo casi virtual, puesto que son signos opuestos. Si te faltan palabras Cáncer, podría ser para tu bien. Alguno de los dos tiene mucho que aprender.

Cáncer y Acuario. Cualquier preocupación sale sobrando; mejor arréglense. Lo bueno y lo malo, o lo malo y lo bueno, no tiene principio ni fin, y tampoco durará ahora que sí encuentran un lugar o una idea común. Ambos tendrán acceso a un entusiasmo total. ¡Y ni falta hará que hablen! Dicen que él que calla, otorga. Con ustedes, esto no funciona.

Cáncer y Piscis. De nuevo, y vuelvan a comenzar. Emociones podrían entremeterse y descomponer una simple conversación que en realidad no tiene ni ton ni son. Calma. No le busquen tres pies al gato. Piscis prefiere indicarle a quien se deje cuándo debe hablar, porque Piscis goza del silencio. Sólo tienes que aprender a hacer lo mismo.

Leo

pregunta: gastar

"Donde no hay visión, los hombres perecen".
—Job

eo sabe con maestría cómo gastar el tiempo con placer, cómo aumentar sus propios poderes y cómo enaltecer cualquier búsqueda para beneficio de todos. La mayoría de los Leos, sin embargo, necesitan ponerle freno a su gasto emocional para dejar espacio a las preguntas que deben hacerse. Su vida está tan llena de acontecimientos que sin moderación no sabe distinguir entre gastar en cualquier cosa o gastar en algo conveniente. No estas solo ni sola Leo, ni quiero ofenderte—eso, es lamentablemente fácil—así que perdóname antes de comenzar y no pienses que solamente quiero gastar palabras. A ti no te gusta gastar tiempo en lo que no consideras importante. Cuando Leo entra en escena, nada es sencillo.

Leo, tienes la capacidad de hacer las preguntas más fascinantes que llenan de entusiasmo a los demás signos y en especial iluminan la vida de aquéllos suertudos que pueden pasar tiempo contigo. Mira a tu alrededor, y si te atreves, fíjate bien dónde estás parada/parado. Por lo general, Leo es un ser multifacético y multi armonioso; esto quiere decir que pueden hacer que los demás se sientan bien, gozen, esten orgullosos de sí mismos y se sientan mejor dentro su propio piel; "dans sa peau", como suelen decir los franceses, país Leo por excelencia. Eso, siempre y cuando les complazca ni les despiertes alguna forma de leonina ira. Cuando tú, Leo, incurres en malestar propio, tienes la capacidad de contagiar a quien se encuentre a tu lado. Se siente aquél con un sentido de culpa y desazón si bien les va, ¡y completamente fuera de contexto si no tienen cómo acomodarse! Esto es porque cuando tú excluyes a quienes quisieran compartir algo contigo ellos, los demás se sienten perdidos. O sea, te necesitan. Leo, tú sabes como hacerte desear. Descartar es una faceta de tus armas, aunque puede ser una parte de tus fuerzas. Otros deberán siempre tener presente que vale la pena tener por lo menos un Leo partidario, así al tener necesidad de algún consejo para afrontar esos momentos de expendio moral o material, sabrán con quien gastarlo. Tus consejos son sabios. Tú, Leo, muestras lo mejor de ti cuando ayudas. Gastas a la perfección en cuestiones que tienen que ver con la mejora de otros, y ¡a veces hasta en ti!

Leo, eres también un personaje ideal para arreglar cosas, situaciones, deficiencias, desarreglos y situaciones estancadas. Hay quienes pueden cuestionar tu modo de gastar tu propia energía, pero tú no debes olvidar que sea cual fuese el camino escogido o por escoger, generalmente estás encaminándote hacia una verdadera búsqueda a la verdad. Mientras sigas ahí, todos los demás signos debemos gastar aún más tiempo en tu compañía para recargarnos en ti—cuando sea factible o posible—porque tú eres quien sabe mostrar los caminos adecuados para triunfar.

Respuestas a tus preguntas sobre los otros signos del zodiaco:

Leo y Aries. Es una combinación elegante y selecta. Puede esto ocasionar que aparezcan tendencias maravillosas o, de vez en cuando, pésimas. Esto pudiera ser porque Aries no tiene ningún deseo de compartir responsabilidades contigo. Esto de compartir es algo que les hará bien a los dos si resuelven cómo.

Cuando hagan cuentas finales, probablemente sea como en los cuentos de hadas . . . y vivieron felices hasta que . . . gracias a que supieron como gastar lo que a cada quien le tocaba.

LEO Y TAURO. Leo puede realmente poner un ejemplo dejando actuar a Tauro con toda libertad. No te esfuerzes, Leo, por quedar mejor, gastar más o aumentar lo que Tauro quiera hacer. Deja que Tauro maniobre a su gusto y verás que bien se siente cuando alguien realmente te respeta.

LEO Y GÉMINIS. Gasten todo el tiempo que quieran hablando y así llénense de respetuo mutuo a más no poder. Si incluyen una tercera persona, tanto mejor. Tú, Leo, estás en tu mejor forma cuando combinas tus conocimientos sobre los valores y el dinero. Si bien les va en serio, podrán planear cómo gastar en conjunto y en futuros.

LEO Y CÁNCER. Si Cáncer logra soltarse el pelo—aunque sea un poco—podrás mostrarle, Leo, cómo deletrear sus sentimientos para que el tiempo que gaste en sí le rinda. Cuando los sentimientos están bien puestos en su lugar, ambos saldrán bien y reforzados. Cáncer tiene más que perder. Ayúdalo.

LEO Y LEO. Si te permites exagerar—aunque sea un poco—gastando más de la cuenta, ahorrando más de la cuenta o hasta regocijando con tiempo gastado, te estarás haciendo un gran favor. Si puedes combinar estas sugerencias con otro Leo, estás mejorando tu manera de ser con fuerza. Sin embargo, no olviden cuestionarse para ver claro.

LEO Y VIRGO. ¿Crees que es fácil subyugar a Virgo? Pues no lo es, y no te hace bien tratar de lograrlo. Ajustar tu enfoque es algo importantísimo para ti, Leo, así que pon a trabajar tú yo tan magnánimo para poder cautivar ese Virgo en cuestión y luego escucha y aprende de Virgo lo que tenga que decirte. Si te llama a cuenta en relación a tus gastos personales posiblemente tenga razón.

LEO Y LIBRA. Cuando ustedes se juntan, pueden mostrarle al mundo entero lo que realmente quiere decir divertirse. Ni Leo ni Libra deben aceptar menos. Quizá tengan que luchar un poco para ajustar sus horarios, y si pudiesen gastar en simples compras—mientras más, mejor—cada uno le estaría haciendo un favor grande al otro. Libra debe tener la seguridad de que puede depender de ti hasta el próximo milenio, como mínimo.

LEO Y ESCORPIÓN. Ejercita precaución, Leo, de lo contrario te encontrarás vociferando exactamente lo equivocado y te verás enfrascado en una confrontación vital. Escorpión se cierra, y no habrá válvula de escape. Escorpión no perdonará tus tropezones, (si eres Leo) así que permítele, por favor, salirse con la suya o habrá un problema real, que no te permitirá llegar a ninguna parte. Evita esto con superchería si es necesario.

LEO Y SAGITARIO. Combinación que seguramente aligera las próximas 24 horas de Leo o le aclara alguna cuestion a Sagitario. Sean honestos, porque no hay manera de perdonarse con esta combinación tan fuerte. Atrévanse—cualquiera de los dos—a tomar decisiones al vapor. Creo que la palabra "supercalifragilistisecejipialidosis" tiene que haber sido inventada cuando un Leo se juntó con algún Sagitario.

LEO Y CAPRICORNIO. Capricornio no soportará tener que gastar demasiado tiempo en esperarte, o esperar alguna decisión. Para ellos, el tiempo se mide en momentos gastados. No te lo perdonará. Y podrías estar en vias de perder parte de tu reputación si te equivocas en algo. Hay algunos que juran que no existe pregunta tonta, así que gasta tiempo convenciendo a Capricornio que lo que no le gusta no podrá pasar.

LEO Y ACUARIO. Ponle frenos a tu impaciencia cuando tienes que ver con Acuario. Aunque creas que podrías estar gastando tu tiempo de otra o de mejor manera, éste, tu signo opuesto, podrá mostrarte como toda cuestión digna de averiguar debería ser por el bien de los dos, además de educativo. Permítanse tomar tiempo libre juntos. Deléitalo, comprobándole que no te puede hacer enojar.

LEO Y PISCIS. Lo que tenga que ver con gastos, las preguntas aparentemente banales que rodean la inmortalidad del cangrego o el porqué razón están justamente dónde se encuentran—¿juntos?—tiene un significado mucho más profundo e importante de lo que crees. Asegúrale a Piscis que tú estás diciendo la verdad y nada más que la verdad y recuerda que su gran intuición—pisceana—puede orientarte. No dejes nada sin resolver.

Virgo
pregunta: ganar

"La victoria frecuentemente cambia de partido".
—HOMERO, *LA ILIADA*.

Ganar es algo que nos toma por sorpresa aunque hemos estado esperando ese maravilloso resultado desde hace tiempo ya sea planeando su llegada o ¡recurriendo a la santería para lograrlo! Ganar no pertenece exclusivamente a Virgo, pero tú, Virgo, mereces ganar siempre, quizá más que cualquier otro signo. ¿Por qué? Porque cuando ganas, otros pueden aprender de ti, de cómo reaccionas y cómo asumes el haber alcanzado tu triunfo. Cuando ganas, es porque has escogido lo conveniente, aunque te haya tomado más tiempo de lo que otros quisieran y aunque te hayas desmeritado en el proceso. Sea como haya sido la manera en que te has propagado a ser el primero de la fila, tienes la obligación cósmica de mostrarle a otros—que no sean de tu mismo signo astrológico—cómo lo lograste y qué hacer cuando lo tienes a mano.

Virgo, tú sabes definitivamente cómo tomar el riesgo adecuado. Sólo tú sabes como deliberarlo. La mejor cuestión o pregunta que tú, Virgo, te puedes hacer es la siguiente: ¿Me va a permitir—este triunfo—estar del lado conveniente para aprovechar a mis anchas? Si te puedes contestar que sí, entonces el haber ganado beneficiará tu porvenir con certeza. Si no, podría contener un riesgo inconveniente en gran, en mediana o en pequeña escala. Considera esto: diez ganadores de loterías cuyo monto fue de varios millones de dólares fueron entrevistados para un artículo de la revista dominical del *New York Times*. Solamente uno de los diez pudo decir—a dos años de distancia de haberse sacado su premio—que su vida había mejorado; los otros nueve deseaban no haber ganado porque se les había convertido la vida en un desastre.

Ganar por supuesto que tiene que ver con fuerza de voluntad, pero existe el dicho históricamente antiguo que dice: "Es la manera que tienes de jugar, no el ganar, lo que cuenta". Virgo, tú te sales con la tuya preguntando adecuadamente o cuestionando a quién le debes desde temprana edad. Deberías saber cómo alterar las cosas de manera que no se pierda nunca nada, aunque sea por casualidad y no por selección. Los chinos dicen en sus escritos milenarios que escogemos—cada ser humano—el signo astrológico que queremos tener y que por eso nacemos tal o cual día. A cierta hora, ¿será eso el primer paso ganador?

O quizá el primer llorido de un recién nacido es en realidad el primer gran esfuerzo que significa, ¡gané porque llegué, y por eso estoy aquí! Simplemente por el hecho de haber nacido, participamos todos en esta vasta lotería cosmológica.

Virgo, tú puedes ayudar a que los demás se desdoblen y se extiendan dentro de ese riesgo que nos permite el ganar, porque sabes exactamente cómo singularizar cualquier momento o dicho en otras palabras, compaginar una circunstancia con cualquier experiencia. No quiero hacerles creer que son capaces de escogerle el número adecuado del billete de lotería ganador. Lo que sí puedes hacer, definitivamente Virgo, es llevarnos o encaminarnos, con tu instinto, hacia el lugar que nos hará sentir como un ganador.

Respuestas a tus preguntas sobre los otros signos del zodiaco:

Virgo y Aries. La respuesta a esta pregunta será una situación que hará tu agosto, sobre todo si juntas fuerzas intelectuales, las de Virgo y Aries. Solamente que no pueden—los dos—depender solamente de su intuición. Trabajo árduo y actividad cerebral podrán ayudarles a poner las cosas en su lugar y resolver algo que hace tiempo está confuso. Lo que descubran será un acierto.

Virgo y Tauro. Aunque no las ganes todas, podrás divertirte de lo lindo cuando te juntas con Tauro mientras planeas algo para lograrlo. Una pareja sin par quienes podrán—sin agredir—reacomodar lo que quieran para llegar a cualquier cima. No hay pregunta tonta ni mala en esta relación, porque la solución aportará la racha ganadora.

Virgo y Géminis. Géminis está convencido de que mostrar que puede mandar es la mejor manera de que ambos ganen lo que se propongan. No es así. Para ti, Virgo, lo importante es que tú tomes el primer paso hacia ese lo que te rindirá ganancia. La cuestión aquí es la siguiente: ¿Puedes aguantar lo suficiente? Si no puedes, Géminis te sorprenderá con algo irreflexivo. No dejes de tomar tus precauciones.

VIRGO Y CÁNCER. Si forman equipo, ustedes podrían ser maestros de cualquier cosa. Aprendan a doblegarse un poco, como el juego del siglo pasado llamado *cadavre exquis,* en el que cada uno tenía oportunidad de hacer lo que quería sobre una hoja, y en seguida juntaban las piezas sin plan definido, pero divertido y novedoso. Terminaba el juego con todo un dibujo fuera de lo común. Para ti Virgo, excelente, y para Cáncer también. Júntense y atrévanse a ser diferentes.

VIRGO Y LEO. Si el ganar es algo absolutamente necesario, asegúrate de que ganes *con* Leo en vez de hacerle perder. Si Leo pierde por causa tuya, prepárate para recibir lo que Leo considera como justa venganza. Recuerda el dicho, "Juego en que hay desquite, ni quien se pique".

VIRGO Y VIRGO. Juntos, no hay obstáculo que los pare ni competencia que no puedan ganar, en especial si tienen el cuidado necesario. Usen la precisión que va de acuerdo con su signo Virgo y pongan la atención que merece el caso. Reten a los demás signos astrológicos para ver si pueden ellos invitarles a ustedes a ser colaboradores suyos y todos se beneficiarian. Propon lo menos estrafalario para no asustar a tus contrincantes.

VIRGO Y LIBRA. Si alguno de los dos logra acrecentar su propia envergadura, habrá convencido al otro que lo que estén por ganar vale su peso en oro. Esto tiene más valor que cualquier logro ganado simplemente porque sí. Libra te hace tanto bien que siempre valdrá la pena juntarte con él o con ella. Trate de nuevo o comience algo diferente en otra ocasión.

VIRGO Y ESCORPIÓN. Escorpión siempre trae cargando en el alma la seguridad de que ganará porque así lo desea. No pierdas el tiempo en tratar de convencer a Escorpión de lo contrario, porque entre ustedes, cuando ganan o si pierden, nada es como parece, ¡sino que todo lo contario! La sorpresa posiblemente sea la respuesta de Escorpión y tú serás el aventajado. ¡Hacen buen equipo o buena porra!

VIRGO Y SAGITARIO. Podría suceder que lo que se propongan, ustedes disponen. Aunque la cuestion no sea más que un cero a la izquierda y crean que no tiene resultado, recuerden que hay volúmenes escritos sobre el cero y su significado en la filosofía y en la matemática. Los científicos nos dicen que la nada no existe, por lo tanto, todo tiene resultado. Sagitario es uno de los signos más flexibles del zodiaco, y tú puedes aprender de él. Podría ser que no salgan ganando, pero si habrán dado pasos instructivos, llenos de algo.

VIRGO Y CAPRICORNIO. Te puede apantallar atolindrar o pasmar la perspicacia de Capricornio, especialmente si le muestras que para ti lo honorable es más importante que lo ganado. Una vez establecido esto—entre ustedes—pueden sentarse y planear cómo lograr que un triunfo razonable valga y sirva más que cualquier duda sin razón. Básicamente, su colaboración es positiva y buena.

VIRGO Y ACUARIO. Las fuerzas que ustedes propagan cuando se unen podrían ser simplemente un viaje divertido sin ton ni son, o mínima parte de una experiencia que *valió-la-pena-pero-ya-ni-me-acuerdo.* No tomes riesgos innecesarios, y olvídate de la palabra "ganar" por esta ocasión. Pon la primera piedra para poder formular una buena pregunta y punto y seguido, recuerda que para todo hay una primera vez. Acuario te lo ofrecerá. A Virgo le puede convenir.

VIRGO Y PISCES. Estos dos signos opuestos podrían convertir una pregunta en algo negativo. Sin embargo, hay ocaciones en que Piscis puede hacer resaltar lo mejor de Virgo porque lo pone entre la espada y la pared. Y tú, Virgo, responderás poniendo lo mejor de ti, convertiendo lo que pudieras haber ganado en algo para cosechar. Entre los dos, hay retos que les conviene tanto que podrían encontrar ese bote de oro que algunos dicen haber visto al final de todo arcoiris.

Libra
pregunta: amar

"La razón es la amante y la reina de todas las cosa".
—MARCO TULIO CICERÓN

Sería absurdo si ligara yo el verbo "amar", que quiere decir tantísimas cosas, a un sólo signo. Entre otras cosas, los astrólogos pretenden que el mundo se divide en doce áreas, como capítulos de un libro. Leo, el capítulo V (quinto) tiene mucho que ver con el amor, la suerte y la búsqueda de la felicidad mientras que el capítulo VII (séptimo), Libra se relaciona y se aplica con vigor al matrimonio y las ascociaciones que hacen que nuestros enlaces valgan la pena y a nos lleguen al alma; punto de vista interesante para quien lo quiera estudiar. Amor en el pensar del griego antiguo se relacionaba con la palabra "eros", y se definía como algo que tenía que ver meramente con el deseo, la añoranza, la falta de equilibrio y admisiblemente, la sexualidad. El amor puede a veces inducir al humano a gravitar hacia cosas no deseables, extrañas y raras, y que puede dictar modos de ocupación apasionadas e inspirar acciones ilógicas. Pero esperamos todos que nos haga resplandecer, que nos embellezca y pocas son las personas que cuando aman no se ven mejor, se sienten iluminados e irradian energía.

Sería tristísimo si con una sola respuesta se pudiera contestar todas las preguntas, cuestiones, justificaciones, obnubilaciones, perturbaciones, interpelaciones, interrogantes, tensiones, deslumbramientos o exaltaciones pertinentes al amor. Cada pregunta acerca del amor trae su propia historia y es una creación única hecha por alguna persona en un momento específico del tiempo. No existen suficientes estrellas en el cielo ni neuronas en el cerebro para fijar con exactitud las respuestas a los deseos del corazón. Sin embargo, Libra, regido por Venus—reina del amor en la mayoría de las historias tanto astrológicas como otras— tiene el talento innato para distribuir y mesurar los matices del amor y su relación entre todos los seres—nosotros—quienes se encuentran a la búsqueda de una oportunidad para usarlo. Para amar, Libra, eres quien portará, porque creo que te lo mereces, el honor de repartir la palabra "amor" o el verbo "amar" a quien lo quiera ejercer porque sé que tú eres quien tendrá la gracia expeditora para descifrar nuestro amor; el de todos o el de alguno. Pregúntense Libra, ¿por qué escogí usar las palabras: amor, amar o estar amando; el amor puede ser idea tardía o ocurrencia nueva, algo escogido, un destello, un recuerdo, una transición, un ciclo, una creación, un momento cosmológico preciso, una memoria, un vocablo, un lenguaje, un reconocimiento y una infinidad más de cosas de lo que uno pueda nombrar. Cada signo lleva ciertas facultades en su capítulo cosmográfico-amoroso que pueden ser accesadas o utilizadas para ver, sentir, guardar, editar y procesar el factor de amar. Libra es a quien escogí para mostrarnos cómo poder dejarnos ir sobre las olas del cariño, la ternura, el afecto, el apego, la atracción, la adoración, la pasión, la dilección, el sentimiento, el erotismo, la sexualidad, el éxtasis, el deleite, o con lo que cada quien quiera poner antes o después del amor.

Suéltense un poco, iluminen un instante de sus vidas y pregúntense bañados en esa luz resplandeciente, ¿esto será amor? Hay muchas maneras de hacerlo. ¿Es amor? ¿Esto es amor? ¡Es Amor! No se preocupen. Vale la pena gastar el tiempo en la pregunta, nunca será desperdiciado el momento dedicado a él. Cualquier tipo de respuesta vale la pena, porque amar es, definitivamente, el pan de la vida. Espero que todos coman algo de él a diario.

Respuestas a tus preguntas sobre los otros signos del zodiaco:

Libra y Aries. Cualquier cosa puede pasar cuando dos opuestos se atraen. Charles Dickens, novelista y Acuario a la vez, dijo una vez que nunca se sabe lo que uno es capaz de hacer hasta que nos atrevemos a hacerlo. Aries haría cualquier cosa por el amor, aunque ese amor no sea eterno. Además, en el caso del amor con Libra como referí en entrenado, siempre valdrá la pena. Libra embellece y perfecciona. Y recuerda que Aries siempre podrá enseñarte algo nuevo sobre cómo amar.

Libra y Tauro. Ambos tienen algo en común, su regente astrológico es Venus. Por lo tanto, si se dejan llevar un poco más,—cada uno por separado o en conjunto—por el lado sensual de su naturaleza, verán que las respuestas son más sencillas y las cosas más fáciles de lo que creen. Disfruten, suéltense y déjense ir como si tuvieran un ritmo por dentro. Tauro necesita más seguridad que tú, Libra. Así que prepárate.

Libra y Géminis. La sutilidad es la palabra adecuada para cualquier situación amorosa que pueda ser sugerida, rebuscada y sagazmente planeada. Esto va tanto para Libra como para Géminis. Géminis está en su mejor forma cuando puede escoger y tú, Libra, puedes demostrar fácilmente lo que se te antoje. Abordar algo debe ser agradable cuando lo hacen conjuntamente.

LIBRA Y CÁNCER. Podría surgir algo de tensión que con el tiempo desvanece si se proponen a resolverlo. Tiempo gastado en composturas y engrandecimientos será para el bien de Libra y de Cáncer si se entregan. Cáncer podría lograr que tú, Libra, redobles esfuerzos, pero sólo si te relajas. Algo que debes recordar Libra es que si estás buscando la perfección, no existe.

LIBRA Y LEO. El amor siempre está presente cuando Leo se acuerda de que así es, así que no te demores y atrévete a decir lo que sientes. Si no te olvidas del número de teléfono de Leo, y recuerdas darle airosamente las gracias—que Leo sienta merecer—posiblemente le despiertes sentimientos que ni soñaba sentir o tener. Tú habrás encontrado algo que Leo desconocía. De alguna manera o de otra, es interesante el resultado.

LIBRA Y VIRGO. La amistad y el cariño deben ser el primer paso en esta combinación. Acto seguido, lo que sea tiene posibilidad de traer a tu vida buena fortuna, poesía celestial o un buen trato. Busca en algún lugar recóndito de tu ser como enaltecer la relación. Si te parece complicado, trata de definir la palabra "amor" y verás lo complicado que es. Puedes siempre hablar a calzón quitado con Virgo.

LIBRA Y LIBRA. O se aburren a más no poder cuando se juntan, o enloquecen agradablemente. Más lo que realmente deberían de mejorar y hacer es un intento especial para que la relación entre Libra y Libra funcione. Merezca la pena. Soportas más de

Libra que de cualquier otro signo, porque la curva de aprendizaje siempre va en ascenso. Es como ver tu reflejo real en el espejo por primera vez. ¡Celébrense un poco!

Libra y Escorpión. Esta combinación generalmente comienza de una manera y termina de otra. Ambos tienen que echarle ganas y ser menos egocéntricos sin escatimar palabras. En su interior—que puede ser tan profundo como eso que los astrónomos llaman el espacio profundo—tendrán que deliberar cómo llegar a un compromiso. Recuerden la canción del siglo pasado, "Taking a Chance on Love" ("Juéguenle al amor"), y háganlo.

Libra y Sagitario. Es importante que estén a tono y de acuerdo con el tiempo que pasarán juntos para que lo gocen, y es conveniente que la manera en que lo pasan también se valore. Trata, Libra, de contar los momentos, los placeres, las promesas o lo que creas que valga la pena si eso mejora la relación. Y, si lo empeora, no dejes de reconocerlo. No dudes, tú, Libra, puedes necesitar a Sagitario tanto como Sagitario a ti. Así que, ¡adelante!

Libra y Capricornio. Aunque no estén totalmente a gusto en primera instancia, poco importa. Dos almas rebeldes pueden encontrar el lado idealista (Libra) y cómodo (Capricornio) y mejorar cualquier posición, trato o comienzo. Cuestiónense sin escatimar y si encuentran un interés común, posiblemente les llevará a indagar sobre un posible enlace, aunque no tenga tamices íntimos.

Libra y Acuario. La relación debe ser más vistosa de lo que acostumbras (Libra), y posiblemente encontrarán que ambos podrían gozar con cosas que son parte de la intimidad de ambos. Si estás algo perplejo porque no entiendes tus propios sentimientos, déjate llevar por lo furtivo. Piensa que el deseo no tiene que ser algo físico; puede estar también relacionado con saborearse un pedazo chocolate suizo, entre otras cosas.

LIBRA Y PISCIS. ¡Cuidado! Podrías hacerle daño a Piscis porque hay veces en que olvidas lo que prometiste, o te pierdes haciendo viajes personales que nada tienen que ver con quien está contigo. Además eres totalmente capaz de olvidar que los que están contigo también tienen sentimientos. No le prometas a Piscis lo que no puedas cumplir. Esta es una combinación que puede concluir en una muy buena amistad.

Escorpión
pregunta: enigma

"Es una adivinanza envuelto en misterio dentro de un enigma".
—WINSTON CHURCHILL

Nadie como Escorpión para lograr que casi todos comprendan la parte enigmática de sus propias preguntas, si es que las hay. Y nadie como Escorpión para encontrar enigmas que creían inexistentes, porque este signo tan especial puede invertir cualquier pregunta y hacerla más interesante, misteriosa, reveladora. Ya que penetrar y descubrir son parte de las hazañas principales de tu vida, es fácil comprender cómo tú, Escorpión, encuentras los puntos más débiles o la fuerza vital de todo significado que pudiera parecernos misterioso bajo cualquier situación. ¡Darle al clavo es uno de tus dones!

Es importante remarcar que la palabra misteriosa no tiene

nada que ver con lo impresiso ni lo dudoso cuando de Escorpión lo trata. El sinónimo para ti bajo tu propio lenguaje astrológico es "interrogante". Si por casualidad sientes que te confundes por causa de la palabra "vagamente", es porque no estás utilizando el flanco tan a prueba de bombas que te pertenece por signo. El misterio es *conocimiento,* mientras que lo vago y lo impreciso es para ti una pérdida de tiempo. Eres rey o reina de la alquimia y puedes intercambiar una cosa por otra simplemente deseándolo, algo que pocos entienden y mucho menos tienen la capacidad de lograr. Nada te viene fácil, por ejemplo aunque seas dueño de finanzas cómodas—habiéndolas conseguido a la antiguita, o sea, heredándolas—por alguna misteriosa razón cósmica, posiblemente te costará más trabajo que lo que les contaría a otros tenerlo en las manos con la fluidez que mereces. Aún otro de tus misterios personales es el hecho de que eres un líder maravilloso, además de enigmático. La gente no te olvida porque tú eres el único que sabe cómo ponerse en contacto con el lado más dificultoso de tu imaginativo, extenso y hurgante manera de pensar. Frecuentemente te expresas de una manera tan especial que reverbera una y otra vez en boca ajena. Quieren más de ti, y se los das, llevándolos a conocerse mejor. De vez en cuando, de manera algo misterioso, los asustas. Fíjate bien, porque hay peliculas inmensamente taquilleras que le hacen ganar millones a sus productores usando tácticas de miedo sobre los espectadores. Al sentir miedo, algo se destapa, y eso nos rebota. Y cuando es algo personal y Escorpión se encuentra cerca, nos lleva de nuevo a tu lado. Siempre puedes ayudar Escorpión. No lo olvides.

Escorpión nos aclara el porqué de la importancia de la pregunta que planteamos. El tuyo, el mío o el suyo.

Una vez aclarado esto, la pregunta adecuada puede hacerse y las estrategias para negociar más los enlaces que usamos para construir se iluminan y las logramos realizar. Tú, Escorpión, eres quien toma la delantera y halas el hilo conductor que llevará a quien tú quieras por el laberinto íntimo de su propio ser.

Pareciera que eres quien puede ayudar de manera clara y precisa como desenredar el misterio que a menudo nos hace murmurar en vez de hablar con claridad. Nos ayudas a borrar lo confuso y a veces la confusión. Por eso deberíamos darte la bienvenida cuando te acercas a nuestras vidas. Eres quien ayuda a los demás a preguntar lo adecuado para que tengan más tiempo de entenderse y la esperanza de creer en sí. Finalmente, puedes también guiar a quienes menos se lo esperan para hacerles ver como divertirse sin arrepentirse. Las expectaciones aumentan misteriosamente con Escorpión al lado.

RESPUESTAS A TUS PREGUNTAS SOBRE LOS OTROS SIGNOS DEL ZODIACO:

ESCORPIÓN Y ARIES. Es posible que para Aries sea difícil entenderte y por lo mismo podría llegar a una conclusión equivocada al no darse tiempo de averiguar o a prepararse como debería. Prepárate para un cambio instigado por Aries. El cambio podría tener que ver con paisajes, sentimientos o enigmas.

ESCORPIÓN Y TAURO. La mirra es una de las fragancias más amargas, que es algo parecido a lo que necesitarás para sacudir a Tauro de tal manera que olvide su altivez sofisticada. Posiblemente Tauro sienta, cuando de Escorpión se trata, que se desconoce, y esto le impide ser franco. Un buen empellón poco notorio se les daba a las damas medievales con fragancias desconocidas que a su vez funcionaban como pociones potentes que cautivaban almas. Usa tu enigmático encanto.

ESCORPIÓN Y GÉMINIS. Eres el más indicado para saber y lograr cómo restringir el lado superficial de Géminis. Géminis suele querer salirse siempre con la suya, salvo con Escorpión. Tómate tu tiempo, el tiempo o toma algo del tiempo y confunde a Géminis con tus pausadas y profundas observaciones.

ESCORPIÓN Y CÁNCER. Tú, Escorpión, podrias ser el alquimista perfecto para el deseo más recóndito y profundo de Cáncer. Lo único que necesitas hacer es preguntar. Para cuando Cáncer ya entienda lo que verdaderamente quieres, la pregunta en cuestión ya habrá tomado un giro distinto. Es importante que veas el lado espiritual de tu ser, y juntos deben de poder. Empieza por proponer que hagan un crucigrama juntos.

ESCORPIÓN Y LEO. Leo jamás hace algo con absoluta ingenuidad. Recuérdalo, y no dejes que te confunda con una respuesta vaga o ingenua. Tú, Escorpión, no pierdes nada si te muestras un poco más sentimental, o en su defecto, recuérdale a Leo que ambos tienen héroes en el arbol genealógico. Si ni así logran ponderar verazmente sobre la cuestión adecuada, misteriosamente deja de indagar.

ESCORPIÓN Y VIRGO. Virgo dignificará cualquier cosa que decidan abordar en conjunto. Para incrementar tu perspectiva y para ayudar a Virgo tendrás que ser más productivo de lo que planeabas, y a la vez tomar mayores riesgos. Por lo general, hay que hacerle caso a las preocupaciones que Virgo pueda tener, porque son trascendentes. Pueden aliarse para apostar en cualquier juego. ¡Compren y compartan billetes de loteria!

ESCORPIÓN Y LIBRA. Midan y pesen la importancia de sus propias palabras y las cuestiones aparecerán como si brotaran de una fuente de agua cristalina. "El agua toma su propio nivel", decían mis abuelos, y este dicho les queda como anillo al dedo para algo que podría ser una combinación entre un cuento de hadas, unas luces contiguas o mucho beneficio común.

ESCORPIÓN Y ESCORPIÓN. Ni Luke Skywalker, Yoda, Highlander, el Rey Arturo o Dalila, la mujer que le pudo cortar el pelo a Sansón, podrían ser contrincantes para esta combinación mágica, mística, fuerte y compleja. Podrían eliminar a quien quieran, apantallar cuando sea su voluntad o mandar sin decir palabra alguna. Júntense, hagan lo mejor que puedan, nunca se guarden rencor y mucho menos se trampeen. ¡Enhorabuena!

ESCORPIÓN Y SAGITARIO. Siempre podrás contar con que Sagitario te ilustre, te desmistifique algo, te aclare lo que le preguntes o simplemente te ayude. Además, podrá mostrarte veladamente un modo de comportamiento fuera de lo común y muy conveniente. Si te dice algo confuso, resuélvelo sin pedirle ayuda. Si sigue la confusión, no recomiences. Sagitario te puede marcar caminos hacia nuevas oportunidades convenientes, pero tiene que poner las cartas sobre la mesa.

ESCORPIÓN Y CAPRICORNIO. Si yo tuviera una pregunta mística, mágica o complicada, jamás pensaría dos veces antes de pedirles ayuda a Escorpión cuando tiene un Capricornio al lado. Si están ascociados, con mayor razón. Dejen de hacer lo que están haciendo, y abran una consultoría. No solamente funcionará, pero es muy probable que se enriquezcan sin tener que hacer demasiado esfuerzo ni tener el dinero como premisa.

ESCORPIÓN Y ACUARIO. El silencio es de oro; hagan la prueba. Si se abre un silencio confortable, continuen juntos. Si no es así, disimula cualquier angustia existente y usa palabras incomprehensibles para que no te entienda, y mucho menos tengas que dar explicaciones. Confunde a Acuario de tal manera que no sepa qué decir, y vayan a un lugar grande y ruidoso, donde ambos pueden perderse en la muchedumbre. Así, no tendrán que pelear, algo que nunca deben hacer, misterios aparte.

ESCORPIÓN Y PISCIS. Fácilmente podrían descubrir que tienen tanto en común como hermanos del alma o compañeros de banca. Verán que la promesa de comprender el karma—Escorpión de Piscis y versa—es más fuerte y mucho mejor que ponerse de acuerdo sobre cuestiones, preguntas o enigmas de fe. Cuida para no aparentar tener demasiada intensidad; eso te borrará de la libreta de direcciones de Piscis. Pero, si todo marcha bien, la combinación puede ser brillante.

Sagitario
pregunta: placer

"Cuando estás sinceramente complacido, te nutres".
—Ralph Waldo Emerson

Sagitario puede ser el mejor de todos los signos para encaminar a cualquier tipo de placer que más nos convenga, nos haga vibrar o nos reanime. Y, ¿¡quién no quiere por lo menos un poco de eso!? El placer es una sorpresa tan maravillosa cuando aparece que planeamos y pasamos muchísimo tiempo al acecho de su aparición. ¿Y se puede catalogar el placer como una sensación meramente corporal? Tomamos placer de algo, en algo. El placer puede ser un complemento hacia o con algo, y podemos desarrollar o acrecentar la medida en que sentimos placer en nuestra consciencia. Se vuelve una parta tan íntima de nuestra propia persona que motiva una enormidad de nuestras acciones. Sea el placer que uno siente de tipo social, económico, físico o emocional, si su medida—siempre cuestionable—influye juicio y carácter, ciertamente la posibilidad de asirla está siempre presente al resover cualquier faena. El placer de buscar nos inspira a soñar, a construir, a tomar decisiones y cuando planeamos nuestra semana, día tras día. Sería maravilloso—

dudoso quizá—encontrar una manera de llevar una dósis personal de placer para ser activada cuando sientas necesidad de hacerlo, tenerlo o regalarlo, y esto es algo que Sagitario sabe maniobrar sin titubeos y con excelencia. Hasta en el dibujo de su signo, ¡Sagitario se pinta solo!; el Centauro, a punto de enviar una flecha al aire, hacía el cielo. Ese centauro astrológico y astronómico seguramente ya tiene puesta la mirada en su meta y tiene la absoluta seguridad de que dará en el blanco; ¡qué placer! ¿Quién no aspira a meter el gol dentro del marco, a tirar la pelota a la canasta, a pegarle a esa bolita blanca para que entre suavemente al hoyo, a tener el placer de poder tomar posesión del puesto deseado? Sagitario tiene el talento para mostrarles a todos los demás que *ahora* es el mañana de ayer, y que el ayer ya pasó para dejarnos buscar el placer de mañana. Sagitario nos dice simplemente—con su candidez ejemplar—como fortalecer y complacerse en el momento actual hoy, ahora, nos muestra cómo el placer está siempre presente, a flor de piel, contiguo.

Al adueñarnos concientemente del *ahora*, podemos todos sincronizarnos y harmonizar nuestra vida con absoluto placer, así como haces tú, Sagitario, cuando escuchas tu música favorita. Eres tú quien aumenta el ton al son. Sin escatimar eres tú, Sagitario, quien puede desenredar y mostrarnos cómo asumir esas peripecias tan inverosímiles y pertinentes a tu signo que te ponen a tono con tu buena estrella. Si sabemos que nuestro astro rey, el Sol, causa un gran porcentaje del clima, porque no adjudicarle a Júpiter—tu planeta regidor—el don de inspirar y conferir el placer. Jupiter rige a Sagitario, tú, Sagitario muestranos los caminos placenteros que hemos de tomar. Por supuesto que el regocijo, el deleite, la alegría, la felicidad, el bienestar, la complacencia, el manjar espiritual, el gustazo, la satisfacción, el confort, el goce, todos estos sinónimos del placer tienen por donde aparecer en, dentro, con y al lado de cualquier signo pero por qué cuestionar la aparición del placer si siempre está accesible, cerca y fácilmente reconocible con Sagitario a nuestro lado, personalmente o cuando encontramos el preciso lugar donde lo relevante a Sagitario se muestra en nuestra propia consistencia cósmica. Si eres Sagitario, ¡qué la disfrutes! Si no, tienes que reconocer cómo sentir todas las vibras placenteras que el cielo de este día te pueda surtir.

RESPUESTAS A TUS PREGUNTAS SOBRE LOS OTROS SIGNOS DEL ZODIACO:

SAGITARIO Y ARIES. Las cosas caen fácilmente por su propio peso como deben de ser porque cuestionar a Aries se resume a lo que cotidianamente se llama *diversión*. Aries olvida, frecuentemente, que lo que comienza animado puede fácilmente terminar en placer, así que tú, Sagitario, trázate un plan, busca su acceso, échale ganas y reparte todo el placer que aparezca para luego usarlo de la mejor manera posible. Tú, en compañía de Aries, podrian hacer predicciones sobre cómo conseguirlo, con la misma desfachatez que a veces hacen con el clima, sobre todo si se dan tiempo.

SAGITARIO Y TAURO. Las cosas y los asuntos se reanudan, uno tras otro, como la noche al día continuamente. Dale permiso a Tauro para ponerse a descubrir el placer en o con enseres desconocidos. Te estarás haciendo un gran favor al buscar cualquier tipo de placer con Tauro a tu lado, porque los individuos Tauro son quienes saben sacarle el jugo máximo al significado de la palabra en cuestión.

SAGITARIO Y GÉMINIS. La sinergía entre ustedes podría estar un poco fuera de curso, así que acomódate como puedas y si necesitas cierta precisión, vacila y expándete. Podrías, puedes y debes adaptarte con facilidad combinando esfuerzos ya que

Géminis es tu signo opuesto y puede enseñarte como deleitarte con pequeñeses, aunque tú posiblemente desearías tener aún más placer para repartilo.

SAGITARIO Y CÁNCER. Pugna por satisfacer tus sentidos dándole oportunidad a Cancer de compartir contigo. Las palabras "verdaderamente", "locamente", "profundamente" que ya han sido usados en bastantes contextos, aparecen cuando ustedes se juntan y se cuestionan. Trata de corresponderle a los caprichos y antojos de Cáncer, pero recuerda, si aparece la luna llena puede ser que Cáncer sienta placer con simples locuras.

SAGITARIO Y LEO. Entre los dos, pueden iluminarse llenando una pantalla de lucecitas sin necesidad de energía eléctrica; algo parecido a un cuadro de conmutadores encendidos. Fácilmente encuentran entre sí las partes más placenteras del día, de sus cuerpos o de sus actos. ¡No escatimen, ni de su modus vivendi! Entre los dos deben compartir sus conocimientos para pasar a ser maestros inmejorables en placenterías; nueva materia inventado por Sagitario y Leo accesible y grátis para todos los otros signos del zodiaco.

SAGITARIO Y VIRGO. Mientras menos le preguntes a Virgo, mejor. Pon todo en su lugar pero de manera diferente a la normalidad, y no dejes que Virgo te gane la partida, específicamente en asuntos personales. Si cambias de punto de vista esta combinación puede ser sorpresivamente placentera. No pongas todos los huevos en una sola canasta porque cualquier cosa puede suceder.

SAGITARIO Y LIBRA. Deleite, deleitarse y fruición son encantaciones que llaman todo lo placentero. Repite las palabras dos veces, respiren hondo y prometanse que gozarán aun más cada vez que se juntan. No hay necesidad de filosofar. Diviértanse y manden sus nececidades a volar sin cuestión alguna.

SAGITARIO Y ESCORPIÓN. Encuentren como sistematizar lo que planeen cuestionar, o cómo comenzar programadamente. Les funcionará bien porque entre ustedes hay suficiente posibilidad para hacer aparecer cualquier tipo de placer, como una orquestra sinfónica donde cada músico toca su propio instrumento y produce a la vez un sonido ejemplar, placentero, maravilloso. Ustedes pueden mostrarles a otros lo bien que nos hace a todos una buena cooperación. Eso sí, no olviden que toda buena orquesta necesita un solo director.

SAGITARIO Y SAGITARIO. Con garbo y elegancia pónganse de acuerdo para que cualquiera de los dos tenga disponibilidad total. Podrían presumir y podrian asumir el hecho de que su placer se duplica cuando ustedes se juntan. Hagan equipo Sagitario y pongan el ejemplo para que otros entiendan que mientras más, mejor.

SAGITARIO Y CAPRICORNIO. Sólo relacionando el placer con algun tipo de ambición verá Capricornio que por su propia conveniencia deberán reconocer que desear más placer puede ser positivo. Si tú, Sagitario, logras abrirle caminos nuevos estarás ayudándole. No le pidas que te muestre cómo ahorra para futuros, pues eso le cohibe planear complacerse. No todo el placer es tangible.

SAGITARIO Y ACUARIO. La originalidad es una de las características placenteras de Acuario. Este rasgo te puede echar a andar el corazón aunque no interfiera el amor. Acuario no se complace tomando tiempo para explicarse. Tú, Sagitario, esfuérzate para no perderle el paso. Y no te confundas. Seguramente uno de ambos signos tendrá momentos fuera de sus cabales, que podrían ser placenteros si realmente se atreven en lugar de cuestionarse sobre sí se atreverían. No olvides de pedirle a Acuario que te especifique lo que tiene que ofrecer.

SAGITARIO Y PISCIS. Entre ustedes, uno será optimista y el otro pesimista. ¡La mejor manera de averiguar a quien le toca qué es echar un volado! Piscis tiene un secreto: nunca adivinarás tu entusiasmo puede hacerle pasar un buen rato y olvidar todo tipo de pena de manera auténticamente placentera. Sé positivo y trata de intercambiar felicidad por placer, o de hacerle ver como sí se puede.

Capricornio
pregunta: esperar

"Deten la infinidad en la palma de la mano".
—WILLIAM BLAKE

Cuando reconoces el hecho de que al resolver cualquier asunto que tenga dificultades, estás en tu mejor forma Capricornio. El tiempo siempre será tu aliado, y aunque puedes hacer padecer a todos los otros signos porque sabes hacerlos esperar sin que te cuestionen, te las arreglas con gran maestría. El patriarca bíblico Matusalén fácilmente podría haber sido Capricornio y los 969 años que vivió—según la Biblia—probablemente no fueron suficientes. A ningún Capricornio le parecería molesto vivir tanto tiempo, además de que tendrán así más tiempo para contestar cualquier pregunta sobre alguna espera. Tú te das cuenta de lo que otros todavía no logran vislumbrar: que esperar, la espera o lo que se espera puede ser una de las mayores lecciones de la vida. Aquéllos que no nacieron bajo tu signo y que no soportan tanta anticipación, te necesitan. Deja que se te acerquen Capricornio, para que se atrevan a pedirte tu sabio consejo sobre este asunto. Eso sí, te encanta tener a unos y a otros esperando alrededor tuyo, y pobre del que no te hace la pregunta adecuada. No te gusta perder el tiempo en cosas poco ortodoxas. Y posiblemente tu signo llega a su madurez antes que todos los otros. Capricornio le aporta la madurez apropiada a todos los otros signos. De hecho, muchos astrólogos afirman que los nacidos bajo tu signo traen consigo mucha sabiduría, y que de niños tienen conocimientos propios de los adultos. Los capriconianos son excelentes para elaborar planes a largo plazo, y poco les importa una larga espera. Saben como aprovecharla.

Capricornio, esperar unos 187.000 años luz no te desconcierta—lo que tardaríamos en atravesar nuestra galaxia—y eres quien puede explicarnos largo y tendidamente como viajan las ondas de la luz a 299.792 kilómetros por segundo. Te esperamos y te esperaremos siempre porque estás en tu mejor forma cuando les muestras a los demás cómo esperar con maestría lo que quisieran que sucediera *ahora*. Si tú te dieras tiempo podrías señalarles a Aries, Tauro, Géminis, Cáncer, Leo, Virgo, Libra, Escorpión, Sagitario, Acuario y a Piscis como sobrellevar cualquier espera.

Si las cosas llegan a un punto en que los que te rodean simplemente no pueden esperar más, cómprate o pide prestado un buen libro o diccionario sobre la interpretación de los sueños, y busca el significado sobre los mismos. Los humanos nos pasamos aproximadamente una tercera parte de nuestras vidas durmiendo, y la pregunta sobre por qué pacientemente esperamos sueños placenteros es algo que tú sabes abordar sin rodeos. Por lo general eres el más incredulo de los signos astrales, Capricornio, sin embargo tendrás que reconocer que todo lo que tarda y mucho de lo que nos espera tú lo puedes llenar espléndidamente y tus cuestiones nos permitirán llegar a respuestas adecuadas. Te doy las gracias porque serás nuestro ejemplo para que durante otros 187.000 años luz todos esperemos a que nos sigas iluminando, mientras regresas del otro lado de la galaxia sin pedirnos que midemos tiempo ni distancia.

RESPUESTAS A TUS PREGUNTAS SOBRE LOS OTROS SIGNOS DEL ZODIACO:

CAPRICORNIO Y ARIES. ¡Sueña un poco! Si alguno de los dos tiene la suerte de soñar con los cocodrilos o algo irreverente, busca su significado hasta que entiendas por qué apareció, aunque te cueste creerlo. Aries tiene más agudeza que tú, y por eso discutir cosas extrañas con ese signo te favorece. Si la relación es tal que no puedan permitirse hablar de sus sueños, pregúntale a Aries algo sobre sus propias aspiraciones. Prepárate. Algún agravio pudiera aparecer entre bambalinas en esta combinación volátil.

CAPRICORNIO Y TAURO. Sea cual fuese tu expectativa Capricornio, esta combinación debe permitirte tener acceso a todo lo que necesitas saber. Mientras que Capricornio y Tauro decifran asuntos, cosas pueden pasar a su alrededor, cosas extraordinarias. Tauro siempre tendrá algo que pueda beneficiarte Capricornio, y por eso permítete flexibilidad de horario cuando haces citas con personas de este signo. Sigue las estrellas, lleva un mapa en la bolsa, y déjense ir un poco.

CAPRICORNIO Y GÉMINIS. Tu lado altamente conservador Capricornio, se desajusta porque posiblemente tendrás que pasar de primera a alta velocidad cuando tratas con Géminis. Géminis a su vez, en cuanto tenga tiempo para gastar, casi siempre espera que le suceda algo que pudiera ser mejor; que los asuntos se aligeren o que alguien inesperado se incluya. Por lo tanto, asegúrate y acata tus expectaciones hasta que lo que esperabas realmente suceda. Siempre será posible que la consecuencia de sus actos sean constructivas.

Capricornio y Cáncer. Si algo nuevo aparece en su camino, excelente, especialmente para Cáncer. Si eso no sucede, juega con el tiempo para que puedas aprovechar espacios libres y adaptarte a soñar. Tu signo opuesto, Cancer, podría tardar más de la cuenta para sentirse en forma, a gusto o tranquilo. No te preocupes, pero agilízate y usa ingenio adornado con algo sabroso para mejorar la relación. Tú eres quien hará que funcione.

Capricornio y Leo. El proceso de cuestionarse podría tardar tanto que difícilmente le quedará tiempo para esperar. Leo posiblemente quiera agregar algo estímulante a un asunto tranquilo y eso no arreglará gran cosa. Cuidado, no borres ni elimines nada. Cuenta los minutos en vez de contar las horas, así el problema no se convertirá en una bomba de tiempo.

Capricornio y Virgo. Pónganse de acuerdo en lo que puedan y no se hagan demasiadas preguntas. Uno le hace bien al otro aunque se caigan mal. Entre ustedes esperar no es más que un proceso natural, como el crecer. Quédense en sus posiciones originales, porque cualquier cosa que hagan apuradamente no conviene. Capricornio, muéstrale a Virgo que tienes la capacidad de soltarte el pelo.

Capricornio y Libra. Un malentendido entre los dos no quiere decir que el tiempo que tardaron esperándose fue tiempo malgastado. Mientras menos emoción exista en su cuestión, mejor para ustedes y más oportunidad tendrán de hacerlo funcionar. No te atasques ni permitas que te embrollen. Libra tiene la capacidad de ayudarte a seguir adelante con prontitud, y un poco de simple descaro puede hacerles bien.

Capricornio y Escorpión. Denle oportunidad a un mediador para que cualquier investigación tenga un final feliz. Si hay sentimientos de tipo rasposo, líjanlos de inmediato porque, con el tiempo no mejorarán. Si las cosas se alargan probablemente es porque alguno de los dos—¿será Escorpión?—está sabiamente pensando en todas las posibilidades. ¿Has considerado en terceras personas presentes con un simple cronómetro?

Capricornio y Sagitario. El tiempo frecuentemente nos muestra que lo que ayer fue noticia fresca hoy es algo aburrido y pasado de moda. Ubícate Capricornio, no te confundas de fecha ni dejes de estar enterado. Usa la llave de búsqueda adecuada para poder tener acceso a todas las posibilidades y alternativas que pudieran servirte. Si necesitas más tiempo, pídelo, aunque Sagitario tenga prisa.

Capricornio y Capricornio. Porque son tan adeptos a esperar, pondera con tu signo de confesión las palabras sabias de Sófocles: "Nadie ama tanto la vida como un viejo". Date una pausa o un respiro para dejar de tomar partidos, y disfruten el paso del tiempo. No tengas miedo de decir tu edad con veracidad.

Capricornio y Acuario. Sería agradable robarle tiempo a algo que nada tiene que ver con lo que están pensando, cuestionando o abordando. De esta manera, Acuario puede ser el maestro perfecto para Capricornio aunque su punto de vista te parezca estrafalario; palabra tan relacionada con ese signo. Por lo general, alguien del signo Acuario te agradecerá si le permites tomarse más tiempo para poner su dosis personal de excentricidad.

CAPRICORNIO Y PISCIS. Un proceso algo complejo que podría tardar más de la cuenta es justamente lo que no les hace falta. Pero si esperar significa poder involucrarte con Pisces aunque no pueda asegurarte nada, sería muy oportuno. Podría aparecer algo entre los dos que ni tú esperabas, ¡tan impresionante como un nuevo capítulo de una vieja Biblia!

Acuario
pregunta: adivinar

"Todo está en su mejor forma al principio".
—BLAISE PASCAL

El verbo "adivinar" significa formar una opinión basada sobre evidencia insuficiente, salvo si estás hablando con alguien de signo Acuario. Tú, Acuario, probablemente crees que muchos acontecimientos suceden por suerte pura, y que los logros aparecen por arte de magia. Es posible que algunas personas nacidas bajo otros signos crean lo mismo, y realmente no importa quien tenga razón. Adivinar lo que sigue en importancia del azar, y tanto adivinar como el azar tienen algo que ver con suerte. Sin embargo, demasiadas cosas que adivinamos se escapan de nuestro control, o en otras palabras, no tenemos control sobre muchísmas de las cosas que suertudamente atinamos.

Tú, Acuario, eres el rastreador humano de los aciertos creíbles. Acuario es el signo incontrolable, aquél que deja que los demás adivinen dónde y cómo está, pero nunca permite que su paso sea cosa segura. Cuando nos alineamos con un Acuario, mejoramos nuestra suerte—por lo general—y al hacerlo, estamos usando su destreza. Y si piensan los demás que ningún acuariano tuvo que ver con su cuestión, alguna cuestión o lo que está pensando ahora, están equivocados. Acuario tiene todo que ver con el caos—primordial y de la vida diaria—y con las casualidades fortuitas, accidentales y aleatorias. Gracias a estos estados de ánimo la gente se atreve; paso siguiente, aciertan.

Acuario, la suerte no está enganchada a tus astros personales. Tú eres quien más se atreve a darse oportunidad para adivinar y acertar y en seguida, subirte a las alas de la suerte. Tienes un lenguaje ilógico, muy privado, que por lo general sólo tú eres capaz de entender. Estás en tu mejor forma cuando no puedes asegurarte que todo es como crees que debería ser porque eso te permite un sin fin de aventuras. Adivinar y acertar debe ser divertido aunque no exista respuesta a la cuestión inmensurable; inmesurable porque puede aumentar o disminuir; tomarse mínimos o máximos, desde la perfección absoluta hasta el caos total. Cuando supones algo, juegas a pares o nones, ahora, con inteligencia astral—aquí tiene que ver una frase que vaya de acuerdo al título del libro—ingenio astral etc. etc. y posiblemente puedas ver centellos de algo que pueda mejorar tus oportunidades y ayudarte a centrar tus cualidades que a su vez mejoran tu vida, tus aciertos, tus suposiciones y tu ser.

RESPUESTAS A TUS PREGUNTAS SOBRE LOS OTROS SIGNOS DEL ZODIACO:

ACUARIO Y ARIES. Esta combinación lleva la brillantez del cristal más puro. Si dejas que las cosas caigan por su porpio peso, funcionarán íntegramente con brillo, ni a mitades ni ensombre-cidos. Y esto no tiene que ver con resultados, sino que con haza-ñas. No medites demasiado. Uno o el otro, Acuario o Aries, deben dejarse llevar por alguna corazonada y ninguno de los dos debe dejarse intimidar por comportamientos atolondrados.

Acuario y Tauro. Hay tanta energía entre ustedes que no pueden suceder cosas simples. Sin confiar demasiado en la suerte que comparten, encuentren o reunan acertadamente, tengan cautela porque lo aparentemente sensacional puede con-vertirse en lo intolerablemente quisquilloso o vice-versa. Su comparecencia será sobre caminos de baches. Tauro siempre de-berás buscar otras opciones aunque creas que no hay nada más que preguntar.

Acuario y Géminis. Lo que se puedan imaginar, puede pasar. Esta combinación es la perfecta para acertar cualquier cosa que tenga que ver con ciencia ficción, rarezas y objetos no identifica-dos, sean voladores o no. Pueden aparecerse cosas o lugares en-teros podrían desaparecer. Cuando Acuario y Géminis se juntan, todo puede pasar, sobre todo lo acertadamente incontrolable.

Acuario y Cáncer. Pónganse de acuerdo y pregúntense, ambos, las preguntas básicas para llegar a un juicio acertado. ¿Quién?; ¿por qué?; ¿dónde?; ¿cuándo? y ¿cómo? De esta manera hay quienes se imaginarán que la premeditación fué la causa del acierto en lugar de una simple deducción. Cáncer necesita in-volucrar a los demás en sus hazañas mientras que Acuario debe revisar y expander las posibilidades de los demás para ayudarles.

Acuario y Leo. Alguno de los dos está equivocado. No me atrevería a adivinar si es Leo o Acuario, pero cuando usas una frase con un interregante, dejas asuntos abiertos a cualquier posibilidad, Acuario. Si estás contando con la presencia de la Sra. Suerte, es posible que Leo salga ganando. Ambos tienen tendencias de saltar barreras. Por lo tanto, cuidado. Ayúdense mutuamente a guardar calma y compostura.

Acuario y Virgo. Tú, Acuario, debes de ponerte formalmente de acuerdo para que en lugar de adivinar algo, duden juntos. Si no logran ponerse de acuerdo, no jueguen a lo loco porque Virgo necesita que le comprueben las cosas y se proteje haciendo justamente lo mismo. Tú, Acuario, tienes tus propias maneras de tomar precauciones, pero pocas veces las empleas y menos son las veces que puedes comprobar lo que pregonas. ¡Tanto mejor!

Acuario y Libra. Tramen y fraguen hasta cansar a quien no esté de acuerdo para conseguir, lograr o comprar lo que otros nunca imaginaron que pudiera funcionar. Adivina a lo loco, intrépidamente y trata de convencerle a Libra de que se involucre. Recuerda, si hay oportunidad, Libra se engalana cuando se aloca. Mientras que Acuario está en su mejor momento cuando atisba y acierta.

Acuario y Escorpión. Si has despistado alguna vez a un Escorpión, te habrás dado cuenta que sus fuerzas magnéticas aparentes se entrelazarán en una lucha sin fin. Pelean solos y no se dan la posibilidad de perdonar. Pero, si alguno de los dos ha errado, poco importa. Déjense antes de embromarse porque podrían ir tan lejos como encabronarse.

Acuario y Sagitario. San Agustín de Hipona alguna vez dijo, "Creemos para poder saber". Esta frase puede tomar el lugar de un pronóstico equivocado. Aunque estés seguro de que algo es verdad o verdadero, Sagitario podría considerarlo risible. De todos modos, están cortados con unas tijeras tan parecidas que pueden lograr adivinar a quien hacerle la pregunta adecuada y eso no es un presagio mío, sino que viene directamente del cielo.

ACUARIO Y CAPRICORNIO. Tendrás que comprobarle a Capricornio que siempre habrá posibilidad de otras opciones. Capricornio tiene más interés en lo seguro que en lo meramente original. Lo mejor que puedes hacer es prometer que no estás adivinando nada. Las preguntas se hacen planeadas con Capricornio, para empezar. Mucho después haces otra y dale tiempo a Capricornio, quien siempre tiene su propio ritmo.

ACUARIO Y ACUARIO. Adivínate que esto es un juego de adivinanzas del siglo antepasado. Jugaban también con refranes picarescos cuyos significados eran tan enredados que para decifrarlos había que ser experto. Ustedes podrían convertir el tiempo que pasen juntos en algo profundamente dinámico si se atreven a interrogarse, hacer uso del juego de palabras y recordar que lo que para ustedes es un hecho, para otros signos parecer un sueño. Deletreense las cosas para tener mayor seguridad.

ACUARIO Y PISCIS. Descifren lo que quieran pero no olviden la ética de la cuestión. El producto final es de suma importancia y pónganse de acuerdo sobre las prevenciones que decidan tomar. Pueden ustedes lograr un proyecto bien acertado para beneficiar a mucha gente, si se lo proponen. Piscis debe intuir cómo hacerte bajar de tono. ¡Tú, Acuario, puedes mostrarle a Piscis como hacer lo contrario!

Piscis
pregunta: asertividad

"Pienso, por lo tanto, soy".
—René Descartes

Piscis, eres ciudadano del mundo. Como tal, debes de estar cómodo donde sea, y generalmente lo estás. Sabes instintivamente como separar la verdad de la mentira, y como librar batallas internas. Tu signo es el de la solvencia universal. El tuyo, Piscis es un signo parecido al que utilizan los filósofos—parecía una letra "T" puesta de lado—y se colocaba al frente de las frases que generalmente eran consideradas como verídicas, en oposición a las frases que necesitaban debate y razonamiento posterior. Si tú crees algo Piscis, probablemente los demás también deberíamos creerlo. Esto nos sugiere que comunmente le ganarás la partida a casi todo el mundo porque serás el primero en afirmar lo que por derecho o razón debe ser afirmado. Cuando confirmas, estás mostrando la existencia definitiva de algo. Para ti, Piscis, la firmeza de tus palabras tiene una liga directa a tu gran idealismo personal, algo sin la cual no das paso alguno.

Tu estado emotivo está directamente relacionado con tus convicciones intelectuales y eso es lo que te permite ser tan tolerante de los sentimientos ajenos. Sin darte cuenta, aunque no supieras leer ni escribir, tus expresiones están hechas de formas razonables. Cuando dices sí a algo, eso involucra una acción conciente, firme, segura. Tu voz sabe eliminar la complacencia, y tú podrías ser el proveedor de la firmeza propia que cada quien necesita para creer en sí. Haznos un favor Piscis, y ayudanos a decidir cómo ponernos de acuerdo con esa firmeza y asertividad. Atrévete a mostrarnos cómo podemos decidir de dónde echar mano para darle el paso a esa seguridad que da el ser íntegro. Decir sí o no con firmeza, asociarnos con las preguntas y cuestiones que podemos contestar porque encontramos la solidez para acercarnos a una persona, una idea, un trabajo o una relación, son cosas que tú nos puedes mostrar. Tú puedes, debes y espero que te atrevas a ayudar a quien se cruce en tu camino para que comprenda a su vez y con cierta firmeza ideales ajenos. Cuando queremos comenzar algo con la firmeza necesaria para sentirnos tranquilos y para sabernos a gusto cuando decimos "yo", si buscamos la seguridad de tratar de encajar en algo que hemos decidido con firmeza que será íntimamente una decisión personal que nos permitirá ser resistentes y autosuficientes, tú puedes guiarnos y mostrarnos como encontrar la firmeza que se necesita para ser.

Una de las razones por las cuales le puedes facilitar la vida a otros es porque generalmente, firmemente, dificultas la tuya. Tomas los caminos difíciles quizá porque necesitas esa experiencia que te permitirá tener existencialmente la experiencia suficiente para escoger con firmeza la pregunta adecuada. Sabes como soportar el dolor y de lo que estás absolutamente seguro es que no quieres que ese mismo dolor caiga sobre los hombros de otros. Por eso, estás siempre allí cuando alguien necesita con quien llorar. Después, por el hecho de que sabes dar tantísimo de ti, pueden encontrar con firmemeza las estrategias adecuadas para seguir adelante, producto de un autocuestionamiento tenaz. Piscis, también tienes el don de poner a buen uso tus conocimientos instintivos que fijan caminos para que cada quien encuentre su propio siglo de luces. Con tu gran intuición, te imagino siempre presente cuando ponemos el dedo sobre el boton adecuado y aparece con un mágico "click" lo que siempre hemos querido que nos suceda.

Respuestas a tus preguntas sobre los otros signos del zodiaco:

Piscis y Aries. Aguanta lo que ocurra y asegúrate de que Aries tome con firmeza la responsabilidad de sus actos abiertamente. Al hacer esto no solamente ayudarás a los demás sino que también estarás aclarando algo tuyo quizá de manera enredada pero cierta. Sus emociones—de ambos—pudieran interferir con sus actos, así que túrnense para ponerse de acuerdo. Uno siempre podrá afirmarle algo al otro.

Piscis y Tauro. Harás bien Piscis, si le tratas de mostrar a Tauro donde flaquea. Ten cuidado, porque podrías despertar el gigante dormido de la inseguridad que vive en su alma, y tendrás que mostrarle como tener la firmeza suficiente para amaestrarlo. Eres la persona más adecuada para nutrir a Tauro de firmeza bajo todos sus aspectos y formas.

Piscis y Géminis. No te dejes embaucar en mezquindades, Piscis. Puedes levantarte y mostrar que tienes más calidad de lo que Géminis esperaba aunque frecuentemente con este signo te faltan palabras por sentir que Géminis se tropieza cuando es desconsiderado. Tendrás que encontrar una manera inovadora para ganarle en su propio terreno. Hay momentos en que todo es claro como el lodo. ¡La firmeza la necesitas tú, aquí, ahora!

Piscis y Cáncer. Puesto que ambos son tan cautelosos, pequeños detalles podrían entorpecer los acuerdos. Herman Hesse, personaje Cáncer con su luna en Piscis—que resulta ser una combinación excelente—escribió: "La vida humana es un camino hacía sí mismo, un esbozo de un camino". Piscis y Cáncer pueden recargarse el uno sobre el otro con gracia y tener cada uno al mismo tiempo su propia firmeza.

PISCIS Y LEO. Leo por lo general, no necesita—o cree que no necesita—ayuda ajena. A Leo le gusta sentir que asiste al mundo y puede sentirse alterado por la amplitud del conocimiento ajeno que tiene Piscis. La firmeza de estos aciertos puede dañar el ego de Leo, y si se da este caso, deja que Leo tome su propio camino. De lo contrario, pueden ser inaguantables el uno para el otro, aunque siempre habrán chispas de amor.

PISCIS Y VIRGO. Lo mejor que les podría suceder sería que se encuentren poniéndose firmemente de acuerdo sobre algo que saben que no funcionará. Si sus asuntos no son claros como ese cristal con que se mira Virgo, tu opuesto cosmológico podría ser demasiado firme en sus acciones legales, manera exquisita de decirte, cuídate de litigios.

PISCIS Y LIBRA. Libra tiene la capacidad maravillosa de saber exactamente como revisar lo que a Piscis a veces se le escapa o malinterpreta. Si te sientes confundida o confundido, Piscis, lo mejor que te puede suceder es que encuentres alguien del signo Libra para enderezarte firmemente. Especialmente antes de que decidas decir que sí a cualquier cuestión.

PISCIS Y ESCORPIÓN. Si puedes enderezarle algo que Escorpión, Escorpión puede ayudarte a madurar. Sí, dije madurar, como las frutas o una situación a punto de reventar. Y su complicada relación será por el bien de los dos. Lo digo también, con firmeza. Como predicador del clima perfecto, esta combinación tiene posibilidades inimaginables.

PISCIS Y SAGITARIO. Si tienes oportunidad, encuentra algún familiar que pueda fungir como intermediario antes de ponerte de acuerdo, o antes de lanzarse a concluir algo que podría terminar en simple descuido entre los dos. La relación debe tener una base de deber para que valga la pena, y recuerda Piscis, hay veces que firmemente aseguras que una mirada lo dice todo. ¿Será?

PISCIS Y CAPRICORNIO. Conocimiento veraz, sea lo que sea que fuese, es casi un santuario para Capricornio. Tienes que estar dispuesto a aceptar este hecho y no darle vueltas a las cosas, porque Capricornio no lo soportaría. Cumple, firmemente tus promesas, aunque Capricornio no haga lo mismo. Cuestiónate en lugar de cuestionarle.

PISCIS Y ACUARIO. ¿Incluíste a todos? ¿Tomaste en cuenta la hora, la fecha, el lugar y el clima? Los acuarianos tienen la necesidad de incluir algo que tenga que ver con un panorama de mucho mayor alcanze de lo que te imaginas. Por lo mismo, o lo encasillas con tu firmeza o le ganas la partida con una pregunta sensacional.

PISCIS Y PISCIS. Un sí es todo un idioma para otro Piscis que puede querer decir para siempre. Atención, porque no podría querer decir con firmeza, nunca jamás. Calma, paciencia, rodeense con cuidado, aproxímense con gusto y busquen cómo medir y pesar sus palabras para que ninguno de los dos sufra consecuencias negativas por no atender o escuchar con la suficiente firmeza las palabras del otro. Unidos todo mejorará.

CAPÍTULO 3

ESTRATEGIAS

Alguien, una vez me comentó, ahora entiendo lo que quieres decir cuando clasificas acciones y a una de ellas le pones estrategias; es parecido a tener la manguera del bombero colgando en la pared mientras remodelas tu departamento; te ayudas, al saber por qué estrategia optar, a estar bien preparado. Les confieso, que en primera instancia me quedé algo perpleja, pero después de un rato me dí cuenta que mi amiga tenia razón. ¡Había comprendido mejor que yo! Cuando decides hacer algo, tiras los dados a rodar, el metal ya se funde al troquel. Puedes sentarte a pensar en cómo realizar las metas con un plan, delineas tu trama o estás por trazar el plano de tu casa en terreno comprado, tuyo. ¡Ahora es cuando! y tienes que poner a buen uso tu ímpetu y tu ingenio. Comparas, trazas y necesitas usar tu desenvoltura, destreza y buena disposición. Tienes que tomar consciencia que todo no saldrá exactamente como quisieras y prepararte firmemente para que antes de comienzar a negociar o a cerrar tratos, así como planear una construción sana con tus futuras alianzas, tienes que armar tu propio sistema, vinculado con tu manera de ser y las ventajas que sabes tener. Eso es una estrategia. Aquí aprenderás a coordinar tus propias ventajas. Tú ya eres protagonista consciente de tu propia historia que ahora puede realmente culminar en el sueño realizado—por más estrafalario que fuese—o una llevar a cabo una faena tan común y corriente como cambiar unos muebles de lugar. Pero algún plan, alguna esperanza o un negocio importante está a punto de despegar, y tú eres, con la estrategia que tomes como buen aliado, quien tiene en las manos las riendas para cambiar todo.

Estás a punto de repasar tus situaciones. ¿Deberías de cuidar tu sombra? Bueno, eso es algo que todos debemos hacer con la debida calma, pero en este momento de tu proceso vital, lo más importante es mantener tu enfoque y no descuidar tus logros. Ahora—al reflexionar sobre qué camino tomar para seguir adelante, o cual es la estrategia que te vinculará con el bienestar anhelado—es cuando no hay que dejar que la inquietud o la distracción nos desarropen y nos dejen desamparados simplemente porque ya no sentimos la misma seguridad para seguir adelante. Ten presente la llamada Ley de Murphy: "Si algo puede salir mal o descomponerse, así será". Por otra parte cada signo astrológico trae tanta información encrustada que al ver como usarla dentro de tu propia o tus propias estrategias te conectarás automáticamente y sin costo alguno con el cosmos, con tu propio cielo astral, con tu sabiduría existencial, tu intuición positiva y cualquier otra cosa que quieras llamarle a esa inspiración que algunos llaman divina y otros le llaman la fuerza que te da el tener una relación personal con el cosmos. Tu conexión personal. A toda esa información también se le puede llamar los trucos del oficio, que a su vez, son los del oficio de ser Aries, Tauro, Géminis, Cáncer, Leo, Virgo, Libra, Escorpión, Sagitario, Capricornio, Acuario y Piscis.

Despreocúpense por favor si algunas palabras de este capítulo te sacan de onda, te extrañan o te preocupan—espero que no te molesten—para eso están allí. Cuando las releas verás que tienen un propósito tanto específico como especial. Al ponderar sobre ellas verás que te puedes acomodar con su contexto, porque verás como tú puedes convertirte en tu propio pararayo. Comenzarás a entender como usar las descargas positivas o negativas y enganchar tu energía primal a la estrategia que más te convenga. Una estrategia que te permitirá asegurar un futuro venturanzado, prósper y tranquilo. Para tener éxito, necesitas un plan, un plano, un diseño, una treta, una concepción, una complacencia, a veces hasta una consideración y de vez en cuando un ruego; todas estas, componentes de una buena estrategia. Tu signo suple el sostén. En el *Diccionario Webster* dice que una estrategia debe llegarnos a través de la ciencia o el arte para que uno pueda darse a basto o poder soportar con máxima fuerza y aptitud, lo que sea. ¡Excelente! Parece una descripción sobre la astrología. La astrología depende de la ciencia y de las matemáticas para calcular cómo, cuando y dónde se posan las fuerzas íntimas de cada quien. Nos entrega esta fuerza una cierta energía personal. Cuando aprendemos algo astrológico o lo empleamos, nos conectamos con el universo. Es también, la astrología una forma de arte—yo por ejemplo siempre le llamo un arte—por la simple razón de que a través de la astrología podemos buscar maneras diferentes o novedosas para interpretar la vida y para observar las destrezas, capacidades y a veces hasta los desparpajos con que nacimos.

Antes de comenzar a estratetizar, aquí hay unas palabras de aliento.

Muchas de las palabras clave en este capítulo tienen una cara sombría que podría aparentar tenir una faceta algo negativa, que no aparecen en los otros cinco capítulos: *Acercamientos; Preguntar; Negociar; Vínculos* y *Crecer y desarrollar*. Opté por hacer esto para que la inteligencia astral que ustedes están aprendiendo a usar tenga bases sólidas. Todo, como decía mi madre, tiene su lado negativo y positivo. Las doce palabras de este capítulo número tres (miedo, poseer, cambiar, dejar, sacrificar/rendir, preocuparse, aparentar, caer, continuar, contar, ceder y escapar), deberán ser usadas con cierta precaución porque siempre pueden servirles con optimismo o con pesimismo. Al tomar la decisión sobre que estrategia usar, cada uno de nosotros afectamos unos a otros mutuamente. Nos enlazamos. Ya no te puedes permitir actuar sin pensar en los demás, no estás sólo. Una estrategia iluminada de esta forma debe auxiliar tu manera de afrontar el mundo que te rodea. Una vez que te has detenido y deliberado sobre que camino tomar te estás encaminando a poder predecir las consecuencias de tus acciones. Lo negativo y lo positivo se aclaran solos.

Llegarás a usar estas palabras y acciones porque crees que necesitas un cambio, quizá quieras salir huyendo o necesites decidir si verdaderamente quieres quedarte donde estás, tropezar o caer si prefieres no dar ese último emellón, ceder o dejar algún poder de lado, fingir o darte simplemente por vencido. Valdrá la pena—¿quizá?—hacer un conteo de tus bendiciones antes de abandonar algo o dejar una situación. Habrán momentos dentro de los cuales querrás detener el mundo y subirte a otra cosa, o simplemente culpar a cualquier movimiento planetario o a quien sea, para asegurarte que ellos son los responsables de tus acciones. Las eventualidades, las que quieras son parte de los aspectos más importantes de ser tomadas en cuenta al decidir sobre que estrategia seguir. No importa cuál sea la estratégia que decidas tomar lo que importa es que sepas que debe prepararte a aceptar el hecho de que en primer lugar, estás en medio de algo—en el meollo del asunto—en segundo lugar, asegúrate de que quieres continuar, seguir adelante; y en tercer lugar lo más importante. Reconocer que el tiempo quien ya te dió un signo astrológico es tu ímpetu actual. El tiempo es capaz de hacer cualquier cosa, cosas maravillosas que engalana, reconcilia y corrige ideas, situaciones y hasta a la gente. Con el paso del tiempo se revela la verdadera naturaleza de las cosas. Consiéntete un poco para que puedas tomar decisiones dentro de los ciclos de tiempo adecuados; así trazarás la estrategia que sea auténticamente la tuya, iluminada por el cielo con tu propia inteligencia estelar.

Si cuando estés a punto de tomar la estrategia adecuada, ves que no le has puesto la atención adecuada, ¡ahora es cuando! Puedes arrepentirte, repasar o revisar. Tus estrategias deberán siempre animarte y adelantarte además de darte la asistencia necesaria para que puedas reconocer lo que no te conviene. Si alguna palabra te parece negativa, primero lee lo que realmente dice de ella, y después piensa que puedes evitar un mal paso si ves todos los bemoles de la situación. Una vez identificada la estrategia adecuada, tienes compañía. Ya tienes como salirte con la tuya, sino es que vislumbras lo que comienza a convenirte. Tú eres quien puede ahora tramar tu camino, conectarte con lo que te conviene porque la historia que estás trazando abarca una parte de toda tu vida, algo más grande de lo que te imaginas. Formas parte de 69 mil millones de eventos que nos hacen lo que somos hoy. Ahora es cuando comienzas a participar en esta gran cadena de eventos que te vincula al lugar y al tiempo que te tocó vivir. ¡El mismo cielo no te limita!

Escoge para que puedas aprovechar lo que desee tu corazón. Diviértete con fantasias realizables, y anima el alma.

Aries

estrategia: temor

"Lo que mas miedo me da es el miedo".
—Michel Eyquem de Montaigne

De los doce signos astrológicos, posiblemente el que menos nexos tiene con el miedo es Aries. Por eso me tomé la libertad de ligar el miedo con este capítulo y la palabra, estrategias. Aries es quien puede mostrarle a todos los otros signos como afrontar su propio miedo, y eliminarlo. Aries, tú frecuentemente olvidas todo lo que podría pasar si las cosas salen mal o no funcionan. Y así, cuando se ven nubes negras en el horizonte, no estás preparado. Tu energía no tiene límites y por eso te cuesta trabajo medir las situaciones, y mucho menos sus consecuencias. La mayoría de los otros signos del zodiaco cuando sienten temor dan rodeos para ganar tiempo. En cambio tú, te agarras de cualquier espada figurativa, y entras de lleno a la batalla sin tomar en cuenta el peligro que esto podría causar. Formulas una estrategia al instante, porque siempre estás dispuesto a dar el primer paso o a entrar de lleno en acción. Cuando alguien te pregunta sobre el miedo no te cuesta trabajo, ni mientes cuando respondes, no se dé que me estás hablando. El ímpetu de tus acciones generalmente no permite que el miedo aparezca en tu pantalla o sobre tu radar.

¿Cómo, pues, debe uno tratar el miedo? En primer lugar, calmadamente. Considera tus opciones, tómate más tiempo de lo que normalmente haces. Calíbrate y mide donde estás parado con algún sistema que vaya de acuerdo a la situación. Sin limitarte, desde unos segundos para tomar la calma necesaria hasta el uso de los principios de la mecánica cuántica. El resultado de una acción sólo puede ser expresado en términos de las probabilidades de que un cierto efecto ocurrirá. Pocos Aries necesitan de la certeza, ¡porque ya la traen por dentro!

Cuando ya algo la tienen por cierta, te estás dedicando a otra cosa. El miedo suelta la suficiente adrenalina en nuestros cuerpos para que dejemos o comenzemos a hacer lo que el instinto nos manda decir, como cuando corres o pateas. La tensión nerviosa, la presión arterial, latidos del corazón, flujo metabólico y niveles del azucar en el cuerpo son todos afectados al sentir cualquier tipo de miedo. ¡El de mataré a esa araña o el de *ahora-si-ya-me-llevó-el-tren*! Pero tú Aries, de lo único que tienes que tener miedo es de no tenerlo. Eliminas tus reflejos eliminando cualquier temor. Tóma un gran buche de aire y regálate el mayor de todos los regalos que te puedes ofrecer; tiempo. Es la mejor estrategia para quien sea que haya nacido en los primeros albores de la primavera. Y, como por lo general tú eres quien alebresta a los demás, ellos probablemente no se darán cuenta que realmente te estás protegiendo al usar tiempo de más, dandote la oportunidad de usar el miedo como tu gran aliado. Los otros once signos estarán, además, demasiados emocionados por el hecho de compartir algo contigo—sea lo que sea—para darse cuenta de ese tiempo faltante.

Estrategias hacia los otros signos del zodiaco:

Aries y Aries. ¿Tienes conocimiento de las siete glándulas endocrinológicas? Si no lo tienes, busca un libro de medicina y porfavor, instrúyete. Necesitas aprender cómo te hacen vibrar y funcionar, ya que son las que secretan hormonas en tus sistema. Si hay algo que parece estar en desacuerdo entre ustedes—energías encontradas o humores disipadas—dense una oportunidad. Si les queda poco tiempo, pónganse a practicar algún deporte juntos. ¡Aunque fuese correr en sentidos opuestos!

ARIES Y TAURO. Aries, deja que Tauro se complazca y se deje llevar por cualquier impulso sensorial o miradas furtivas mientras tú tomes un rol mas pasivo. Deja que tu conexión con Tauro se equalize por medio de instinto y primeras impresiones. Recuerda que siempre siguen las segundas, terceras ad infinitum. Y ten por un hecho que a Tauro no se le puede impulsar, aunque un accidente entre ustedes podría ser muy fortuito.

ARIES Y GÉMINIS. Si esta interacción es la primera, podría ser divertida aunque pasen un buen susto juntos. Si ya se conocían, dale oportunidad a que se prenda porque bien podría Géminis, mostrarte el camino hacia fama o fortuna, o por lo menos, una diversión reconsiderada. Sus estrategias, si son mutuas, podrian acrecentar sus carriles de movimiento y sin miedo alguno, ¡tengan la seguridad que el tiempo que pasen conjuntamente podría ser excepcional!

ARIES Y CÁNCER. Alabar a Cáncer siempre funcionará, sobre todo al comenzar un arreglo. Necesitas darle el tiempo que él o ella considera adecuado. Pocas veces buscas una estrategia para elaborar un plan que haga que otros se sientan mejor consigo mismos, miedoso error Aries. Comienza tu cambio cuando tengas un Cáncer a lado, posiblemente hayas encontrado un alma receptor de excelente nivel.

ARIES Y LEO. Mucho tendrá que ver el nivel de miradas, físicamente, que lleguen a ubicar. La altura (quien mira hacia arriba, quien hacia abajo), la manera de observar (sí o no me gustó su mirada) hasta el color (agradable o desagradable). Mejor observen como sus temores pueden ser parecidas y vean mas allá del horizonte. Habrán momentos cuando se sientan en la cima del mundo pero no cuenten con que sea por una eternidad.

ARIES Y VIRGO. Si el numero de posibilidades entre ustedes, para bien o para mal, les parece sobrecargada, reconfórtense al saber que el número mas grande que existe en la Biblia es mil veces mil (Crónicas 2/14:9), que no es más que un simple millón. Nada a que tenerle miedo. Virgo, sin embargo, podría pasarse toda la vida con este número, mientras que tú, Aries, necesitas mostrar que puedes calmarte por lo menos unas mil veces al día. Tienen que llegar a un común acuerdo de fe.

ARIES Y LIBRA. Una metáfora para esta combinación está impresa en los folletos instructivos de cualquier programa de computación. Conteo de palabras, injertar y más importante aun, ayuda. Libra puede ser tu contestador mágico. Una vez que sobrepasen el miedo básico que ocurre por ser astrológico—opuestos ensayen una buena fusión. Este procedimiento es lo mejor que les puede suceder porque ambos aprenderán bajo toda circunstancia, algo del otro. ¡Sin miedo!

ARIES Y ESCORPIÓN. Si tú, Aries, puedes impactar a Escorpión con una frase sorprendente, el miedo que todo Escorpión presiente—no siente—de que se le obligue a llevar alguna estrategia u otra, se desvanecerá automáticamente. Es decir, antes de seguir adelante, impresiona a Escorpión comprobándole que sabes más de lo que creía, aunque mientas. Y recuerda que con Escorpión siempre tendrás que esforzarte un poco más.

ARIES Y SAGITARIO. Hay varias maneras de ver las cosas. El ojo humano nos muestra una, la visión que nos permite tener el rayo–x le es otra. Ten en consideración que Sagitario se fijará en todo, hasta el mínimo detalle y por lo tanto enjuicia a veces más de la cuenta. O, a veces, por tu bien. Para empezar, viste de un color que vaya de acuerdo a la ocasión. Sagitario no olvida un atuendo descuidado o una estrategia falible. ¡A eso sí hay que tenerle miedo!

Aries y Capricornio. Los Capricornios necesitarán por lo general más tiempo que previsto para encontrarle la falla a cualquier cosa. Tu impaciencia les puede provocar un cierto miedo a seguir adelante pero recuerda que ni Aries ni Capricornio son los más adeptos a resolver minusiosidades. Podría convernirles el adjudicarse a Tauro o a Géminis para reacomodar la estrategia adecuada.

Aries y Acuario. Si dejan pasar demasiado tiempo, y el efecto dinámico de su encuentro o reencuentro se aplaca, no podrán contar con su intrepidez. Esta es una combinación dentro de la cual no hay límites de velocidad y no deben dejar que se entremeta nadie a lo que podría llegar a ser un plan perfecto. Todo tomará su lugar o caerá por su propio peso aunque de manera poco usual y posiblemente ecéntrico. El miedo no tiene cabida entre ustedes.

Aries y Piscis. Aries, pon todo lo que sea de tu parte para acoplarte a una situación estratégica que viablemente elimine cualquier desconfío que Piscis pudiera estar sintiendo. Así de complicado como la frase anterior podría ser su estrategia. Pero recuerden que las probabilidades de que te caiga un rayo no son más que uno en 600.000, por lo tanto, con Piscis que no cunda el pánico, podrían en conjunto llegar a lo subcuanperfecto. Las probabilidades están sospechosamente de su lado, del bueno.

Tauro
estrategia: poseer

"Nada nos pertenece, salvo el tiempo".
—LUCIO ANNEO SÉNECA

Ya deberías estar elaborando un plan para eliminar cualquier aprehensión o miedo que de vez en cuando te incapacitan, y ya deberías de tener consciencia de que lo que a veces puede parecerte pavorozo, te beneficia.

Ya sabes Tauro, que tu tiempo oportuno te llega a su tiempo, con calma. Al mismo tiempo te ayuda si haces amistad profunda con tu propio carácter dominante y lo conviertes en amigo juguetón. Eso debe entrar dentro de toda estrategia que te formulas. Aunque la palabra poseer tiene tantas definiciones como signos astrológicos (tener, disfrutar, haber, detentar, conservar, usufructuar, conseguir, obtener, ostentar, beneficiarse, dominar, investir, asentar, contar con, abusar, gozar de, acostarse con, instalarse, disponer de, coger, forzar, sujetar, ocupar los pensamientos de), cuando la palabra poseer se convierte en obsesión posesiva, se convierte en algo incontrolable. Tauro, dentro de un marco de acciones incontrolables tú sales bien parado y quizá este capítulo te dará la sacudida necesaria para que te situes en los dóndes y los por qués siemprepresentes en tu vida. Cada uno de ustedes deberá definir esto a su manera, para que cada uno se conecte con su auténtica vena posesiva y no pierda sus estribos. Hay, sin embargo, algunas cosas que debo apuntarles. En primer lugar, hagan el siguiente ejercicio y vean si no les da resultado. Una de mis hijas de signo Tauro dice que es el mejor consejo que le he dado. Una vez al día escojan una situación dentro de la cual necesitan controlarse. Si están a la espera de alguien, aprovechen esos momentos para aprender un poema, hagan algún ejercicio, repasen una receta, repitan una tabla matemática, lo que sea pero que el tiempo que otrora era perdido, lo llenen con algo servible. Si sienten un deseo vehemente, escuchen música, y si creen que no pueden vivir un instante más sin ese algo o alguien, evítenlo por 24 horas. Si logran hacer algo parecido una sola vez, diario, dentro del contexto de un deseo, han llegado a un grado de excelencia de auto-serenidad y aplomo, y a partir de este momento, prácticamente lo que desees, lograrás. No tengo la menor duda ni temor de hacerselos saber.

Por supuesto que también es importante poseer buena salud y bienestar antes de comenzar cualquier intento de estrategia, pues para sentirse bien en tu interior necesitas tener una cierta paz física. Llevar puesto algo que te hace sentir a gusto siempre ayuda. Tú reaccionas con impresionante transparencia en relación a tus gustos o disgustos. Tu cuerpo refleja esto de la siguiente manera. Cuando traes puesto algo que realmente te gusta te estás regalando el primer paso en optimizar la estrategia que hayas escogido. Puedes, sólo y a tus anchas, mantener tu curso con lo mejor y contra lo peor. Contra lo fácil o con lo difícil, contra vientos y mareas, entre los más fuertes y los terriblemente débiles. Tauro nace con una voluntad que está a punto de ser quimera y necesitan interacciones. Cualquier temor te hace lo que el viento a Benito Juárez si te dominas y no te aislas y una vez que hayas entendido tu camino, ¡podrás tomar posesión de lo mejor y más conveniente con ojos cerrados! ¡Suertudos!

ESTRATEGIAS HACIA LOS OTROS SIGNOS DEL ZODIACO:

TAURO Y ARIES. No se muevan por un minutito. Piensen; ¿qué creen que ese o aquel Aries pueda gozar, viendo o escuchando?

Como un ejemplo, te has puesto a pensar en que podrías bajar los colores y subir las tonadas de tono. Quizá necesites maniobrar un poco, pero aunque no tengas muchas ganas, cualquier intento habrá valido la pena. Si entiendes las necesidades que Aries pueda tener, si las anticipas, tendrás un seguro servidor a tu total disposición.

TAURO Y TAURO. La química que supuestamente hace que nos acerquemos o nos alejemos de otros en materia de segundos tiene mucho más que ver con una estrategia—en tu caso—de lo que quisieras imaginar. ¿Te parece extraño? Estudiate. Los cambios repentinos generalmente son tu pasión, te encharcas en ellos y manipulas tus humores, aterrando a quien no te conoce bien. Pues aquí, ¡te has encontrado con la horma de tu zapato! Tu reflejo.

TAURO Y GÉMINIS. Géminis puede darle muchos rodeos a cualquier cosa. Si no estas familiarizado con lo que Géminis te ofrece, no te dejes apabullar simplemente porque es novedad. Quizá Géminis en realidad lo que quiere es lo que tú no sabes que tienes, y con una pasión que Géminis isiquiera soñaba tener. Tú, Tauro le despertaste el sueño. Guarda ese premio como tuyo por favor.

TAURO Y CÁNCER. Si tú y Cáncer encuentran algún interés en común, o valores en conjunto, emprendan lo que quieran, puesto que su manera de detener y tener las cosas tiene diferentes tonos. Ten cuidado, Tauro, y no reveles la fuente de tu poder, Cáncer podrá tratar de arrebatártelo. Lo mejor que uno puede hacer por los intereses del otro es cuidarse mutuamente. No se preocupen por los resultados finales.

TAURO Y LEO. Tauro, toma las riendas de tu propio ser y cuida tu espíritu ya que Leo querrá, quizá, embrujarte. No estoy diciéndote que eso no te convenga, eso ya depende de la estrategia de Leo, pero cuídate apasionadamente ya que tus convicciones posiblemente sean lo que Leo te quiere robar. Mientras mejor esté el clima, mejor para su encuentro.

TAURO Y VIRGO. El título de la obra de Shakespeare, *Medida por medida* trae en su contenido el mejor de todos los consejos. ¿Por qué? Porque el maestro genial era del signo de Tauro y ese conjunto de palabras es lo que más le puede convenir a todo Virgo. Ambos, ustedes, los dos y cada quien en su momento deben poder reconocer la aparición impetuosa de algo mágico, úsalo para poner las cosas en su lugar y deja que Virgo siga midiendo cualquier cosa sin miedo.

TAURO Y LIBRA. La encantadora Venus es el planeta que rige a estos dos signos, y ella tiene toda la capacidad de hechicera para conseguir lo que quiere de manera velada, aunque el objeto de su deseo sea algo absolutamente masculino. Puede ser que ustedes dos—Tauro y Libra—pudieran estar al acecho de lo mismo, así que mantengan sus ideales altos y tú, Tauro, no dejes que Libra te use. Palabra clave: intimidación, ¡no!

TAURO Y ESCORPIÓN. ¿Estás escuchado tus propias palabras? ¿Tienes familiaridad con tu tema? ¿Te has atrevido a pensar en todo lo que esta estrategia podria alcanzar? ¿Consideraste todas las posibilidades probables? ¿Si hay un común denominador original, el resultado será mejor? Y sobre todo, trae Escorpión bajo el brazo información digno de confianza? Si tienes duda, desconfía, la desconfianza no hará más que reforzar tu plan.

TAURO Y SAGITARIO. Antes de juntarse, aparta tiempo para reflexionar y pensar como podrías estimular más de uno de los cinco sentidos de Sagitario. Practica tu estrategia antes de comenzar para que cuando tomes la palabra parezca que estás hablando con total naturalidad y sin maña. Si Sagitario toma una posición de mandón, es que te tiene miedo. Recuerda, astrológicamente sus signos embonan bien.

Tauro y Capricornio. El tiempo puede ser medido de tantas maneras diferentes que si cada uno de ustedes trataran de describir como llenar un simple minuto, ¡nos podríamos llevar un susto! Traten de acercárse con una escala distinta para reducir cualquier síntoma de estrés. Para ustedes, opiniones encontradas son siempre substancia de nuevas perspectivas. Discutan todo lo que puedan. Si ambos llegan a medio camino de distancia, ya la hicieron.

Tauro y Acuario. Ten cuidado de no comenzar o seguir de lleno una discusión sin ton ni son; como por ejemplo, si el primero de enero del año 2034 comienza un domingo o un lunes. Uno de ustedes llevará en la cabeza la idea de que es dueño de la verdad absoluta, así que lleguen sin miedo a sus propias conclusiones, preferiblemente algo como cara o cruz de una moneda. Preocupantemente, quizá ni esto funcione.

Tauro y Piscis. El tiempo llamado "Tiempo Universal", usado tanto por astrónomos como por astrólogos mide con precisión de una billonésima de segundo los años que pasan. Esto es 0,0000000000114079 de un año. ¡Qué miedo! Saberlo no les dará ni les quitará gran cosa ni necesitan una estrategia con tanta precisión. Lo que necesitan ustedes es consolidar un plan íntegramente y medir como pueden ustedes lograr algo en conjunto, algo para el bien ajeno y para disipar miedos o temores distantes.

Géminis
estrategia: cambiar

"Esas, mis preocupaciones, tienen que ver con los que aún no han nacido".
—MICHEL EYQUEM DE MONTAIGNE

Tú, Géminis, te identificas tan bien con la palabra cambio y/o cambiar, la encuentras irresistible. Tu signo, con sus pilares dobles, te hacen rebotar y te reacomodas por gusto inclusive cuando arraigado, sentado en primera fila o bailando sobre las nubes de la felicidad. La Biblia dice que Nos cambiarán en un instante, en un cliño de ojos. La millonésima parte de aquel segundo dentro del cual apareció el mundo, llamado el *Big Bang o Teoría de la Gran Explosión*, discutido día con día por científicos, filósofos y físicos nucleares, probablemente pertenece a tu signo. Géminis, tú eres quien tiene la capacidad de cambiar una idea para que alguien cambie de vida o de manera de ser. Un cambio que en un palpitar reacomoda algún mundo. Para ti, todo es cambio, desde la vida misma.

Cambiar es la fuerza motora que te permite tener en ascuas, y alertas a los y a las que se acercan a ti. Los cambios evitan la complacencia, y tú, Géminis, eres quien evita a toda costa que esto suceda además de tener el don de desear lo que finalmente sí sucede. Y, por lo general, ese deseo tiene que ver con alguna novedad. Convences a quien se te ponga enfrente que algo les puede convenir, ¡cuando en realidad al que le conviene, es a ti! Y, si no te das el tiempo y la ocasión de considerar sobre la influencia que tienes en los demás, al final tus estrategias podrían convertirse en contraindicaciones. Por eso, te conviene tanto leer este capítulo, y por eso, ten en cuenta que puedes cautivar a quien quieras, pero también puedes hacerle sentir—a quien tú escojas—bien consigo mismo. Es más; tú, Géminis, estás en tu mejor momento cuando cambias algún plan o cuando simplemente sucede que el plan cambia. Los millones de infinítamente pequeñas chispas que brican de neurona a neurona dentro de nuestros cerebros y hacen que funcione el pensar posiblemente tengan como signo rector a Géminis.

Cuando otros signos necesitan un cambio, eres tú quien puede darles consejo acertado sin embargo hay veces en que cuando eres necesitado, cuando te buscan, simplemente no te hallan. Como esas neuronas, brincoteas de un lado a otro olvidandote de la existencia de los que hace tiempo te pidieron algo. Tienes, por favor, que aprender a cambiar con más cuidado, Géminis. La vida da muchas vueltas y siempre a la larga, serás llamado a cuentas. Con tal de que aprendas a ser conscientemente menos egoista y sepas que está en ti el poder de hacer algo desprendido o altruista por día, aunque tuvieras que cambiar un plan, no habrá mal que por bien no venga en tu vida. Los demás siempre necesitarán estar cerca de ti para beneficiarse de tu inventiva y espíritu ágil además saben instintivamente que animas con buen sentido a quien quiera hacer un cambio con buena estrategia.

ESTRATEGIAS HACIA LOS OTROS SIGNOS DEL ZODIACO:

GÉMINIS Y ARIES. Aries tiene mucho que ofrecerte, Géminis. Estos son signos que embonan bien, sobre todo cuando se apremian a hacer sencillamente lo que Dios les dió a entender sin rodeos. Las energías inovadoras y creativas que pueden usar para elaborar un plan están, entre ustedes, a flor de piel. No dejen nada sin terminar, y entre ustedes, lo único que deberían cambiar sería de asiento alrededor de una mesa.

GÉMINIS Y TAURO. Esta combinación es estratégica de por sí, y ambos tendrán que averiguar por sí sólos como acomodarse para el cambio, él que sea. Es más, es un hecho que si tú, Géminis, usas el encanto inherente a tu signo, la conmiseración que sabes usar, y tu ingenio animador te darás, y le darás a Tauro mucho más de lo que ambos esperaban.

GÉMINIS Y GÉMINIS. Uno tendrá que ganarle la partida al otro. Decidan quien tiene más que decir. Primero, hagan una lista de necesidades por separados. Luego, intercambienlas. La lista más larga será del ganador, el que haya elaborado la lista más corta tendrá que cambiar. Si logran un patrón de inter-amabilidad, la estrategia funcionará a la perfección.

GÉMINIS Y CÁNCER. Asegúrense de tener la fecha adecuada en su libreta de citas, Géminis. Cáncer no creerá una sola de tus palabras si le das un plantón, ni siquiera llegas tarde. Y no olvides que Cáncer puede cambiar de humor en un abrir y cerrar de ojos. Se le nota de inmediato si no está a gusto. Un pequeño presente puede abrirte muchas puertas.

GÉMINIS Y LEO. Asuntos globales, de la vida sobre la faz de toda la tierra y sus interconecciones. ¿No podrías incluir un inter-cambio de valores en moneda dura en el asunto? Géminis y Leo hacen una mancuerna magistral. Es una relación que desde el punto de vista de negocios tú, Géminis deberías convencer a Leo que cualquier estrategía vale la pena. No lo discutas de inmediato, para que puedas cambiar de enfoque, pero tenlo bien en cuenta.

GÉMINIS Y VIRGO. Virgo puede soportar cualquier acción nece-saria si le sirve para encaminarse hacía sus propias dudas—siempre presentes—y tú, Géminis, de esto tienes mucho que aprender. Si no te cuidas, Virgo podría catalogarte como alguien que tiene ideas de cambio tan claras como el lodo. Tú, Géminis, permanentemente tienes que aceptar que Virgo te puede aportar profundidad.

GÉMINIS Y LIBRA. Los instrumentos de Libra son parecidas a lo que los indígenas norteamericanos llaman un catchador de sueños, que es una vara mágica que debe ser colgada cerca de la cama para catchar pesadillas y te deja dormir en paz y tranquilidad. El silencio y las pequeñas pausas, además de las cosas que no se dicen, las que cuentan cuando trazan sus estrategias en conjunto. Libra sabe curar tus heridas y cambia de paso, si crees que no estás alcanzando lo que tiene que decirte.

GÉMINIS Y ECORPIÓN. Cualquier Escorpión estará en su mejor forma al descubrir el despertar de los temores de otros. Tú, Géminis, eres quien tendrá que llegarle en un nivel suficientemente profundo para que te respete, o hagas cambiar a Escorpión para que cambie y respete tu punto de vista. Mejora todo lo que puedas para que sostengas, mantengas y prolongues toda estratégia común hasta que las cosas comienzen a funcionar bien. Es más, mientras menos cambio hay entre ustedes, mejor.

GÉMINIS Y SAGITARIO. Un acuerdo preciso o científico es lo más conveniente entre ustedes, signos opuesto. Aunque su relación tenga ya muchos años de intricada relación amorosa busquense un apoyo endonde interfiera una investigación de tipo diestro y ducho. Uno será siempre el mejor crítico del otro—en ambas direcciones—así que atrevanse a decir lo que sientan, menos si son palabras demasiada duras. Rcuerden, la perfección no existe.

GÉMINIS Y CAPRICORNIO. Encontrar una causa en común podría ser algo que deje campo abierto para que ustedes respiren tranquilamente, sin las complicaciones adherentes a esta combinación. Las respuestas que Capricornio pueda darte podrían confundirte y hacerte cambiar sin tener ganas reales de hacerlo. Entre ustedes, el mayor en años es el que sale ganando.

GÉMINIS Y ACUARIO. Uno podría deliberar sobre el otro, dejándo pasar demasiado tiempo. Pero, si esto no sucede, acércate y propón algo tangible de manera peculiar. Los acuarianos, si se lo ponen, pueden llevarte al baile con la mano en la cintura, Géminis. Por lo mismo, te conviene dejar que Acuario maneje el cambio, la estrategia y lo que venga. Tú, diviértete en grande, a tu manera.

GÉMINIS Y PISCIS. No pretendas grandes ganancias. Ni materiales, ni emocionales. Un forcejeo de poder podría hacer que uno tenga ganas de menospreciar al otro, y sin embargo, con suerte, podrían ambos sacar a relucir su verdadera integridad o suerte. Luego, todo cambia y habrán ganado más que lo previsto.

Cáncer
estrategia: dejar

"La mariposa no cuenta meses sino que momentos,
y le alcanza el tiempo".
—RABINDRANATH TAGORE

Cáncer, cuando tratas de realizar algo, sea un proyecto importante en tu trabajo, el comienzo de una nueva relación o un delicioso manjar, al hacerlo te involucras a tal modo, que algo tuyo siempre se queda. Lo dejas porque tu prescencia tiene peso, y en todo dejas huella. Aligerar tu peso moral o físico es muy trabajoso y te puede costar más trabajo que a cualquier otro signo dejar un lugar, una fiesta, un libro, un placer o unas palabras. Dejas tanto de ti, que en todo horóscopo personal de cualquier Aries, Tauro, Géminis, Leo, Virgo, Libra, Escorpión, Sagitario, Capricornio, Acuario y Piscis además de encontrar su rincón Cáncer tiene algo personal tuyo, que les has dejado, posiblemente sin darte cuenta. Cáncer, tú eres quien tiene la capacidad de convertir una montaña de un solo rayo de luna. Si estás de buen humor—y esto dependerá de la posición diaria de la luna—las centellas que te acompañan las puedes convertir en poesía; si estás de mal humor, pierdes contacto con la realidad o con tu realidad. La ironia de todo esto es que se te puede pasar gran parte de tu vida sin darte cuenta de tu don. Posiblemente todos los otros signos deberían agredecerte por ese fragmento tuyo que ya les pertenece mientras tú entras y sales de sus vidas. Ese algo que hace que los reyes y las reinas tengan majestuosidad te pertenece.

Desde siempre, el signo de Cáncer, regido por la luna, representa la Madre Tierra. No ha sido tarea fácil. Cualquier vínculo, para ti es atadura, y en el enlace que tienes con el mundo que te rodea aparece a menudo una escalera derechito al cielo—cuando estás a gusto—o un una bajada a la obscuridad total. Sea una posibilidad o sea otra o sea el intermedio desconocido, siempre dejarás algo de ti atrás. Es más, estoy segura que algún personaje de signo Cáncer será uno de los escogidos para tomar un viaje hacia el futuro sobre algúna nave espacial. Nos estarás dejando a todos, pero todos sabremos que te estarás acercándo a algo nuevo, y tu paso nos acercará a todos. La luna será siempre tu aliada, y así como la luna constantemente tiene cuartos menguantes y crecientes, vas y vienes con la seguridad de que el conocimiento inherente a tu signo te permite una cierta fuerza que hará posible que todos siempre te demos una nueva oportunidad. Tu signo es aquel que, durante toda tu vida, nunca debe dejar las cosas en paz. ¿Por qué? Porque naciste con el talento innato para mejorar lo que sea tu voluntad. Dejas, si quieres, en mejor estado toda situación. Espero solamente, que dejes suficiente campo para mejorar las tuyas también.

ESTRATEGIAS HACIA LOS OTROS SIGNOS DEL ZODIACO:

CÁNCER Y ARIES. Aries puede, con un tronar de dedos, sacarte de cualquier duda para que mejore la situación presente. Me gustaría que la persona Aries en cuestión será amable. Si no es el caso, sin exagerar, no te dejes. Puedes ceder para que las cosas mejoren, ¡pero no durante los días de luna llena!

CÁNCER Y TAURO. Lo que te funciona mecánicamente en el cerebro tiene tantos matices diferentes que no existe alguna posibilidad que no puedan ponerse de acuerdo en tomar o dejar las posiciones convenientes entre ustedes. No te sientas amenazado, Cáncer, si Tauro te pide que dejas algo sólamente deberías acceder si el tiempo apremia no tengas tú tiempo suficiente de hacer lo que te pida. Recuerda que para Tauro el tiempo es algo que cuando dura, le hace bien.

CÁNCER Y GÉMINIS. Géminis puede aligerarte, alegrarte y ayudarte a que veas claro, mejor y seguro. Pero por lo general, solamente si es algo sin importancia. Si has pensado dejar a Géminis atrás, o si Géminis te deja, reemplázalo con otro u otra Géminis de inmediato, lo cual no debe dejarte lugar a dudas de lo fácil que esto puede ser.

CÁNCER Y CÁNCER. Ambos aprecian y se acurrucan en y con sus emociones de tal modo que pueden llegar a sentirse aislados, sin poderse concentrar en lo que ese Cáncer quiere. Búsquense alguien que no tenga que ver con la luna para que se preocupen y se ocupen de lo que quiera dejar. Así, se esclarecerá su perspectiva y podrán dejar de lado sus humores tan valubles.

CÁNCER Y LEO. Aprenderás de Leo solamente si dejas de hablar lo suficiente para escuchar lo que tiene Leo que decirte. Es posible que no te guste hacerlo, pero si te atreves, verás como se abren posibilidades. Al conocerse suficientemente descubrirán ambos que sí hay manera de tener mayor eficiencia estratégica. Leo puede mostrarte como aprovechar tu tiempo, y no vayas a dejarle antes de tiempo.

CÁNCER Y VIRGO. Deja que Virgo se preocupe, y deja también que guarde tu dinero en sus bolsas o cajones. Virgo tiene facilidad para trazar planes y es posible que este Virgo en particular podrá mostrarte como no dejar equivocadamente algo. Si esto no te parece congruente, date tiempo. Pronto sabrás.

CÁNCER Y LIBRA. Ya deberias saber, Cáncer, que aunque dejes pedazería personal atrás, aquí o allá, tu psique crece y se retroalimente al hacerlo. Libra es quien puede hacerte un magnífico deslinde de cómo manejar esta tendencia para que no te hagas daño. Para que aunque dejes algo o alguien no te encuentres con menos, sino que con más. Escucha todo lo que tenga que decirte, y valora sus palabras sin que dejes que te hieran.

CÁNCER Y ESCORPIÓN. Escorpión en primera instancia, querrá que dejes algo que no quieres dejar, y posiblemente, ¡que ni debas! Pero la suya podria ser una relación bastante dinámica así que no dejes que tu primera impresión, si no es muy buena, te convenzca. Uno tiene capacidad de inspirar al otro si se dejan. La palabra eternamente no es la que más prefiere escuchar Escorpión quien, con soltura, no se contenta con ese modus operandi. La suya, es de otro tipo que no te haría mal en probar. Déjense ver con más frecuencia.

CÁNCER Y SAGITARIO. La dinámica que existe entre sus planetas regidoras—Júpiter y la Luna—le piden a su cielo astral que cuiden la mucha o poca comunicación entre los dos. Nos pidan interlocutores ni traductores para que ustedes mismos se dejen de tonterías y toman las medidas adecuadas para triunfar a la larga. A la corta, sería mas fácil decirse. Pongámonos de acuerdo.

CÁNCER Y CAPRICORNIO. Déjale a Cáncer, tu signo opuesto, devisar su propia estrategia. Trata de entender, Cáncer, que ustedes se necesitan, pero al mismo tiempo es indispensable que se dejen en paz cuando de estrategias se trata. Tu experiencia no tiene nada que ver con la de Capricornio, y solo si llegan a un común acuerdo que les haga ver que tan diferentes son tendrán la madurez, ambos, para dejar y dejarse ser.

CÁNCER Y ACUARIO. Cuando ustedes tomen la decision de buscar alguna estrategia justificable, no olviden el toque musical. Pongan música, vayan a un lugar donde la puedan escuchar o inspírense con alguna música clásica. Existe mucha intensidad entre ustedes que en cualquier momento podría tomar un giro difícil de dejar de olvidar. Existen muchas posibilidades para que lo que parecía ser algo sin importancia, se dure una eternidad.

CÁNCER Y PISCES. Ustedes podrían aburrir a otros, pero entre ustedes, no dejen de continuar lo que alguna vez tuvo comienzo. Si no les molesta el hecho de que hay quienes no están, de viva voz, de acuerdo con su estrategia, sigan adelante. Y solo si entre ustedes se aburren pidan asesoramiento. Al juntarse, si no dejan de trabajar a máxima capacidad, la combinación de Cáncer y Piscis rinde excelentes resultados.

Leo

estrategia: ceder

"Los Dioses no le han revelado todas las cosas a los mortales, más al buscarlas, los mortales progresan en descubrir".
—Xenofano de Colofón

Cuando de planear algo de manera estratégica se trata, tú, Leo, eres el recurso en reserva de todo proyecto. Parecería que siempre cargas un as bajo la manga o en la bolsa y si no siempre, de alguna manera o de otra, te sales con la tuya. Eres bastante responsable y miras de largo alcanze aunque tu personalidad, a veces avasalladora, puede ser un buen punto de apoyo, aunque nadie sabe mejor que tú, que tienes la absoluta capacidad de encabronar al más dócil o de hacer cabronadas si te llenan el buche de piedras. Leo, te cuesta trabajo acceder al hecho de que otros podrían tener razón cuando tú estás en el campo opuesto. No hay nadie mejor que tú para aplicarse bajo presión y eres el ser perfecto para mostrarle a quien sea como eliminar cualquier inclinación contraria a la tuya. Tienes por nacimiento una energía dinámica, creativa, que efectua un encanto difícil de ignorar. Fácilmente los tuyos se dejan seducir y acceden a tus propuestas. Aun más, consienten, dan su acuerdo, renuncian, traen, comparten o ayudan tus ruegos porque contigo o es flexible, ¡o verán! Y hay veces en que aprendemos lecciones que nos ayudan a subsistir, a continuar adelante. Cuando estás en total desacuerdo, cuando existe rivalidad rampante, aun así, puedes ayudar a tus contrincantes, aunque de manera poco usual. Tú eres quien tiene la capacidad de vislumbrar en un instante como adquerir lo que otros tardan años en tener.

Para muchos, eres quien resuelve problemas con facilidad. Siempre pueden tus amigos contar contigo. Pero pobre de aquel que se cruce en tu camino por el lado revesado. A lo que tú consideras un ataque o un engaño no habrá quien pueda rendirse. La ira de tu real enojo lo traes desde que existe tu signo plasmado en el cielo. Tu sentido del yo y como entenderlo es bastante único. Al mismo tiempo, tu rencor es pasajero, al dia siguiente de un terrible enojo, puedes aparentar estar en calma, habiendo olvidado lo de ayer. Sientes que debes sacrificarte por la paz y tranquilidad del mundo, y también crees que puedes aunque sea por un mínimo instante. El sacrificio para ti, es algo que ayuda a ser, y no hay más que recordar las palabras de Roswell Dwight Hitchcock quien alguna vez dijo "la religión no es un dogma, ni una emoción, sino que un servicio". Hay muchos que se sacrificirán por ti, Leo, voluntariamente. Quizá se hagan un gran favor, y no olviden el aforismo: donde la voluntad esté dispuesta, los pies van ligero.

Estrategias hacia los otros signos del zodiaco:

Leo y Aries. Donde hay voluntad, definitivamente hay manera. Esto debe estar claro para Leo tanto como para Aries. Si de casualidad Aries se siente apabullada para empezar, sacrificate un poco Leo, y cambia de modo para que funcione la manera. No hagan demasiado esfuerzo en convencerse de algo que no puede ser. Ligerito, suavecito, aunque no sea su voluntad.

Leo y Tauro. Probablemente te tengas que hacer el sordo, Leo, porque ambos son los signos conocidos como los más testarudos del zodiaco. Jueguen al inocente, y sacrifiquen fuerza por forma. Es fácil ejercer presión pero Tauro podría ser el mismo viento que enciende tu fuego o Leo podría enseñarle a Tauro como brillar un poco más.

LEO Y GÉMINIS. Días pasados, se hablaba de la obligación de la nobleza de comportarse honorablemente. La única manera que puedes hacerle ver a Géminis como podría sacrificar algo es mostrarle el lado caballeroso de la estrategia en cuestión. Probablemente Leo no quiera privarse de nada, pero si no lo haces, te estarás perdiendo de algo importante.

LEO Y CÁNCER. Leo, no debe ser ningún sacrificio para mostrar tu lado cariñoso, amable y comprehensivo cuando tratas a Cáncer. Cáncer, entonces te parecerá mucho más dócil de lo que te imaginabas y puede tomarte desprevenido, ya que ese signo sabe esconder sus verdaderas intenciones cuando quieren. Pero un poco de chispa puede ser divertido para ambos en cualquier caso.

LEO Y LEO. Una decisión sagaz antes de tomar cualquier toro por sus cuernos, o antes de sacrificar cualquier leon por su melena, puede poner las cosas en su lugar estratégicamente. Para dos leos, pensar en lo que posiblemente deberían sacrificar, puede ser exhaustivo. Una renuncia podría convenirles más que un sacrificio.

LEO Y VIRGO. No cambien de estrategia simplemente porque las cosas no parecen funcionar. Quizá Virgo ya te lleve la delantera, así que valdría la pena sacrificar algunas palabras y amarrarte el cinturón, figurativamente, para conciliar posiciones. A la larga, lo que habrán eliminado será ganancia para ambos.

LEO Y LIBRA. Por supuesto, con gusto y me encantaría deben ser las respuestas claras cuando Libra estratégicamente localiza tu talón de Aquiles en especial si Libra es del sexo opuesto al tuyo. Recuerda que lo más conveniente con Libra son buenos modales y una disposición aparentemente agradable. No creo que sacrifiques demasiado al mostrarte así. Verás que así, llevarás la de ganar aunque Libra quiera pasarse de listo. Haz la prueba.

Leo y Escorpión. Pongan de lado cualquier emocion de rechazo, y regálense un poco de alegría. Si ven que nada prospera, cuiden sus palabras y prívense de algunas palabras para no elaborar un fallo equivocado. ¿Cómo? Simplemente dejándose ir con más ritmo y candencia. Cuida tus palabras que tienen en esta combinación, la posibilidad de herir más de lo que quisieras. Identifícate con una canción y pónle como título, la melodía de hoy y sacrifica lo demás. Gracias.

Leo y Sagitario. No olvides los buenos modales. El respeto al derecho ajeno es la paz, dijo el gran Benito Juárez (un Piscis). Ni Leo ni Sagitario tendrán que poner de lado o sacrificar cosa alguna para llegar a un acuerdo y establecer báses sólidas para construir una estrategia que simplemente funcione sin nececidades de cualquiera de los dos. No hagan olas, hagan cosas.

Leo y Capricornio. Trata de hacerle la vida un poco más fácil a Capricornio quien posiblemente revele una terquedad poco usual contigo, leo. Escucha con cuidado lo que tenga que decir porque hay algo que se te pasó, y si sacrificas un poco de tu altivéz, aprenderás más de lo previsto, con mejores resultados. No planeen para futuros lejanos, y trata de mostrarle a Caparicornio que un poco de diversión es buena estrategia.

Leo y Acuario. Tú, Leo tienes como signo opuesto a Acuario. Una de las palabras claves para Leo es sacrificar mientras que el de Acuario, bajo el mismo rubro de *estrategias* es ceder. Gran diferencia, aunque no son palabras opuestas, su significado posiblemente lo sea tomando en cuenta la consistencia astral de cada uno. Por lo tanto, hagan un esfuerzo para entender las necesidades básicas de cada cual. Uno tiene tomar el punto de apoyo bajo el rubro de honorabilidad, el otro de lealtad. Leo debe sacrifiar algo sólo si su lealtad se lo permite, mientras que Acuario debe ceder sólo si el tiempo se lo permite.

LEO Y PISCIS. Tendrás, Leo, que mostrar que puedes comprar a Piscis de una manera o de otra. Con intelecto o simplemente dinero, tipo, se lo compro, pues. Usa tu imaginación y no escatimes ofrecimientos; aumenta tus halagos, sacrifica algo para que el regalo sea el mejor, Piscis no se deja comprar, pero en este caso, darle gustos es la estrategia perfecta.

Virgo
estrategia: preocuparse

"¡De cuántas cosas sí puedo privarme"!
—SÓCRATES

¿**D**e qué te preocupas? ¿Serán estas palabras las que usas con frecuencia? Si te respondes, Sí, con toda seguridad eres Virgo, por si tenías duda. Y, si eres Virgo y no te preocupas con asiduidad, ¡cambia de signo! Cuando tú, Virgo, vas en busca de algo aparece el escritor medievo Chaucer en tu lexicología astral. Para la eternidad al final de todo momento de regocijo aparece el pesar. Chaucer escribió esto hace casi mil años y con todo respeto Virgo, la sabiduría innata que llevas en tu alma entiende su mensaje a la perfección. Es más, todos los otros signos deberían identificar dentro de su horóscopo personal el lugar asignado a Virgo para identificar cómo, cuando y dónde preocuparse debidamente. Virgo, te voy a ser franca; tienes la capacidad preocupante de hacer que tus angustias se conviertan en parajes innecesarias, excesivos y hasta abundantes sin razón. Y no hay como tú, Virgo, para poder—si te lo propusieras—convertir en un abrir y cerrar de ojos esas mismas preocupaciones en algo parecido a lo que Chaucer también escribió cuando dice inesperadamente y sorpresivamente preocuparse sobre las llegadas y partidas del placer, y gozarlas. Es decir podrías deleitarte con lo inesperado, lo sorpresivo, el simple placer aparecido, el dejarse ir y ¿por qué no?; convertir lo preocupante en ese algo parecido al elevadorcito que sentimos cuando alguien que nos gusta nos toma de la mano. Suma todas las ideas de este primer párrafo, agrégaselo a tu espíritu, y tendrás a la mano una estrategia perfecta.

Como me solía repetir mi madre en los momentos más inverosímilies; mientras no te pase nada peor . . . Ella con eso me quería indicar que puedes encontrar sosiego al saber que la mayoría de los eventos de tu vida que tú consideras negativos no lo son tanto. Tú naciste bajo el signo Virgo, símbolo mágico y perfecto para iluminarle el camino a quienes se están preocupando y mostrarles como eliminar, subyugar y conquistar con brío cualquier preocupación. Por minúscula o mayúscula que sea.

Tienes la habilidad de hacer que quiensea acepte lo que la vida les va ofreciendo, para bien o para mal, de manera que reafirman su fuerza innata y la confianza que se necesita para seguir adelante. Uno de mis hijos, Virgo, es quien me dijo algo que recordaré para siempre en uno de los peores momentos de mi vida cuando una mujer muy jóven a quien yo quería muchísimo falleció después de una terrible enfermedad; Mamá, me dijo, nadie más que ella hubiera podido aguantar con tanta firmeza, y así de firme se fué. De alguna manera sus palabras, las de un Virgo, me ayudaron a resolver mi propia tristeza, aceptarla y seguir adelante.

La mejor estrategia de Virgo será siempre encontrar alegorías que les dejen márgen para juguetear, encontrar el buen humor suficiente para acurrucarse en él y soltarse un poco el pelo con sus propias preocupaciones, congojas, ansiedades y dolores de cabeza. ¿Y por qué no dejar que otros se preocupen por ti? Tuyo es el signo que puede convertir a cualquier preocupación en algo creativo, productivo, hasta artístico. Instintivamente sabes sumar puntos y ver a ojo de buen cubero que no funcionará, ahorrandole tiempo a todos y abriendoles paso a los bien merecidos logros que cada quien tiene derecho a estrategiar. Personalmente, yo te confiaba cualquier cosa, porque eres el gran previsor sin ser adivino.

ESTRATEGIAS HACIA LOS OTROS SIGNOS DEL ZODIACO:

VIRGO Y ARIES. Lo único preocupante de esta combinación es la posibilidad de que pierdas tu foco. Aries necesita tomarse tiempo de más para comprehender de lleno lo que le estás ofreciendo, lo que propones o parte de tu plan. Tú, Virgo, probablemente tendrás que forzarle para que se tome ese tiempo, pero por si viene al caso, perdónale algo, Virgo, por favor.

VIRGO Y TAURO. Cada uno de ustedes tiene algo que el otro signo necesita. Soporte técnico a lo bestia, dirían en la calle, y por lo tanto, considerense a lo máximo. Tauro te puede alegrar la vida o un momento, cosa que olvidas en cuanto comienzas a preocuparte. Eso, si mal te va, es al despertar. Júntate con Tauro para que te sea más leve el despertar, y gozen alguna música cuando planean su próxima estratégia.

VIRGO Y GÉMINIS. ¿Te acuerdas del interesante libro, *Los juegos que todos jugamos*? Ustedes podrían tenerlo como síndrome; juego de palabras que preocupa más al que acaba de hablar que al que se queda callado. No se pisen los callos, y aprendan a ser más condescendientes.

VIRGO Y CÁNCER. Escucha lo que Cáncer tiene que decirte Virgo. Cáncer tiene un instinto que le permite saber que te hace falta para estar nutrido de aquello que ansias. Y, Cáncer por lo mismo, sabe dónde encontrar esa verdad que tú, Virgo, buscas. Si tienen oportunidad de ser lo suficientemente espontáneos, cualquier preocupación estará de más. Pónganse unos estratégicos lentes para que vean todo de color rosa, y sigan adelante.

VIRGO Y LEO. Si te encuentras preocupado por algo que tenga que ver con Leo, usa cualquier estrategia siempre y cuando incluya profundidad, algo de investigación y retos. Muchos retos. El resultado será terapéutico como mínimo y absolutamente tranquilo como máximo.

VIRGO Y VIRGO. No se pongan trabas y facilítense la vida y las decisiones. Tomen grandes buches de aire en un buen ambiente. De lo contrario podrian encontrarse perdidos en un mar de crítica que no les lleva a ningún lado. Podrían con inteligencia y soltura encontrar lo gracioso o lo ocurrente en lugar de lo preocupante en sus andanzas. Relájense. Podiran salir ganando los dos, y juntos, aunque posiblemente no revueltos.

VIRGO Y LIBRA. La solución para cualquier idea preocupante es dejarlo ir. Nunca traten de hacer algo que desde el principio les parezca cuesta arriba. Fíjense bien en su presión sanguinea y cualquier otro por menor relacionado a su salud. Libra trabaja mejor cuando otros se esfuerzan, y si lo logras, podrían terminar su estrategia con una gran celebración.

VIRGO Y ESCORPIÓN. Averigua que es lo que más le gusta hacer al Escorpión o cómo se divierte. Con eso a la mano, puedes lograr que les salgan chispas de buenaventura, deleites insospechables y mimos inimaginables. Así, cuando lleguen a la parte preocupante habrá valido la pena.

VIRGO Y SAGITARIO. Si algo te está preocupando en relación al Sagitario, es posible que tengas razón. Mientras son peras o son manzanas háganse el favor de no obsesionarse en nada con N mayúscula. No despierten a los genios de la travesura, y fíjate bien Virgo en lo que dices o haces antes de hacerlo.

VIRGO Y CAPRICORNIO. Nada debe preocuparles cuando ustedes se juntan, pero como todos llevamos pedacería de los otros once signos del zodiaco en el alma, bien podrían encontrar que sus metas son totalmente distintas, diferentes o incompatibles a causa de entredichos minuciosos. Pídanle a Escorpión o a Tauro que les explique como optar por otra estrategia, y todo caerá por su propio peso en buen lugar.

VIRGO Y ACUARIO. ¿Están siendo honestos con lo que pretenden presentar como sus metas finales? ¿Han olvidado algo, sin querer queriendo, por no querer afrontar la realidad? Vean los hechos, juzguen los datos, preocupense por los números y no se dejen enredar por emociones vagas o por pronósticos vagos. Busquen una estrategia segura.

VIRGO Y PISCES. Ustedes son de signos opuestos y la dinámica entre cualquier acción conjunta siempre será interesante. La intención de la estrategia a seguir nunca debe preocuparles Virgo, cuando con Piscis te encuentras. Piscis tiene tanta intuición, que de una vez por todas, toma tiempo para deliberar con firmeza lo que dice que es su mayor preocupación. Sin que tenga que ver contigo, tendrás mucho que aprender al hacerlo. Se trata de ti, por supuesto!

L i b r a

estrategia: aparentar

"Dos hombres miran las mismas huellas, uno no
ve más que lodo, el otro ve un camino hacia
las estrellas".
—PARAFRASEANDO A F. LANGBRIDGE

¿Cambias cuando aparentas? ¿O, aparentas cambiar? Esta duplicidad es la realidad del significado de aparentar cuando de Libra se trata. Puede ser una excusa, podría quizá querer decir que la verdad se está estirando un poco o que tiene la forma del cántaro que lo contiene; puede ser un reclamo, definitivamente es una manera de no ceder, por lo general es un tiempo extendido y sin conocimiento de causa puede ser devastador. Libra tiene como símbolo un signo que históricamente tiene algo del doble valor de Géminis, una balanza cuyo contrapeso podría estar de cualquier lado. La gran diferencia es que la duplicidad de Libra tiene que ver con la mirada hacia el exterior; tu horizonte no tiene límite porque siempre lo buscas mejorar. Tú sabes que aparecerá algo mejor, y puesto que te sabes por instinto bienandanzado y Libra es por tradición un signo positivo, fácilmente puedes continuar aparentar que lo que sigue es por tu bien o por el bien de los demás.

Para ti, Libra, aparentar es en realidad un compromiso de aspirar, que en realidad, máscaras aparte, es una manera excelente de formular cualquier estrategia. Probablemente tengas la habilidad de poner las cosas en su lugar, y si ese no es el caso, con seguridad tienes la total destreza de aparentar que lo están.

Eres tan ducto en los disfraces o en las disimulaciones que puedes simular que eres el jefe cuando solamente tú estas jugando. Tú te autoconvences de tus aptitudes y seguido, no hay pretexto que valga porque tienes la seguridad de que eres quien te imaginaste. Lo malo sucede cuando tienes que comprobar que todo lo que aparentaste realmente sirve o funciona. A veces tienes que aparentar que estás cien por ciento seguro de algo que simplemente fingiste. Y, por lo general, te sales con la tuya.

Aparentar es lo que hace que la infancia sea un ensayo para la vida; reafirma nuestra propia naturaleza y afina nuestra imaginación. Tú, Libra, le puedes parecer a otros estar un poco fuera de curso o desafocado. Hay quienes dicen que cuando estás en pos de una nueva estrategia, eres infantil. Pero ninguna de estas cosas son ciertas. Cuando Shakespeare dijo: "La vida no es más que un escenario", estaba explicándole quizá a aquéllos que no somos Libra que usar un poco de aparentar, tomar una pequeña dosis de parecer, o figurar un poco más es una parte importante de nuestras vidas diarias. Tú, Libra, ya lo sabes. Nosotros, Aries, Tauro, Géminis, Cáncer, Leo, Virgo, Escorpión, Sagitario, Capricornio, Acuario y Pisics lo tenemos que aprender con la estrategia que tú nos pongas a la mano. Tú, como los demás nacidos de tu signo, sin esfuerzo sabes cómo emplear la pretención adecuada en el momento preciso. Que vivan las mentirijillas mientras sirva la imaginación para algo, y gracias Libra.

ESTRATEGIAS HACIA LOS OTROS SIGNOS DEL ZODIACO:

LIBRA Y ARIES. Libra, la voz de tu signo opuesto trae un punto de vista que no deja lugar a tonterias sobre todo si de algo poco convencional se trata. Y ustedes en conjunto rara vez pretenden realizar algo convencional. A Aries le cuesta trabajo reconocer que la pretensión existe, en cualquiera de sus formas. Pero tú, Libra, estás allí para demostrarle y comprobarle todo lo contrario. Lo puedes hacer aparentando no tenerle rencor, aunque se lo tengas. Con un máximo de cuidado, habrá una mínima dificultad.

LIBRA Y TAURO. No dejes entrever ningún tipo de culpabilidad. Si no puedes evitarlo, promete y cumple una reparación segura. Ambos tienen como rector al mismo planeta, Venus. Si no hacen olas Venus siempre estará presente para ayudarte a llevar a cabo el lado más fácil del argumento que no puede más que aparecer. Siempre podrás mejorar si quieres, y con Tauro deberías esmerarte y querer.

LIBRA Y GÉMINIS. Géminis seguramente también está aparentando algo, no igual que tú, pero al mismo tiempo. Tú podrías usar su disfraz a tu propio beneficio. Si se fijan una estrategia firme, sin desviarse ni distraerse, harán lo que quieran o se convertirán en lo que quieran ser. Las apariciones pueden entremeterse en cualquier cosa pero Géminis y tú necesitan ayudarse para que lo suyo sea de una sola pieza.

LIBRA Y CÁNCER. Hay que tomar sus precausiones porque a Cáncer le podria parecer que tus pretensiones son poca atractivas. Sentimientos que definitivamente no son lo más ventajoso para posibilidades de estrategias futuras. Cáncer generalmente siente con cuidado como salir o entrar de una o de otra situación. Tú, Libra, posiblemente ni siquiera estés aparentando cuando muestras que no te interesa lo expuesto en este caso. ¿Y si haces un esfuerzo, no aparente pero serio?

LIBRA Y LEO. Libra, con la mano en la cintura puedes opacar a Leo. Un Leo podrá aparentar que esto no le importa en lo más mínimo, pero en realidad sí le importa. Trata de encontrar el modo de realizar tu propósito mientras te haces de lado para que otros puedan aparentar tomar la delantera. Esta estrategia podría ser una ganga al permitirte dar una segunda vuelta con el trofeo bajo el brazo.

Libra y Virgo. Solo me atrevo a aparentar que sé cual es el guía indicado a seguir para esta combinación. En primer lugar, podrías pretender o aparentar todo lo que quieras con Virgo, pero nunca debes ser pretencioso. Que Virgo te muestre el camino, aunque de manera algo fuera de contexto. Virgo lleva la delantera y si sigues los consejos de este párrafo, las estrategias no pueden fallar.

Libra y Libra. Podría haber un tono de rudeza que no es más que una manera de aparentar que no existe aprensión entre dos seres que se conocen sin pensarlo. Libra, la verdad del asunto es que no tienen que aventarse sus verdades para aclarar lo que sea. Procede con cuidado y planea con conocimiento de causa, no con lo que tú crees es la verdad absoluta, porque aparentemente no lo es.

Libra y Escorpión. Te recomiendo que le permitas a Escorpión tomar la delantera y aceptes que sea Escorpión quien te proponga lo que seguramente será una estrategia que podría convertirse en cualquier cosa. Libra, acepta el hecho de que si estás aparentando algo diferente de lo que muestras como frente clara, estás equivocándote. Dense la mano, toquen madera o usen las manos para dárselas y seguir adelante sin flaquear.

Libra y Sagitario. La llave para que esta combinación salga ganando—para los dos—es agregarle algo picante, a aparentar que lo van a hacer. Podrías tú, Libra, pretender ser menos convencional de lo que eres, y si Sagitario te pide que hagas algún gasto, pretende que no tienes problema. Momentos agradables deben pulularles y cualquier gasto es buena estrategia.

LIBRA Y CAPRICORNIO. Si vienen de diferentes paises, continentes o barrios, búsquense un parecido dentro de sus árboles
genealógicos respectivos. Encontrarán allí una conección estratégica que desconocían. No será fácil aparentar que te da
gusto, pero nada será facil entre Capricornio y tú, salvo el resultado final. Ese te permitirá conocer aun más de tu aparente
forma.

LIBRA Y ACUARIO. De las muchas combinaciones astrológicas
posibles, esta tiene cuatro estrellas. Si no les está funcionando
todo maravillosamente bien, hay fuerzas externas que se inter-
ponen que aparentan no estar, pero están allí presentes. ¿No
podrías tú, Libra, pretender que todo va viento en popa hasta
que así sea? Acuario es quien mejor acepta una sorpresa, y tú le
podrás jurar que fué parte de tu estrategia cuando todo tenga su
final feliz.

LIBRA Y PISCIS. Tres palabritas; saludable, adinerado y sabio
son las que debes comprobarle a Piscis que te pertenecen para
hacerle creer que lo que aparentes ser tiene validez. Ni se te
ocurra tratar de formar parte de la moda temporal, porque a Piscis eso, por lo general, le importa poco. Las complicaciones en
realidad, para ustedes dos, aclaran más de lo que enturbecen.
¡Adelante caminante!

Escorpión
estrategia: caer

"El gran quehacer de la vida es ser, hacer, estar
sin y partir".
—EL VIZCONDE JOHN MORELY

obert Musil, autor del libro *El hombre sin cualidades,* es un Escorpión de quien nunca me cansaré citar. Una vez escribió que todo lo que se nos puede imaginar es o afección o aversión que es una descripción perfecta del modo de ser de Escorpión. De alguna manera ustedes caen dentro de lo que debe sucederles. Cuando tú, Escorpión te tropiezas, te caes, te resbalas, bajas o te bajas, de algún modo o manera es a tu total beneficio. De manera general los resultados transforman, liquidan, sorprenden, asimilan, convierten, benefician, a veces usurpan y ciertamente re-formatean tus búsquedas vitales y tus juicios también. La única condición que te puede hacer perder de todas, todas es la fatiga moral, mental o física. Cualquier otro tipo de caída, aunque parezca que no tuviese nada que ver con la gravedad, tiene un significado mucho más profundo de lo que podríamos imaginarnos. Tú, Escorpión, o yo, astróloga. ¿Por qué? Porque tú, Escorpión, caes en sentidos significativamente profundas al extenderte, cosa que haces constantemente y a menudo cuidadosamente. Algo que a todos nos serviría entender.

Escorpión, tú tienes la fuerza para asombrar y consternarnos a la vez. Tu reloj biológico está cosmológicamente puesto con las manecillas adecuadas para medir y hacerlo. Inclusive, en algunos libros, antiquísimos, astrológicos, hay una referencia—en repetidas ocasiones—al hecho que la caída de meteoros y cometas, construyendo unas cosas y destruyendo otras, tiene mucho que ver con tu mágico signo.

Ustedes, los escorpiones, están significativamente en su mejor forma, cuando le apuntan el camino a los demás, cuando les indican cómo no caer en trampas, puestas o repentinamente aparecidas. Enmbrollos, engaños o celadas puestas ante los demás como trampas que las dudas personales, razonadas o sin razón, fijan. Halagadoras seducciones o fascinantes elogios con fines absurdos son estratagemas que Escorpión sabe desviar, borrar o evitar que otros caígan sin pensar. Escorpión las impide. Y, Escorpión tiene la autenticidad adecuada para transformar mágica, misteriosa y magistralmente cualquiera de las trampas negativas arriba mencionadas en algo positivo, conveniente y hasta divertido, si te dejas. Escuchemos Escorpión lo que tienes que decir cuando nos indicas, nos muestras y despiertas sentidos y sentimientos que de no ser por ti, las usaríamos para caer en algo inconveniente. Te necesitamos a nuestro lado para reconfortarnos y ayudarnos a materializar lo que nos han dicho que es posible; convertir algo negativo en algo positivo. Una caída en una levantada inmediata, con destreza y artesanía cósmica.

Estrategias hacia los otros signos del zodiaco:

Escorpión y Aries. Podrían echarse la culpa mutuamente por tener la tentación de producir la caída de una tercera persona. Podrían ir tan lejos como deducir que a uno le toca ser la víbora, mientras que al otro el pastisaje por donde se arrastra. Y de nuevo, repentinamente, si logran la paz y calma que se necesita para tomar una estrategia adecuada, la calma que no es más que la misma que aparece en el ojo del huracán.

Escorpión y Tauro. Al juntarse Escorpión con Tauro, ninguno de los dos creen posible ni un resbalón repentino. El resultado final de la relación podría ser tan fantástico que cualquier obstáculo se desvanece o se olvida al instante. Este gusto podria no ser eternamente duradero, pero las delicias terraqueas nunca duran una eternidad. Deben permanecer vigentes para ayudarte a soportar lo que venga. ¡Oposición perfecta!

ESCORPIÓN Y GÉMINIS. Géminis puede, con facilidad y con inmediatez caer de tu gracia. Pero cuidado: hay mucho que debe aleccionarte aunque en secreto clasifiques a Géminis como superficial. Redobla tus esfuerzos y busca nuevas destrezas que les ayudarán a caer de rebote en nuevas oportunidades.

ESCORPIÓN Y CÁNCER. Podrias encontrarle algo seductivo en el proceder de Cáncer, y seguramente Cáncer se encantará con la manera en que pareces escoger lo adecuado sin caer en contradicciones. Si caes de la gracia de Cáncer, sin embargo, el resultado podría ser bastante mediocre. Planea tu estrategia con más cuidado de lo previsto y muestra serenidad.

ESCORPIÓN Y LEO. Cuando iba a la primaria discutíamos recordando que si las patadas dolían, las palabras no nos llegaban. Traduce esto como quieras, Escorpión y acomódalo a cualquier situación cuidando cómo te caen las palabras. Leo podría decirte algo que te moleste, pero que fué sin querer, así que deja que alguien les muestre el camino de la paz para que no se atoren antes de comenzar a pensar en estrategias.

ESCORPIÓN Y VIRGO. Aquí plasmo una regañada directamente a los portadores de estos dos maravillosos signos quienes deducen antes de comenzar, que no hay posibilidad de evitar tropezones. Mantenganse unidos, ignoren cualquier sentimiento de malestar si las cosas no marchan perfectamente. Su combinación es la estrategia del antídoto perfecto para los logros. A tal grado, que podrían embotellarlo y venderlo para que les sirve a otros.

ESCORPIÓN Y LIBRA. Escorpión, lo mejor que podría pasarte es caer en una conversación ruidosa con Libra que podría ser el comienzo de una gran idea. Y si la idea adecuada no parece caer en su lugar, seguramente le habrás esclarecido un punto a Libra. Ambos son excelentes críticos de sus propias estrategias.

ESCORPIÓN Y ESCORPIÓN. Aqui les dejo unas palabras con las cuales tanto uno como el otro harían bien en usar o entender a su manera. Cada quien debería usarlos en el orden que quieran. Extrañamente, abrupto, fantasía, recibir, emperdernido, mito, idealismo, con precisión, verdaderamente, poder, atrevido y hechos. Todas estas palabras se aplican a la energía de tu planeta rector, Marte. Si no se cruzan, caeran todas en su propio lugar.

ESCORPIÓN Y SAGITARIO. Necesitas brindarle a Sagitario el acceso suficiente a tu persona porque posiblemente creas que ya te explicaste lo suficiente para que Sagitario sepa lo que propones. No es el caso, y necesitas aclarar todo con prontitud para no caer en controversias. Decide por favor, Escorpión que es lo que realmente quieres de o con Sagitario.

ESCORPIÓN Y CAPRICORNIO. ¡Oigan! ¡Oigan! Marquen el paso. No debes dudar sobre el éxito futuro o sobre lo que ustedes puedan, quieran o planeen juntos. Si no bailan al mismo compás, es que han caído fuera de sincronía con sigo mismos porque según los astros, este es la combinación perfecta, especialmente si lo que quieren es que les lluevan los pennies.

ESCORPIÓN Y ACUARIO. Es muy impresionante darse cuenta que de un día a otro las cosas pueden cambiar determinadamente. Acuario, aunque llega justamente después de Capricornio, te puede enturbiar bastante, Escorpión salvo si uno de ustedes pone muchísimo de su parte. En lugar de caer en pequeños detalles molestos, aprendan a bailar tango juntos. ¡Prueben y verán!

Escorpión y Piscis. Mientras más cuidado tengas en ayudarle a Piscis a poner sus prioridades en el lugar adecuado mejor será el resultado de tus sueños estratégicos. Juega un poco con tus fantasías y ve hasta donde te pueden llevar. Ambos podrán siempre volverse a parar, caigan como caigan, especialmente si no faltan a su palabra.

Sagitario
estrategia: continuar

"Ser un hombre es sentir que nuestra propia piedra contribuye a la construcción de la edificación del mundo".
—Antoine de Saint-Exupéry

No hay manera de que tú, Sagitario, puedas ir hacia adelante con tu estrategia sin tener un plan continuo y contingente. Así, si algo te sale mal, siempre tendrás substituto para reponer lo perdido o lo que se quedó atascado. En realidad Sagitario, por lo general, las cosas llegan a ti con cierta facilidad, y por lo mismo necesitas sujetos complicados y hechos reales para que no pierdas interés en lo que estás haciendo y te quedes a la mitad porque ya descubriste algo mejor. No es que no sepas ponerle a las cosas la atención adecuada, es que cuando las cosas te suceden sin retos, te aburren.

Cuidado. Tus alti-bajas fluyen como el mercado bursátil de valores, y por supuesto que sería maravilloso para muchos si ese mercado estuviese en una ascensión eterna, pero también hay aquellos que no están de acuerdo.

Cuando tu interés se desazona, ni te preocupas en preguntarte sobre los hechos siguientes o los resultados posibles. Tú siempre presente curiosidad te empuja a seguir hacia otra cosa, y ¡zaz¡ caes parado para continuar con otra cosa. Así que, aquellos que tienen que ver con Sagitario—y espero que todos tengan la gran suerte alguna vez en su vida de hacerlo—tendrán que ponerse muy vivos y echarte miradas continuas para que no te les escapes, y tú, Sagitario, continua a interesarte en el corazón de la materia cualquiera para que no dejes proyectos antes de terminarlas.

Eres quien sabe con precisión y entendimiento como hacer que los demás se entusiasmen. Recuérdalo, porque continuamente nos hace falta tu vigor. Y hay veces en que dejas una frase a media palabra justamente cuando alguien está tomando tu dictado, o gravando tus sabias palabras.

Recuérdalo también al autoconvencerte que algo vale la pena. Cuando tú continuas una estrategia hasta el final, o cuando nos convences que debemos hacer lo mismo, no solamente estás haciendo un favor. Sagitario, tú eres el gran maestro del la facultad autoritaria de hacerle sentir y pensar a otros que deben continuar. El poder que tienes para hacernos ver como reencontrarnos con las fuerzas de la naturaleza y quizá hasta con las astrológicas es lo que puedes regalarnos. Por cierto, la palabra regalo, más el verbo regalar están fuertemente puestas en tu cielo astral.

Continuémos contigo para salir ganando.

Estrategias hacia los otros signos del zodiaco:

Sagitario y Aries. Que no te quede la mínima duda, Aries y Sagitario pueden avanzar todo lo que quieran, continuar buscando y reacomodar sus propios astros bajo cualquier pretexto. Su estrategia se finca sobre la mejor de todas las posibles posibles, la del acoplamiento de los astros que los rigen—Júpiter y

Marte—que cuando se echan a andar no hay quien los pare. Sígan, continuen y aceleren su paso. ¡Si algo falla, a empezar de nuevo!

SAGITARIO Y TAURO. No ahorres tiempo ni espacio, le estarás haciendo a Tauro un gran favor porque eres tú, uno de los indicados para mostrarle como debe continuar si le faltan ánimos. Si le puedes dar un empujoncito o un codazo suave y con todo cariño, cualquier cosa puede lograrse. Plancentero, es el modo, perseverante es la manera. Continuidad perpetua es el indicativo.

SAGITARIO Y GÉMINIS. Si Sagitario y Géminis logran un esfuerzo común dentro de algún grupo, ¡estupendo! Si están solos ustedes ante el mundo podrían aparecer pequeños contrapesos que subrayan el hecho de que son signos opuestos. Continuar con aire congraciador frente a frente está difícil. Sagitario y Géminis se acusan mutuamente de ser algo resbaladizos y por lo tanto, tomen una estrategia que si puede continuar siempre y cuando aumenten sus flancos.

SAGITARIO Y CÁNCER. Si acortan el tiempo que se han asignado en esta estrategia les irá mucho mejor. Mientras más tardan, menos oportunidad hay de que todo se encaminará debidamente. Necesitan continuar dentro de un marco flexible porque la incertidumbre a Cáncer le hace mucho bien, aunque pudiera no estar de acuerdo. Escoge con cuidado tus palabras, Sagitario y escucha con el mismo cuidado, Cáncer.

SAGITARIO Y LEO. Una vez puesto todo en su lugar, puede uno darse cuenta de inmediato donde estás parado o parada cuando de un Leo se trata. ¡Especialmente si la cuestión tiene que ver con la pregunta de que si existe posibilidad de una continuidad o no! Al contrario de Cáncer (párrafo anterior), Leo no soporta la incertidumbre porque necesita sentir que las decisiones son suyas. Y, si decides, Sagitario, no continuar sobre los pasos o el camino que ya está trazado, ¡prepárate para un golpe que bien podría ser bajo!

SAGITARIO Y VIRGO. Todo, casi sin excepción, será a la larga—entre ustedes—a largo término. Considérate, Sagitario, como parte de un intervalo interminable y deja que Virgo te explique el significado de lo mismo. Virgo solo necesita saber donde está parado en relación a ti, en relación al tiempo no tiene problema. Y, si Virgo siente que no puede continuar posiblemente te quedes con una estrategia a la mitad.

SAGITARIO Y LIBRA. Cada uno necesita reafirmarse en su propio partido o grupo y proceder como si su equipo fuera parte de un guión de teatro o cine. Sigan, continuen, y aunque no estén de acuerdo transformen sus ideas en lo que más se parezca a una realidad que incluya la palabra seguridad. El producto final podría ser galardeonada con un premio Óscar o, un vínculo continuo que no tiene términos específicos pero sí resultados interesantes.

SAGITARIO Y ESCORPIÓN. Sácate algo de la manga para dejar pasmado a Escorpión hasta que te ruegue, ¿puedo continuar contigo por favor? Pero cuidado, no vayas hacerle sentir que no estás del todo interesado en su propia estrategia, podrías perder un punto de vista interesante y fuera de lo común. Nunca se te ocurra plagiar algo de Escorpión, y continuen haciéndose favores.

SAGITARIO Y SAGITARIO. Escojan. Alguien tiene que tener los pies sobre la tierra mientras que alguien también necesita apuntar hacia el cielo. Si no, podrían confundir sus prioridades y verse persiguiendo molinos de viento como Don Quijóte y su siempre presente Sancho Panza. Y ¿quien dice que no sería ese la mejor manera de continuar? Es más, continuen así.

SAGITARIO Y CAPRICORNIO. Yo le llamo a esta combinación, bajo este rubro, la combinación perfecta para una ascociación de tira cómica. Podrían fácilmente brincar de escena a escena como un garabato sobre cualquier papel. Tendrán que ver si alguien está interesado en ver lo que sigue pero una vez aclarado esto, Capricornio te tendrá la fé necesaria para continuar a escucharte. Y quien sabe, ¿qué tal si aparece toda una estrategia digna de un Supermán?

SAGITARIO Y ACUARIO. Tiene que haber una linea recta desde su posición directamente hasta una olla llena de piedras preciosas, oro o algo que valga muchísimo la pena; ¡si no es así, descontinuen! Si, aquí termina el párrafo.

SAGITARIO Y PISCIS. Como me gustaría intercambiar palabras. En lugar de continuar pondría continuo como el instrumento musical bajo continuo para que busquen ustedes cómo armonizar su encuentro. No se inmiscuen en lo vivido, en sus cuentas secretas o sueños personales, más bien vean como pueden encontrar algo que compartir, tan grandioso como la música y compartan lo que puedan.

Capricornio
estrategia: contar

"Un hombre con valor hace una mayoría".
—ANDREW JACKSON

*L*levas en tu interior, Capricornio, un fuerza tremenda para aguantar eternamente. La longetividad bajo todos los aspectos te viene servida sobre una charola de plata. Por lo general aguantas más, perduras, y sabes como esperar para que te llegue el momento oportuno sin tener que contar—como la mayoría de los demás signos—el paso del tiempo. Esta es una de las razones por las cuales tienes tanta capacidad de carga, de trabajar sin descanzo y por las cuales los demás se sienten aliviados cuando tomas el timón o trabajas a su lado. Sabes también, mejor que nadie, como contar contigo mismo/misma. Tú mejor que nadie sabes contar interminablemente los modos y las maneras de la soledad. La soledad es algo que te pertenece con orgullo, algo que sabes describir con sabiduría algo que tú entiendes de una manera especial y única. Sabes instintivamente que nuestra soledad personal es única aunque y que contar con ella nos da fuerza además de que nos trata despiadadamente.

Capricornio. Tus preguntas se afinan automáticamente cuando tienen algo que ver con el sentido práctico del mundo, punto seguido le abres el paso todo lo conceptual, una vez que has comenzado a contar. Posiblemente tú inventaste las secuencias y tengamos todos que agradecertelas porque por sí aun no lo sabes, tienes una sabiduría de origen común—científicamente llamada cognoscitivo—que atrae la necesidad de que los números llenen nuestro tiempo y nuestro espacio.

Posiblemente tú, Capricornio vives con la convicción de que las cosas que nos deben pasar, pasan porque tenemos el número adecuado en nuestra cabeza, en horas de trabajo, en años luz de distanciano es mera casualidad de que algunos de los científicos-matemáticos más importantes de todos los tiempos—incluyendo Stephen Hawking y Isaac Newton—hayan nacido bajo este, el décimo signo. El qué por símbolo reune el uno con el zero. Capricornio. Es imperante saber que aunque no estemos de acuerdo (Aries, Tauro, Géminis, Cáncer, Leo, Virgo, Libra, Escorpión, Sagitario, Acuario o Piscis) o si tú, Capricornio no estás de acuerdo con alguna de nuestras estrategias necesitamos contar con tu apoyo.

Cuentas todo—tenga que ver con los sentimientos o no— pero no es la acumulación de las cosas, las ideas o los afectos que te interesan, más bien es la coherencia de ver como todo se queda quieto pero avanza al mismo tiempo, como todo cambia y se queda igual; así como el movimiento de nuestro sistema solar, nuestra galaxia y ultimadamente el universo en su totalidad. Quizá se pudiera decir que mides tu fuerza en números. ¿Por qué? Porque contar contigo es como tener algo total y específicamente duradero, perdurable pero imposible de contar porque es una promesa infinita. Eso sí, cuando los números no cuajan, te desacostumbras en un abrir y cerrar de ojos contando en que tú puedes sólo. Y puedes, pero cuenta de vez en cuando en que podamos ayudarte, simplemente porque hay quien quiere hacerlo.

Estrategias hacia los otros signos del zodiaco:

CAPRICORNIO Y ARIES. Capricornio, estás confrontando un signo astrológico que no sabe, ni gusta de esperar. Curiosamente hay muchas parejas que cuentan con muchos años de relación que son Aries y Capricornio. Capricornio y Aries. Decídete ahora. Actua después. Por una vez no hagas cuentas y toma la ventaja. Noten bien, los sentimientos no deben inmiscuirse hasta que la estrategia en cuestión esté bajo control.

Capricornio y Tauro. Salvo que estés pensando en algo que tenga que ver con la posibilidad de contar los dólares de una cuenta bancaria, un llamado a cuentas es lo que menos le gusta afrontar a Tauro. Busca algo que tenga que ver con el placer de Tauro y no descatimes el reaprendizaje de la palabra renunciar. Quizá seas mago del tiempo, pero Tauro es experto en golpes emocionales. ¿Y la estrategia? No cuentes con ella, todo cambiará.

Capricornio y Géminis. Evita un empate—si puedes—algo bastante factible para ustedes, si unen sus fuerzas y juntos comprueban que son más sabios que quien esté en su contra. Posiblemente las trampas que Géminis te tienda, las tienes bien merecidas porque en realidad tú podrías aprender mucho si vieras como cuenta—las cosas y las historias—Géminis. Déjate querer, Capricornio, y sé un poco mas maleable.

Capricornio y Cáncer. Capricornio, tendrás que aparentar haber hecho lo que debería de haber sido un acto calculado. ¿Te parece complicado? Si no haces caso, Cáncer se sentirá traicionado y tú no eres alguien quien rompe contadamente tus promesas. Aunque ganes, tu estrategia podría perder. Y recuerda que entre ustedes, signos opuestos, las cosas sí funcionan si cuentan las satisfacciones que ya tuvieron.

Capricornio y Leo. Si la corriente parece ir en direcciones opuestas entre ustedes, déjense. Será mucho más productivo si encuentran un punto de partida novedoso y no tratan de componer lo que no funciona desde el principio. No cuenten los retos que pudieran tener, cuenten las ventajas que una fácil disponibilidad puede ofrecer. Entre ustedes, hay que aclarar puntos.

Capricornio y Virgo. Tú, Capricornio tienes que encontrar el modo de contrarestar los contra-ataques que Virgo pudiera estar planeando. Prepárate bien antes de comenzar cualquier treta con Virgo y así cuando la estrategia esté funcionando para bien de los dos, podrás cantarle cualquier ranchera, como la de: "Yo soy quien soy, y no me parezco a 'naiden si se retan, ganará él que pueda cantar más gallos".

Capricornio y Libra. Tus nexos con los números Capricornio, son mucho mas complejos que los de Libra. Consecuentemente, Libra puede enloquecerte porque ignora lo que tu supones que son las reglas del juego, o del juego en cuestión. Antes de darte por vencido, busca un instructivo que ilumine a Libra, sea un libro de texto de una escuela bancaria, un libro de cocina, ¡o el *Kama Sutra*! La estrategia será consecuencial.

Capricornio y Escorpión. Para que todo funcione bien entre ustedes tomen, cada uno, en consideración el lado sicológico de los por qués y los cómos de la propuesta estrategia. Aprovechen cualquier punto de vista humano para desarrollar algo que valga la pena, pero siempre tomen en cuenta las proporciones de los resultados posibles. Aprofundicen y miren bajo la superficie. Quizá si lees algo más sobre Escorpión en los demás capítulos de este libro encontrarás una buena salida, Capricornio.

Capricornio y Sagitario. Necesitarás ser firme y mostrarle a Sagitario lo que realmente quiere decir tómarlo paso a paso. Sagitario es capaz de echar todo en una gran canasta, revolver sus ideas y actuar con la estrategia que le salga al azar. Muéstrale que tienes capacidad de afrontar obstáculos y que sabes lidiar con una infinidad de posibilidades. Eso es tu mejor estrategia.

Capricornio y Capricornio. Un euonema es un nombre que le queda a algo o a alguien al clavo. La eureka de los sustantivos. Antes de hacer algun conteo, póganle el nombre perfecto a su estrategia. Un apodo, un código o hasta un imagen corporativo. ¿Y si encuentran el password perfecto, que se autoidentifique para que al mencionarlo, todo quede perfectamente claro? El nombre adecuado podría ser la llave secreta del éxito.

CAPRICORNIO Y ACUARIO. Si Acuario te hace sentir como si te estuviera faltando algo, es porque Acuario está siendo demasiado extravagante. No te dejes apabullar sin resistir, pero tampoco resistas demasiado. ¿Quién sabe y catcharás una verdadera estrella fugaz. O, en su defecto encontrarás la estrategia perfecta para conseguirte un meteoro.

CAPRICORNIO Y PISCIS. Aunque mi abuela decía que no había nada gratis que a la larga no tendrías que pagar, tú, Capricornio eres quien puede deducir como recibir algo totalmente gratis, y gustosamente para ambos, de Piscis. Si al comenzar su cita, arreglo, plan, programa, estrategia o viaje juntos las cosas no parecen tan agradable como pretendían, no se excluyan. Este conjunto debe y puede tener una conclusión no solamente satisfactoria, sino que también podrán contar con muchas horas felizes.

A c u a r i o
estrategia: ceder

"Recuerden que la felicidad es una manera de viajar,
no un destino final".
— R.M. GOODMAN

*A*cuario, eres conocido en el gran universo astral como alguien que se mantiene erguido sin ceder. Cuando alguna
vez, lo llegas a hacer no tiene nada que ver ni con rendirse ni con
abstención, y mucho menos con sacrificio. Eso no es solamente
porque Leo, quien tiene la llave de la palabra sacrificar es tu
signo opuesto. Tiene que ver con el hecho de los recientes estudios neurológicos endonde nos informan que no estamos muy seguros de que la mente puede entender al cerebro en su totalidad.
En lo que a ti concierne, Acuario, tu mente regida por Urano—tu
planeta rector—tiene una liga establecida en directo y a todo
color con el *no ceder*. Tienes la gran capacidad de ver perfectamente bien la causa y el efecto de la mayoría de los acontecimientos, sobre todo si son tuyos. Cambias un patrón personal
sólo si sientes que esa causa o ese efecto de tu estrategia te
parece liberar de algo. Cedes únicamente bajo la premisa de que
estás dando un brinco hacia tu libertad personal.

Acuario, creo que tu prescencia es imperante para que Aries,
Tauro, Géminis, Cáncer, Leo, Virgo, Libra, Escorpión, Sagitario,
Capricornio y Piscis puedan darse cuenta de cuanta necesidad
tienen de disminuir o de intensificar cualquier cosa que no están
seguros de necesitar. Tú eres quien puede mostrarnos por qué
debemos ceder y dejar ir lo que realmente no nos conviene, no

debería de interesarnos o lo que ya deberíamos de saber que nunca nos pertenecía. Tú tienes el don de saber cómo dejar algo sin terminar y pretender que has cedido al hacerlo. Cuando desechas algo que otros podrían imaginarse de gran utilidad— aunque a veces ni cuenta se dan de que ya no sigue allí—es una manera de dejarnos ver como deberíamos de ceder. Galilileo Galilei, histórico personaje Acuariano, nunca cedió, y cientos de años después, lo perdonaron regiamente cuando en el año 1999 el Papa Juan Pablo II leyó el edicto que le otrogaba su santo perdón. ¡La tierra sí se mueve! Galileo tenía razón.

Acuario, el tuyo es el único de los doce signos astrológicos que pueden sentir, comprehender y representar muchos diferentes y distintos puntos de vista a la vez. Y, cuando le das la razón o no a otra persona, sientes su respuesta antes de aceptarla. Es difícil sujetarte, física o intelectualmente y ¡tratar de persuadirte de que cedas es como soplarle al sol para que enfría!

Fortuna fortunatum es un punto que se calcula para cualquier carta astral y está conectada al factor de la buena suerte de cada quien, que en libros de antaño está ligada directamente al signo de Acuario. Será quizá porque en el fondo de tu ser entiendes perfectamente que cualquier casualidad puede ser un factor de suerte o que la suerte es antítesis de las expectativas razonables. Creo que los demás signos del zodiaco harán bien en escucharte y en fijarse muy bien en tus actos que son poco comunes y nos ayudarán siempre a entender como subirse sobre la cola de una estrella fugaz.

ESTRATEGIAS HACIA LOS OTROS SIGNOS DEL ZODIACO:

ACUARIO Y ARIES. ¡Personalmente, creo que lo mejor que hay que hacer con y en esta combinación es usar el arte adivinatorio! Aries no sabrá como ceder para que tu escojas, y si dejan todo a la buena de Dios los resultados finales podrían ser tan finos como si se hubieran pesado con medidas cuánticas. Si así hay una buena estrategia a seguir, excelente, si no, corre en dirección opuesta. Las vibras son tantas porque ambos son signos eclécticos.

ACUARIO Y TAURO. Calma. Paciencia. Toma una decisión. Reposa. Habla de nuevo con Tauro para que vea tu punto de vista. Tómense un trago. Trata de que Tauro ceda, que cambie de método o de forma. No se va a dejar. Quizá no sea totalmente divertido, pero crear estrategias con Tauro siempre valdrá la pena, parecido a un doctorado en el exquisito arte de ceder.

ACUARIO Y GÉMINIS. Acuario, tú sabes instintivamente que casi cada uno de nosotros compartimos nuestro corazón. Le puedes mostrar a Géminis como darle cabida a las vicisitudes de los sentimientos mostrandole como usar las palabras adecuadas en el momento adecuado, sin ceder bajo presión. Géminis te dejará sólo Acuario, pero si existe un común denominador para encontrar la llave de la felicidad lo pueden hallar conjuntamente.

ACUARIO Y CÁNCER. Preferiblemente tú, Acuario, aunque Cáncer tiene oportunidad variada, encontrará cómo concederle nuevos significados a actitudes viejas o pasadas. Eso es como iluminarse el paso, ¿o no? Cáncer podria aprender una gran lección dentro del ámbito de perdonar y Acuario tiene que aprender a regocijarse sin triunfalismos.

ACUARIO Y LEO. Leo se rinde o se sacrifica. Acuario cede y accede al verdadero cambio. Atrévanse a dejar cualquier estrategia para otra ocasión y busquen algo riesgoso. Están a años luz de distancia en su manera de pensar pero no hay que olvidar que tanto Leo como Acuario tiene mucho que darle al mundo y a sus conciudadanos. Más de lo que admitirían y más de lo que suponen. ¡Un gran gracias con mayúscula de parte de todos!

ACUARIO Y VIRGO. Sométete a Virgo—aunque te cueste trabajo—con un toque formal y te aprenderás algo nuevo, de efecto inmediato y benéficioso. No respondas si Virgo hiere tu orgullo, de una vez por todas, cede de la manera mas sencilla, porque te estan dando excelente consejo. Si crees que no podrás soportar tanto consejo, cambia de signo y si escoges ser Leo, sacrifícate.

ACUARIO Y LIBRA. Trata de mirar las cosas desde un punto de vista filosófica, y aplícalo como tú creas que deba de ser. Si puedes convencer a Libra de ceder con tus palabras ya no tienes otra deuda que pagar. Uniendose, podrán aumentar sus lazos y amplificar los resultados de sus estrategias. El lenguaje en esta combinación, tendrá mucho que ver.

ACUARIO Y ESCORPIÓN. ¿Y si alguno de ustedes dos—con grandes probabilidades de que sea Escorpión—llegara a la cita el día y a la hora equivocada? ¿Cederían ante una excusa? Probablemente no. Guarda la calma y el sosiego y esperemos que eso no vuelva a pasar. En otras palabras, no toda la hierba al que le dicen mala es dañina.

ACUARIO Y SAGITARIO. Acepten ambos ser centro de atracción, déjense adular, permitan que los mimen y que bueno si les ofrecen un premio o una gloria. Dénse la oportunidad de echar un grito de alegría al cielo para los que te han ayudado a triunfar vean lo que eres capaz de gozar si te cedes la oportunidad adecuada.

ACUARIO Y CAPRICORNIO. Si estás de malas, cancela tu cita. Capricornio no olvidaría un desaire ni deberías de hacérselo. Tú, si te atreves, tienes la capacidad de alterar el futuro aunque no creas en las máquinas del tiempo. Muéstrale a Capricornio tu fuerza de voluntad sin herir. Sueña, y hazle entender que ser dogmático no sirve para enlazar emociones.

ACUARIO Y ACUARIO. Olvida todas las estrategias que te has imaginado, no hagas preguntas y cede para proclamarle algún honor a tu conciudadano de signo. Celebren juntos, que no hay quien pueda juntarse con más alegría que ustedes. Averigua la fecha de su cumpleaños y invita a todos los Acuarios que conozcan. Diviértanse y verás como ceder puede ser impactante.

ACUARIO Y PISCIS. Dale vueltas al asunto para que Piscis no tenga queja que darte y junta toda la información que puedas para estar preparado/a por si Piscis se suelta el pelo y te hace confidencias que ni soñabas averiguar. Cuidado, que esas mismas emociones podrían obstruir una estrategia productiva. Piscis necesita ceder y seguir un plan de trabajo o un horario y desafortunadamente tú no eres quien puede proporcionárselo. Salvo si ambos son astrólogos, porque entonces sabrán como ceder ante lo conveniente y contemplar el mundo a sus pies.

Piscis

estrategia: escapar

*"Esos placeres a las cuales tan ligeramente se les
llaman físicos".*

—COLETTE

La estrategia que encontrarás dentro de esta sección está con-
figurada para mostrarte a ti Piscis, que la responsabilidad que
cargas para con el resto del mundo tiene tanto que ver con ayudar
a los que necesitan escapar de situaciones difíciles como tienen
importancia los sueños en tu vida. Instintivamente, aunque no
hayas leido un solo libro de sicología guías a quien te busca hacia
la salida adecuada o la entrada perfecta. El entender los sueños es
otra de tus fuerzas y hay quienes juran que sabes transformar los
sueños propios o ajenos en estrategias que hacen felices a sus
estrategas. Con ese instinto naciste y por eso mismo tienes un
deber del que no puedes escapar.

Cualquier signo del zodiaco, Aries, Tauro, Géminis, Cáncer,
Leo, Virgo, Libra, Escorpión, Sagitario, Capricornio y Acuario
está en ventaja si te tiene a su lado porque expones, propones y
muestras qué camino tomar siempre y cuando lo necesitemos.
Sabes discernir entre lo simplemente cómodo y lo que puede
mejorar toda una vida. Eso sí, necesitas actuar con cautela porque
tienes una cierta tendencia de caer fácilmente en un escapismo
personal poco fiable para tu propia persona. Es decir, ayudas a tus
semejantes a escapar de lo que deben, mientras que tú, a veces,
aprofundizas tus errores por no darte tiempo o no atreverte en
pensar como salir airosa/o de un embrollo o de una dificultad.

Como autodefensa posiblemente creas que tu id, tu ego o tu superego te ayudarán a escapar, y está bien si los usas como chivos expiatorios—uno, dos o los tres—pero no está bien si crees que puedes sin una estrategia que cuente con los demás. Tú necesitas escapar de ti, porque tienes tanta costumbre de ayudar cabezas ajenas que se te olvida escoger con objetividad lo que te incumbe. ¿Te parece complicado? Tú eres, de todos los signos del zodiaco el más complicado. No trates de escaparte de esa realidad. Acéptala. Escoge como desenredarte para fortificar tu propio mecanismo de defensa. Acumula lo que puedas, esfuérzate para lograr lo que tú llamas lo perfecto y deja que otros compartan contigo ese maravilloso pensamiento *carpe diem,* captura el día.

Eres quien puede con absoluto abandono echar un clavado a lo que llamamos alegría mientras los demás no saben como evadir sus pesares, de vez en cuando, ni cuenta te dás hasta que estás en medio de algo que aun tienes que definir. Tu alma, llena de misticismo, sabe como mostrarle a quien gustes intercambiar humores. Uno bueno, por uno malo o vice versa, con chispeo y refulgencia. De nuevo, el escape perfecto. Por lo general, lo haces nada más porque sí, porque eres Piscis. Y, por ser Piscis sabes manipular y motivar a los demás para que eluden asuntos difíciles o desagradables que consecuentemente conviertes en un escape temporario o simplemente una abstención clarividente. Lo único que eres incapaz de hacer—creo que nadie puede—es hacer que quiensea escape de lo que le depara su propio destino, porque el destino es dentro de lo que te encuentras en este mismo instante como un resultado de lo que ya has escogido. Espero que bienaventuradamente.

ESTRATEGIAS HACIA LOS OTROS SIGNOS DEL ZODIACO:

PISCIS Y ARIES. Debe de existir una abundancia de acceso fácil entre ustedes. Pasar de una cosa a otra, de una situación fácil a una difícil o de una idea clara a una idea confusa no tendrá barreras innecesarias si dejas que Aries dé el primer paso. Tú, Piscis no trates de escapar de dar el segundo. Podria ser como el amor a primera vista, sin escape posible o podrían intercambiar la palabra amor por algo saludable y quizá tú, Piscis, salgas ganando.

PISCIS Y TAURO. Una aventura o un escape hacia nuevos horizontes está a la vuelta de la esquina para los dos, antes de que puedan pensar en una estrategia a largo plazo. Esto no es predicción. Esto es un hecho. Si sientes alguna tensión, busca un cambio estratégico que sacudirá a Tauro. Aunque sea una sacudida poco usual, bien valdrá la pena.

PISCIS Y GÉMINIS. La conclusión de la estrategia emprendida podría no ser de tu gusto total y posiblemente mucho menos llenar las expectativas de Géminis. Deja una llave de escape para que en dado momento puedas dar vuelta en "U", y sin lastimar, partir. No se hagan promesas inválidas; la facilidad y la ligereza es lo más conveniente. ¡Inclusive si solamente se trata de hacer un pastel!

PISCIS Y CÁNCER. ¿Irrealistas? ¡Y qué! No se limiten. Distracciones muy agradables son los premios mínimos; ¿situaciones fuera de lo común? ¡Mejor para ambos! Suertudos Piscis y suertudos Cáncer cuando se juntan. Sobre todo si se prometen algo del que no hay escapatoria.

PISCIS Y LEO. Tu gente Piscis, debe explicarle los diferentes planes de escape que podrían sucitarse a su gente (de Leo). Si no lo hacen, se encontrarán al final de un camino o de una estrategia algo estrafalaria, buscando lo mismo en un mundo desconocido. Una confrontación no mejorará nada, tendrían que empezar de nuevo. Con tus y sus explicaciones ya puestas sobre la mesa.

PISCIS Y VIRGO. Lo peor que puede pasarles, es recurrir al silencio creyendo que así cada uno se saldrá con la suya. No se vale un autoescape en silencio. Mejor, comiencen discutiendo el hecho de que por ser signos opuestos pueden llegar a un equilibrio sincero. Hablen de corazón y escúchense.

PISCIS Y LIBRA. Combinación perfecta si piensan escribir un libro sobre los sueños, no para consultarlos. Comparen ideas y aligeren sus tristezas. Podrían entrar a un concurso de aparatos científicos, o crear una máquina de tiempo que mejoraría el de *HAL* (de la película *2001: Space Odyssey*) para hacerlo aparentar como un vejestorio. Estrategias para un mundo futuro, que lo mejora, por favor.

PISCIS Y ESCORPIÓN. Tendrán que destruir algo para que las cosas vuelvan a la normalidad. Pero tú, Piscis, podrías ser el perfecto artista orate para inspirar a Escorpión y logre expresarse de una manera nueva. Deja que tus chispas iluminen el fuego de Piscis. Y, si esto no funciona, inviertan las chispas, la locura y la diversión. Eso sí, cuídense un poco.

PISCIS Y SAGITARIO. Sagitario puede tomar cualquier caso y volverlo un ejemplo honorario de algo de la cual debería—dirá—scaparse. Y, Sagitario tiene una velocidad impresionante. Necesitan bases sólidas para llegar a un acuerdo que realmente valga la pena. Hacerlo bajo el cielo abierto siempre es una buena estrategia.

PISCIS Y CAPRICORNIO. Ninguno llega con desventaja cósmica. Es más, si todo no tiene un final feliz o si algo les decepciona le pueden echar la culpa al clima o hay una luna llena inconveniente. Otros tratarán de escapar de su fuerza bien combinada pero aunque lo logren, ustedes dos salen ganando.

PISCIS Y ACUARIO. Tú, Piscis, tendrás oportunidad para mostrarle a Acuario tu verdadero yo, ¡y espero que sea el lado bueno! Si no es así, Acuario podría tomarte por perdido, o caso perdido, cosa que no te conviene pues si le pisas el callo de su energía escapatoria, se siente acorralado y ¡no hay estrategia que aguante! Lo mejor es ser algo inconvencional, pero de modo positivo. Y si pueden usar algún esfuerzo físico como panacea, tanto mejor.

PISCIS Y PISCIS. Escápate de todo lo desagradable, de cualquier desacreditación, de acciones sin sentido y de maldisposiciones. Parecería evidente que son opciones que deberías tomar sin consejo, pero habrán momentos en tu vida durante tú, Piscis, te escapas de la realidad y no eres capaz de ubicarte. Qué tal que ese Piscis que tienes enfrente está pasando por un momento nefasto, y tú, te lo topaste. Con dos Piscis, mejor tres. Entonces, no hay mal que por bien no venga, todo se aclara y los altibajos se convierten en sueños realizados.

CAPÍTULO 4

NEGOCIAR

*T*enemos la necesidad de negociar tarde o temprano en nuestras vidas. Es más, muchos lo hacen diariamente. Algunos varias veces al día, bajo todo tipo de circunstancia. Negociamos con nosotros mismos y con otros, con o sin la intuición adecuada. Algunas personas usan terápia, otras, consejeros financieros, otras emplean amigos y otros simplemente consultan las estrellas porque negociar no es una simple técnica empresarial. Negociar forma parte de vivir contentos. Negociamos con padres, amigos, amantes, hijos, plomeros, carpinteros, banqueros, con nuestras mascotas, los doctores, hasta con nuestros rezos, algunas veces con nuestros enemigos, con simples conocidos y hay veces que negociamos con quien se cruce en nuestro camino. Negociamos puntos de vista, tiempo libre, posibilidades de trabajo y de amor. Inclusive, negociamos que tan ignorantes queremos ser sobre tal o cual cosa y que tanto por centaje de individualidad queremos tener en cualquier asunto. Negociamos también aquellas cosas de nuestra vida diaria que damos por sentado o sabido; como cuanto tiempo pasamos en realidad haciendo tal o cual cosa; cuantas lagartijas nos acostamos a hacer o cuantos minutos duramos sobre la bicicleta haciendo ejercicio.

Negociamos lo que comemos—un poco más de papas fritas por favor—¡y hay veces que negociamos sin darnos cuenta! Negociamos al sonreír, cuando decimos que sí o asentamos algo, cuando informamos que nuestra respuesta es no, o un jamás, a veces un quizás negociamos hasta nuestro silencio. Y definitivamente negociamos el camino que tomamos para triunfar o vislumbrar el éxito que soñamos. A veces, negociamos y perdemos, pero con suerte, negociamos de nuevo y todo cambia para bien. La palabra negociar es una combinación del prefijo latino *neg* y la palabra *otium* que significa *no ocio*. Bien definido, el acto de negociar no es algo que necesariamente deba ser cómodo ni sin tensión. Es algo que hacemos como reto interno, una interacción compleja que los humanos tenemos entre nosotros, y no descarto los seres vivientes, sino que en este libro hablamos de la inteligencia astral de los humanos. Todos sin excepción están involucrados con sus propios sueños, con la buena noticia de que el negociar también puede ser muy divertido.

Negociar tiene su propia maestría, destreza y habilidad y cada signo astrológico tiene su propio común denominador para hacerlo. Cada entidad zodiacal trae su propio estilo y ritmo a la mesa negociadora. Felizmente, no hay límite para las maravillosas oportunidades que te puedes construir. En el budismo zen hay un dicho que lo ejemplifica; todo fluye de tu propio corazón. Con la ayuda de este capítulo, aprenderás a conectarte con tu modo o modum negociador interno. Recuerda que naciste al alcance de uno de los doce signos astrológicos y con ellos como punto de partida, verás cual es la manera más conveniente para que negocies con quien quieras bajo cualquier ocasión, o pretexto. Eso que llaman la buena vibra está a la mano, y verás como conseguir que esa vibra fluya de ti hacia afuera, y de los demás hacia ti, de acuerdo a tu propia fuerza cósmica, sumada a la de quien tú decidas.

No hay ninguna conducta que pueda asegurarte una conducta que de un cien por ciento de resultados positivos, pero es absolutamente comprobable que si comprendes algo de los modos de actuar y las formas de negociar de los otros signos astrológicos además del tuyo, tendrás una gran ventaja. Las acciones en los capítulos anteriores representan actividades que puedes planear solo o sola. Pasar a la plataforma de negociar es como una llamada del teléfono despertador para intentar obrar recíprocamente. Sabrás entender como considerar todo tipo de factores externos, como las emociones ajenas, los niveles de confianza y los pareceres de los que te interesen para tal o cual cosa. Con esta información aumentarás y acrecientas tus habilidades para tratar, pactar, interesar, girar, especular, convenir, comerciar, ponerte las botas y simplemente negociar en general. Mientras navegas por todas las posibilidades que que te permiten negociar utilizando esta sabiduría astrológica, tus relaciones tanto profesionales como personales, se convertirán en un conjunto de edificaciones que te permitirán tomar ese primer paso dentro de ese futuro con todas las mejoras que mereces y que aprenderás a escoger convenientemente.

Aries

negociar: comenzar

"En mi comienzo está mi fin".
—T.S. Eliot

*E*ntenderás mucho mejor las profundidades de Aries al saber que David, el jóven bíblico cuya piedra derribó a Goliat, es el prototipo estelar del signo astrológico de Aries. David era un provocador, sin lugar a dudas. Aries llevan su intrepidez con la misma fuerza que llevan su nombre propia. Cualquier negociación te complace al principio Aries, porque los llamados primeros pasos se te dan con facilidad. La espontaneidad además de las tentativas y los intentos son tus compañeros vitales, además de que quien contemple compartir tiempo, dinero o espacio contigo debe esforzarse a entender esto mismo. Así como el refrán; nunca tendrás una segunda oportunidad para hacer una primera impresión suena totalmente tuyo, el primer paso de cualquier negociación o trámite lo llevas como recuerdo de todo lo que sigue. Tú, Aries, siempre sabes como abrirte paso para que ese mismo recuerdo o tono tenga más de lo que a ojo de buen cubero ofrece. Los involucrados—contigo—tienen algo ganado solamente por el hecho de negociar en sí. Y que no se preocupen sobre el punto siguiente o los largos plazos. Que hagan lo que sea su voluntad porque tú valoras y actuas por impulso. Entras de lleno y piensas después. ¡Te echas a correr y a media cuadra tienes que recordar hacia donde vas! Y, los demás, que te sigan, si se atreven.

El momento adecuado es importantísimo, todo pasa con una rapidez impresionante y las oportunidades no abundan. Para

Aries, todo lo que comienza es el momento adecuado. Yo, personalmente, podría hablar eternamente de Aries. ¡Mi madre era de este signo y secasó seis veces! Para ella, cada matrimonio al comienzo era—según ella—para mejorar todos los errores del pasado y cada matrimonio al principio era un nuevo prodigio lleno de alegría y felicidad. Es más, jamás he conocido hombre alguno que la haya conocido que no la recordará con un poco de reverencia además de admiración. Como Aries ejemplar, les puedo asegurar que ella nunca contemplaba los finales de sus enlaces como fracasos; sino que como una preparación para un nuevo comienzo. Tenía la capacidad de poder convencer a aquellos hombres brillantes—todos fueron intelectuales de primera instancia—que el desear que las cosas funcionarán eliminaba todo lo negativo de manera correcta. Ustedes, todos los Aries que tengan la oportunidad de leer estas lineas recuerden y aprendan que el gozo, el regocijo y la exuberancia de todos los comienzos es el bastión de tu signo. Cuando cualquier otro signo inicia algo, una chispa tuya se alumbra y nos permea para hacer de ella el fuego del tamaño que negociemos hacer.

Un poco de cuidado es menester, hay veces en que te aburres antes de terminada la negociación y crees fácil comenzar algo totalmente nuevo prezteza es parte de tu escencia. Asegúrate de terminar lo que has comenzado a negociar antes de decidir que tienes suficiente. Por el bien de todos los que te siguen, por favor.

CÓMO NEGOCIAR CON LOS OTROS SIGNOS DEL ZODIACO:

ARIES Y ARIES. Para Aries, negociar con Aries hay una sola regla. Solamente uno de ustedes pueden estar a la cabeza. Si esto no lo aclaran, habrá agresión en menor o mayor grado que aparecerá posiblement de ambos. Antes de emprender algo entre ustedes, negocien quien será el que se adaptará y quien deferirá su asunto—eso sí, no te deshagas de tu espontaneidad.

ARIES Y TAURO. Mientras tú, Aries, sientes o piensas que estás al timón de la negociación, todo irá viento en popa. No olvides, sin embargo, que Tauro tiene mucha destreza para ver la luz al final de casi todos los túneles. Si dejas que Tauro esté a la cabecera durante la segunda mitad del trato, tendrás una mejor oportunidad de realizar tu meta y de concluir satisfactoriamente el propósito.

ARIES Y GÉMINIS. Todo saldrá bien siempre y cuando tú, Aries, puede hacerle entender en primera instancia a Géminis que como dice en el *Tao Te Ching* (*I Ching*): "Aquello que miramos y no vemos se llama sencillez". Aquello que escuchamos y no oímos se llama rareza. Aquello que anhelamos y no podemos obtener se llama pequeñez. Aries, el tuyo es el único signo que podía hacer que Géminis busque verdaderas respuestas y aprofundice en los suyo. Tómate el tiempo necesario para hacerlo, negocia con calma.

ARIES Y CÁNCER. Aries negocia razonando, mientras que Cáncer siempre lo hará emotivamente. A causa de esto mismo, Cáncer tiene un mejor sentido de ritmo y realidad, dos aspectos importantes para cualquier negociación. Escucha Aries, y si lo que Cáncer tiene que decirte te parece poco claro, espera a que la luna cambie de signo, algo que no tarda más de tres días. Algo que le hará cambiar de humor con toda seguridad.

ARIES Y LEO. Muestra lo mejor que tengas que ofrecer al negociar con Leo. Cualquier cosa se puede negociar entre ustedes aunque te parezca complicado. Sus egos entran en fricción, así es que no descarten una tercera persona de otro signo. Una vez echado a andar su negocio, muchos les seguirán.

ARIES Y VIRGO. El enemigo común de los dos es la palabra procrastinación. Por favor, cambien o adapten su horario para que pueden realmente aprovechar cualquier ocasión. Ambos tienen mucha imaginación así que no descarten una idea que pareciera ser descabellada, ¡pues podría ser jústamente lo que el viento no se llevó!

ARIES Y LIBRA. Una combinación del Ying y el Yang en su apogeo. Uno da, el otro toma, dependiendo quien tiene acceso a qué. Entretanto, no dejes de decir exactamente lo que piensas. Nunca menosprecies la previsión del Libra aunque no entiendas lo que dice. Te está negociando una mirada en otra dimensión, pues es tu signo opuesto y tiene mucho que darte.

ARIES Y ESCORPIÓN. Ningún nivel de acceso tiene importancia al negociar entre sí. La agudeza de ingenio de Escorpión le llevará a descubrir todo lo que pudiera suceder. Recuerda los detalles, porque podrías resbalarte sobre las mismas tonteras simplemente por no querer aceptar que las equivocaciones que Escorpión te señala están allí, aunque poco visibles.

ARIES Y SAGITARIO. Puede haber un entusiasmo ilimitado y si sus negociaciones emprenden vuelo veloz, el poder de ambos se acresentará beneficiandolos. ¡Ay Aries! No olvides lo que al principio te parecía tan positivo, porque Sagitario podría aprovecharse y negociar todo a su favor. Apunta todos los detalles, no cambies tus tiempos y examina tus derechos.

ARIES Y CAPRICORNIO. Capricornio medirá todo y pesará cada palabra, así que vé como cuando y dónde puedes hacer lo mismo. Nada de malentendidos. Las conclusiones del trato no tienen porque no ser a muy largo plazo y las incongruencias caerán por su propio peso. No te des por vencido, Aries, tú y Capricornio podrían negociar una entrada al cielo y aunque fuera por separados.

ARIES Y ACUARIO. Acuario podrá lograr acciones que aparentemente no tienen derecho ni revez pero que acaban siendo soportes para algo impresionantemente interesante y/o novedoso. No hay reglas para sincronizarte con ellos, métete de lleno y atrévete a lo que sea. Ahora, si no existe algo placentero entre ustedes, acondiciona tu calidad. Habrá algo que valga la pena pero quizá en menor cantidad.

ARIES Y PISCIS. Piscis considera cualquier negocio como una odisea, y siempre habrá un toque de nobleza, grandeza o hidalguía en su propuesta. Creen conocer el resultado y no siempre es el caso. Si tú puedes darles ese empujón magnanime, responderán adecuadamente y tendrán inumerables abonos enriquecedores. Poco a poco, mucho.

Tauro
negociar: aguantar

"Es seguramente dañino para las almas hacer herejía
el creer en lo que ya está comprobado".
—GALILEO GALILEI

*T*auro sabe que ser es resistir. Nadie aguanta mejor que tú, Tauro. Tauro puede soportar o obstruir una eternidad. Para Tauro, aguantar no tiene nada que ver con esperar. El significado de ambas palabras discrepan totalmente para Tauro y una vea que ustedes han digerido esto, se abre una infinita posibilidad de negociación de cualquier tipo además de que todo es posible, salvo si alguien trata de apurarte, pues traes tu propio ritmo por dentro y los demás tendrán que aguantarlo. Tú tienes que darte el tiempo necesario para decidir si lo que negocias será temporal o permanente. Para ti, Tauro, lo más importante es que puedas tomar el tiempo propio para negociar contigo mismo/misma para encontrar tu propio equilibrio interior.

Si de casualidad este proceso tarda más de lo que Aries, Géminis, Cáncer, Leo, Virgo, Libra, Escorpión, Sagitario, Capricornio, Aquario y Piscis esperaban, ¡mala suerte para ellos! ¡Que se aguanten! Y tu espíritu, Tauro, tan lleno de emoción que los guíe para que aprendan a relajarse. Tú, mientras tanto, cuando ya negociaste con tu propia persona, tendrás una fuerza inaudita para poder controlar cualquier situación con absoluta destreza. Tus fuerzas personales son los cinco sentidos. Mientras más los sacíes, más podrás triunfar. Un aroma placentero siempre te estimulará, el sabor más delicioso te permitirá soñar, lo que alcanzes a tocar con ternura activa tu cerebro, una bella vista te nutre de energía y cualquier sonido melodioso ayuda a sincronizarte. Tú, Tauro, tienes una naturaleza maravillosamente fuerte que puede optimizar lo que quieras con un toque de cualquiera de tus sentidos en avanzada. Los tuyos, o el olor, el sabor, el tocar, el ver o el escuchar los de otra persona, en beneficio tuyo.

Aquellas personas que tienen que ver con Tauro necesitan tomar conciencia de que al negociar cualquier cosa con estos tezudos, aprenderán más de su propia persona de lo que esperaban. La razón de la negociación no tiene tanta importancia como lo tiene el cambio que cada uno puede hacer en sí con Tauro a su lado. A Tauro, siempre le interesará más las razones detrás de la negociación que el resultado final. Otros pueden negociar todo lo que deseen porque si aguantan lo suficiente, todo tendrá un resultado feliz a la larga, aunque a la corta dejará algo que desear. Y recuerden; algunas fuentes astrológicas de la antiguedad dicen que Tauro es el único signo que puede evitar que un perro le muerda con pura fuerza de voluntad. ¡Eso sí que es el máximo recurso de negociar! ¿O no? Una palabra de cautela para Tauro: tú necesitas otorgarle a los que te rodean el beneficio de la duda. Antes de negociar, respira honda y profundamente, siéntate en un lugar cómodo que agrada a uno, dos, tres, cuatro o cinco de tus sentidos, si aguantas sentarte en ese lugar escogido durante más tiempo que lo previsto, ¡estás encaminándote a negociar lo que sea tu voluntad!

TAURO Y ARIES. Es parte de tu naturaleza, Tauro, guardar cosas y rescatar ideas. Puedes, por lo tanto, mostrarle a Aries todo lo que tenga que ver con aguantar para que los Aries vean por sí mismos que ¡tiempo gastado en el aguante no es en balde! Quizá de ti podrán aprender a soltarse un poco. No importa que no seas todo lo práctico que él o ella quisiera, al juntarse ustedes no existe ese llamado tiempo perdido.

TAURO Y TAURO. El sicoanalista mundialmente conocido Sigmund Freud era un Tauro y ¡si alguien sabía como negociar con el psique de los humanos o como hacer que ellos negociarán personalmente con el suyo era él! Dos Tauros juntos, pueden contar con esa reserva de habilidad para aguantar lo que fuese, lo que sea, lo que quieran. La consecuencia podría ser más complicada de lo que se imaginan.

TAURO Y GÉMINIS. La adaptabilidad, aunque no sea uno de tus rasgos más sólidos, es menester para cualquier interacción entre ustedes. Quizá tengas que extenderte más de lo que quisieras para acomodarte con Géminis. Si puedes sorprender a Géminis enseñándole algo nuevo te estarás haciendo un gran favor Tauro, porque Géminis está en su mejor forma al unir fuerzas.

TAURO Y CÁNCER. Entre los dos, fijense algún tipo de horario— ¿minutos, horas, días, años?—porque de lo contrario podrían perderse en preeliminarios y nunca llegar a la negociación del momento. Cáncer siente necesidad de compartir, así que si excluyes a Cáncer de ese proceso podrías perder su atención y su interés. Cuidando su compás, todo saldrá adelante.

Cómo negociar con los otros signos del zodiaco:

Tauro y Leo. Ambos tienen un carácter muy fuerte y si no hacen algún esfuerzo para ser más condescendientes Tauro podría hacer que Leo sienta que pierde confianza. ¡Enredos! Tendrás que escoger, Tauro, quien de ustedes empleará el atrevimiento y quien negociará con ánimo. ¿Se acuerdan de la fábula del león y la espina? Tauro, ¡extírpaselo por favor!

Tauro y Virgo. Tauro, nunca olvides que pasar tiempo con un Virgo aunque bueno para ambos es mejor para ti. Virgos son los seres perfectos para darle al clavo y encontrar como gastar tiempo con calidad, y tú con la buena calidad te enalteces. Los Virgos sabrán exactamente que preguntarte para que sepas si vale la pena aguantar o no. Podrías involucrar contacto físico, un abrazo o un fuerte apretón de manos para cerrar el negocio.

Tauro y Libra. Antes de hacer que Libra gaste un nanosegundo de su tiempo contigo, arréglate y mírate en el espejo. Deberás estar impecable. Así, cualquier negocio será placentero y cautivador. Invierte un poco de dinero en tu apariencia física, mientras mejor te veas, más aguantará ese ser que tiene a Venus como rector, igual que tú.

Tauro y Escorpión. Si la atracción no parece estar en su apogeo entre ustedes, están siendo bombardeados por las influencias negativas de la luna. Escorpión es tu signo opuesto, y cargados como están de influencias celestes, necesitan acomodar sus tiempos para que la luna les ayude. Y lo hará. Busquen una luna nueva, otra luna llena o el tiempo intermedio, y aguantense hasta que vean que todo corre fina y felizmente.

TAURO Y SAGITARIO. Cuando Sagitario siente o piensa que hay una causa que vale la pena, no puede más que aumentar, aguantar o mejorar lo que sea. Busca un común denominador que pueda relacionar (Sagitario) con algo filantrópico y el beneficio será mutuo. No trates de descifrar quien tiene más poder; entre ustedes, uno es realmente optimista, y si negocias adecuadamente contigo mismo/misma Tauro, aceptarás el hecho de que tú no. Déjalo ser.

TAURO Y CAPRICORNIO. ¡Sin escatimar fuerzas, ustedes podrían aguantar y colaborar para hacer algo tan valorable como la famosa Carta Magna! Pero, te tendrás que dejar aconsejar por Capricornio. Si lo haces, no puede haber falla. Pon todo por escrito. Capricornio necesita ver por escrito si algo vale la pena, quien saldrá beneficiado y como. Ni a Tauro ni a Capricornio les gusta darse por vencidos así que o ¡aguantan todo o no hay negocio!

TARUO Y ACUARIO. Un poco de sazón en el negocio—o lo que se le parezca—podría apaciguar las ansias que Acuario pudiera sentir cuando Tauro le pida que aguante o espere. Acuario puede hacer estragos con la negociación porque tiene su propia espoleta de tiempo, que no es igual al tuyo, Tauro. Podrían dejarle algo a la magia, al azar o podrías aguantar mientras Acuario se aproveche, y tú te diviertes.

TAURO Y PISCIS. Antes de comenzar una negociación, antes de aguantar cualquier novedad en esta rimbombante combinación, tóma 24 horas y piénsalo bien. Si sigues adelante a continuación, cualquier cosa puede suceder porque verás que tienen mucho que ofrecerse, cosas en común y tiempo grato si se lo proponen. La *parafernalia* de su encuentro es quizá más importante que el resultado final.

Géminis
negociar: arriesgar

"La libertad no vale la pena si no implica libertad para errar".
—Mohandas Gandhi

Tú, Géminis, en el mejor de los casos estás negociando. Te arriesgas, te zambulles, te arrojas y te atreves a empeñar tu palabra por lo general, como mínimo, una vez al día. Característicamente es de tu especial agrado el negocio que sea, en toda medida. Y, cuando tomas un riesgo influencias a quien esté contigo porque te dejas ver como realmente deseas que te vean; ¡sabes como proyectar tu buena estrella sobre tu persona! Tú sabes, instintivamente que cuando eres tú el que toma la palabra, estás en tu mejor forma, y no sabes instintivamente, como aprovechar el silencio. Por eso, hay veces que los demás quisiera que callaras, y cuando negocias arriesgas lo mejor de ti si aceptas que menos palabras son más oportunidades. Te parece que eres el mejor de los negociadores posibles, y a veces ese es el caso; identificas con precisión las fallas y singularmente sabes qué se puede arriesgar y cómo. Pero por el hecho de que te es tan fácil convencer—en primera instancia—a los que te interesan, puedes olvidar que existe la historia del traje nuevo del emperador. Lo peor que puedes hacer, es tomar una actitud de me-importa-poco-lo-que-hagas, porque podría resultar en que salgas ganando, sólo o sóla, y que pienses que está bien arriesgar el todo por el todo aislado. No quisiera verte como alma en pena, porque negociar con el mundo es tu mejor partida.

Pasas cosas por alto, tomas más riesgos y antes de darte cuenta estás metido en un lío o te encuentras dentro de un verdadero laberinto de pasiones, promovidos por ti sin saber cómo, cuando ni dónde. Y es que no ves las cosas ni los asuntos ni tienes un punto de vista parecido a los que te rodean, porque no te lo permite Mercurio, tu signo rector. Mercurio te cuida pero al igual te persigue, y tendrás que negociar con ese fabuloso planeta para que las 47 estrellas visibles de tu constelación estén 47 veces al día—como mínimo—de acuerdo con tu arriesgada manera de ser para que te ilumines y triunfes. Simplemente por el hecho de ser tan diferente, no quiere decir que no debas tomar riesgos. Para algunos, ganar o perder es todo en la vida. Para Géminis esos términos son totalmente negociables. La simple emoción del proceso de negociar es suficiente para exaltar tus ánimos.

Géminis, tu fuerza debe estar en tu increible flexibilidad encantador. El hecho de que estés leyendo este libro lo comprueba. Tóma otro riesgo y ten confianza en ti mientras negocíes, sin perder tu fina estampa.

Cómo negociar con los otros signos del zodiaco:

Géminis y Aries. Si le repites tres veces seguido a Aries, lo que eres me distrae de lo que me dices, estarás definitivamente haciendo buen uso de toda la energía que tienen que ofrecerse mientras se arriesgan a negociar. Inclusive, con los ojos bendados deberian de hacerlo, y quizá, a la tercera vez—que dicen es la vencida—Aries se tomará el tiempo de comenzar a entenderte y gozarte.

GÉMINIS Y TAURO. Para Géminis, ideas, como uvas, vienen en racimos. Esto no es así para Tauro, quien necesita tiempo para escoger cada uva, ¡y mira con recelo todo el racimo! Cualquier historia, la más corta del mundo, tiene un significado eterno; se escribe, se lee y luego se puede relatar para siempre. ¡Me arriesgo a apostar que tendrás la misma suerte!

GÉMINIS Y GÉMINIS. No podrían hacerse mejor favor que usar imaginación y rapidez en cuanto de riesgo se trate. Cuando dos Géminis negocian, uno de los dos siempre encontrará la palabra adecuada, aunque el momento no siempre será el preciso. Si emplean un instrumento antiguo—una pluma de ganzo para firmar, un lápiz para sumar, etcétera—sería como un amuleto de buena suerte. Y si eso no les funciona, tómense el riesgo de darse por vencidos.

GÉMINIS Y CÁNCER. Cáncer nunca olvidará, y posiblemente no te perdonará, si toma un riesgo que tú propones y Cáncer pierde. Cáncer es quien necesita apapachos I mimos una vez al día, y ¿porque no darselos? muy a tu manera, que seguramente no será la suya. Ustedes son dos signos muy diferentes, a pesar de compartir el mismo mes. Presenta tu caso de manera divertida, no seas evasivo, además, deja que Cáncer use sus propias mañas, algo aprenderás.

GÉMINIS Y LEO. Goethe, quien le echaba la culpa a su carta astrológica por su propio carácter dijo que la virtud excesiva no es más que orgullo recóndito. Estas palabras deben ser tomadas en cuenta tanto por Géminis como por Leo, porque tienen la capacidad de herir el orgullo de cada quien. Deja que el Virgo—como Goethe—intervenga y ayude a poner las cosas en su lugar. Lo que parecería ser una situación imposible, podría volverse un negocio muy negociable sin riesgos.

Géminis y Virgo. Permítanse aclarar el campo en el idioma que sea o bajo la circunstancia que sea antes de arriesgarse a proponer trato alguno. Si admites, Géminis, que llevas ventaja será como admitir culpa y todo caerá por su propio peso a tu favor. ¡Si dejas que Virgo se queje un poco, le estarás haciendo un favor tan grande que ni se lo imagina!

Géminis y Libra. Géminis, esta es la combinación dentro de la cual arriesgas demasiado si te das por vencido o vencida. Aunque Libra te pida negociar simplemente en paz y con tranquilidad, no cedas Géminis. Posiblemente uno de estos signos piense que el otro es un pesado, así que usa tu don de convencimiento Géminis para hacerle creer que lo que están haciendo es riesgosamente serio. Libra podría dejar todo de lado, y simplemente quererse divertir contigo porque le gustas.

Géminis y Escorpión. Si se molestan o se encuentran defectos es porque no han deslindado responsabilidades. Si las cosas parecen fluir gratamente, trafiquen con placeres y tomen mas riesgos que tengan que ver con placer que con el hecho de negociar. Si son del sexo opuesto, atrévanse a ser más coquetos o conquistadores de lo que normalmente serían, será un riesgo que pudiera traerles atracciones interesantes. Y recuerden, una seducción también puede ser mental.

Géminis y Sagitario. Sagitario es tu signo opuesto, y ustedes pertenecen al grupo de los opuestos que se atraen, aunque eso podría traer su propio riesgo. La combinación se convierte en un flujo productivo. Podrían haber muchas emociones en sus pactos. ¿Por qué no dejar que los demás diez signos astrológicos se preocupen mientras ustedes pongan todo en marcha?

Géminis y Capricornio. Si no ceden y tienen bien planeado como salir ganando, el trato o el pacto o el negocio o el endoso habrá valido la pena. Géminis, recuerda ver y escuchar todo lo que Capricornio tiene que decirte. No hay quien te podrá decir cómo afrontar los riesgos mejor que este serio personaje. Muestrale tú, Géminis, que lo que está de moda es señal y seña de algo que podría valer la pena.

GÉMINIS Y ACUARIO. Se complementan, y uno inspira al otro, pero quien a quien dependerá de un dije, una frase espontánea o un ruego bien colocado. Tanto Géminis como Acuario están sincronizados con el cosmos, las estrellas y la buena suerte que frecuentemente deambula del lado de ambos.

GÉMINIS Y PISCIS. Si dejas que Piscis tenga la seguridad de que su trato o el negociar que tienen ustedes es por su bien y la tiene ganada, estarás reforzando el lazo que los une hoy, mañana y para mucho tiempo. Géminis posiblemente no crea en el karma, Piscis sabe que existe. Piscis puede irritarte pero tú, Géminis, porque no arriesgas tu tiempo hasta que veas que sí puede florecer un logro algo ficticio pero muy positivo.

Cáncer
negociar: asegurar y llamar a cuentas

"La ciencia es para aquéllos que aprenden, y la poesía para los que saben".
—JOSEPH ROUX

Acoplarse, realizar cosas con los demás, y mediar, acciones que tienen muchísimo que ver con tu signo astral cuando negocias, cuando planeas seguir adelante y cuando te preguntas como pasar al siguiente paso, después de mi estrategia. El concepto íntimo del signo de Cáncer involucra su ser con cercanía a tal grado que es necesario que tomes cartas en tu propio asunto, y antes de seguir adelante te auto-evalúes. Le des distancia a tu persona y te atrevas a mirar tu propia personalidad, asegurándote que puedes seguir adelante tal y como eres.

¡Uf!

Podrías llamarle a esta regla de tu propio juego agudeza de ingenio. Yo le puse en capitular asegurar.

Podrías también imaginarte como el mejor de todos los negociadores del mundo y quizá tus negociaciones son las más adecuadas, siempre y cuando no estés tú involucrado, pues cuando apareces en escena, tus emociones siempre están allí al asecho. Necesitas tomar unos pasos hacia atrás y tratar en enfocar hacia lo que ven los demás, porque aunque te parezca imposible, basta con que insistas para lograrlo. Te lo aseguro, y yo, soy Cáncer. Una vez que te liberes de tus ataduras emocionales tu llamado a cuenta es la mejor de todas. La objetividad te mostrará el camino adecuado.

Eres maestro o maestra para fascinar, encantar, divertir o levantarle el ánimo a quien quieras y hacerle creer que tienes a la mano la varita mágica que todo compone y sabe cómo escoger lo adecuado. Pero un momento, que no te has dado cuenta que has perfeccionado tu propia habilidad para mantener a quien esté a tu lado a cierta distancia, a tal grado, que hay veces que cuando estás negociando un punto, una relación o una acción, la persona que tienes enfrente no se da cuenta. Ser intermediario parece fácil, sin embargo alteras tus propios pasos con un desasosiego tal que en realidad, cada vez que usas tu destreza para pactar, ajustar, captar o emitir—sinónimos de negociar en el contexto de este libro—das cantidades inusitadas de ti, y que bueno, porque así te deshaces de tanta carga emocional. ¡Ay Cáncer, si te complicas la vida, pero como nos la compones también! Si algo tiene que ser llamado a cuentas, si necesitas asegurarlo, si persiste en el tiempo aún sin ser comprobado o percibido—un ejemplo podría ser desde el alma hasta los hoyos negros—se te despierta un perfil práctico que seguramente ni sabías tener. No en balde eres dueña de la luna y de nuestra madre tierra históricamente, y es por esto que esas conecciones interestelares las cargas para poder ayudarnos a todos a bienvivir. Antoine de Saint-Exupéry, signo Cáncer, autor de *El Principito* negoció con la imaginación de todos sus lectores al hacerles posible el poder imaginar alguno que otro elefante caminar sobre la luna.

Sentir soledad no es algo que nos haga demasiado daño. A menudo, puede iluminar correctamente lo que uno deba escoger y podría orillarte a usar una parte de tu encanto que desconocías. Incrementarías, quizá, tu creatividad y te permitirá tener a la mano una nueva idea por si acaso aquello sobre lo que estás elaborando el plan del momento está fuera de contexto o no tiene el lugar ni el momento adecuado para negociarse. Cáncer, de vez en cuando no es mala ideas si borras todo—como cuando deliciosa y firmemente usas tu dedo anular para usar el cursor y borrar con un movimiento rápido y seguro todo—y comienzas de nuevo, porque hay veces que te recargas tanto en lo pasado que tus arcas están tan llenas de emociones gastadas que no puedes imaginar algo totalmente nuevo. En lugar de hacerte de lado como hace el cangrejo—símbolo inequívoco de tu signo—enfrenta las situaciones problematicas de frente. Toma tiempo para averiguar como conviene auto-evaluarte y con quien dejarte para realizar un llamado a cuentas. Deja que tu propio ego se esfuerce y tú, toma ventaja de su campo de acción. Te aseguro que lograrás mucho más de lo que te imaginabas si lo haces.

Naciste bajo el signo que tiene mucho, que ganas cuando cambia, cosa que, dadas las velocidades de nuestros días compaginadas con tus siempre cambiantes humores, puede suceder una vez por segundo. Súmalo, y verás que tienes aproximadamente 74.400 oportunidades al día de retarte. No importa cuales sean tus negociaciones, las de este momento preciso son mucho más importantes para ti que las anteriores o las que vengan mañana. Tienes tú, Cáncer la gran oportunidad de cambiar tu realidad para compaginarte con el momento preciso, y hacerles ver a los demás como hacer lo mismo de pasada.

Cómo negociar con los otros signos del zodiaco:

Cáncer y Aries. Habrán momentos durante los cuales Aries simplemente siente que no tiene tiempo para gastar contigo, y mucho menos negociar. Este es tu problema, Cáncer, porque se te pasa la mano a veces de sentimentalismo. Alguno entre los dos—probablemente Aries—tendrá que ponerse una camisa de once varas y producir más de lo que prometió. Podrías hacer creer que el escéptisismo inteligente de Aries no te molesta, pero no podrás ignorarlo.

Cáncer y Tauro. Tauro seguramente tratará de impresionar, apoderarse o mejorar lo que hagas. Y Tauro posiblemente lo logrará. Si le das oportunidad, todo encontrará su propio lugar sin problemas, lo merezca o no. Es una combinación perfecta para ver los dos lados de cualquier historia. Ahora que no estaría de más dejar que pase la luna llena si es que hay una.

Cáncer y Géminis. Géminis siempre sabrá como convencerte de que puedes estar equivodado/a y de que lo que te cuentan, es la única realidad. Pero permíteles cuentarte, ya que así creen en si mismos y no tienes que convencerlos de comportarse mejor. Tienes que hacer lo que tienes que hacer, aunque eso sea sacar a Géminis de su autoengalamiento. Una vez que lo hagas, será como verse (ambos) en un espejo maravillosamente claro.

CÁNCER Y CÁNCER. Para poder ahondar en ese aparente filo de la navaja necesitarán un tercer hombre. Dos cangrejos juntos necesitan una doble dósis de seguridad de alguien que no tiene velas en el entierro ni interés en su negociación. Ese alguien podrá, seguramente, mediar para hacerles ver como pueden producir aseguradamente deleites, arreglar cosas de tal manera que parezcan perfectas y ¡reanimar el mundo entero!

CÁNCER Y LEO. A Leo le gusta llegar al grano casi antes de comenzar. Esto puede colmarte de tal modo que no quieras ver su realidad ni ayudarle a asegurar cosa alguna. ¿Y por qué no te recargas, por esta única vez, y te dejas convenzer aunque quiera comprobarte que lo que es arriba es abajo y vice-versa? La realidad que Leo te ofrece puede colmarte también a ser mucho más productivo/a.

CÁNCER Y VIRGO. Hacer equipo con Virgo aumenta tus fuerzas Cáncer, especialmente si te atreves a emplear un en vez de, o en lugar de como equación equitativa del arreglo o negocio en cuestión. Checa si no estás alargando lo que Virgo quisiera acortar, y no se ocupen de todo lo que aun no ha pasado. Ponganse de acuerdo sobre una cosa en lugar de otra.

CÁNCER Y LIBRA. Ni de broma le hagan caso a lo que dicen que dijo que decía de mí, síndrome negativo de ambos signos. Si lo hacen, habrá una real batalla que les asegurará la inutilidad de su trato. Y recuerden Cáncer y Libra tienen el gran don de saber negociar cualquier cosa de manera excelsa pues prosperan cuando combinan cosas, momentos, ideas. Asegúrense de su propia realidad y dense oportunidades para florecer.

CÁNCER Y ESCORPIÓN. Reconózcalo Cáncer, tu estilo podría amedrantar a Escorpión, pero si puedes hacerle ver que está equivocado, podrían aparece grandes cosas en su camino. Platíquense todo lo que se atrevan a decir, y luego más. Pacientizen. No pierdan una gran oportunidad porque no se han dado tiempo de entenderse bien. Tomen una segunda, profunda, mirada.

CÁNCER Y SAGITARIO. Un maestro zen escribió: "El cuchillo no se corta, el dedo no se toca, la mente no se conoce, el ojo no se ve". El instinto básico de cada signo astrológico es de tal manera diferente que lo que para Cáncer es un dedo, para Sagitario podría ser un ojo. Ver las cosas bajo el mismo punto de vista es casi imposible. Ahora que si entienden esto y se aseguran respeto mutuo, algo simplemente negociable podría convertirse en fabuloso.

CÁNCER Y CAPRICORNIO. Un espíritu de equipo es excelente para los dos, especialmente siendo opuestos. Cáncer tiene que entender que cometerse no tiene que ver con eternidades. Una vez puesto en marcha su trato, pueden llegar a ponerse de acuerdo si Cáncer no hace caso de tonterías y Capricornio tiene oportunidad de hacerle a Cáncer critica constructiva. No le echen la culpa a las circunstancias de nada, ambos saben como asegurarse de que la realidad está presente.

CÁNCER Y ACUARIO. Acuario tiene fama de ser una persona recalcitrante, pero con Cáncer su misma obstinación puede ser divertida. Podrían ponerse de acuerdo sobre como desobedecer, o hacer algo que podria ser calificado como fuera de toda realidad. Asegurarse de que algo vale la pena sería excelente, y si prospera, el resultado final tiene tanta posibilidad de sacarlos de pobres como aquel que ¡pueda quitarle la sal al agua de mar!

CÁNCER Y PISCIS. Una miriada o un sin número de ideas con todas las variantes posibles pueden y deben surgir entre ustedes. Si tanto Cáncer como Piscis se desenvuelve con soltura. Mientras planean, trazan y enlazan ideas, olvídate de lo que quisieras asegurar o tengas que mirar como una llamada a cuentas Cáncer, salvo que realmente te sientas perdido. No le pierdas el respeto a Piscis, y ten en cuenta que un buen baile se hace entre dos. Cáncer y Piscis se necesitan.

Leo
negociar: vulnerabilidad

"El opuesto de hablar no es escuchar. El opuesto de hablar es esperar".
—FRAN LEBOWITZ

¡Que no cunda el pánico! Leo, tú no eres el vulnerable en este capítulo; es que cuando te acercas a la gente, ellos se vuelven vulnerables por tu prescencia. El hecho de estar presente puede hacer que los que están contigo pierdan compostura, se sienten como parte del título del maravilloso libro, *Las venas abiertas* de o se sientan inseguros porque les exiges demasiado sin darte cuenta.

Si no tenías consciencia de este don, talento o capacidad, ya lo sabes. Es un poder que asegura fuerza pero también amedrenta ventaja.

Sólamente hay dos cosas que pueden amagar tu valor o tu ánimo; la falta de harmonía y la ausencia de órden. Estos dos efectos son de vital importancia para tu bienestar. Mientras más aprendas a dominar y controlar la disonancia y el desorden, mejor para ti, y mejor para tus seres queridos.

Tu destreza está en disminución cuando no estás a cargo de algo, pero para estar a cargo de algo necesitas calma interior.

Casi todos los que te conocen creen que lo tienes, y tú sabes lo mucho que te cuesta estabilizarte. Si recordaras que te refuerza verte en el espejo una vez al día, y lo hicieras, platicándote y con valor, animándote personalmente, estarías haciéndote el mejor de los favores posibles. Lo mejor de tu signo astral, el poder brillar, resplandecer y reflejar alrededor tuyo todo lo que se necesita para que otros sepan que tú mandas saldría a flote. Hay veces, que con una sola mirada, *te animas* (*o animas*) y te das la oportunidad de ver claro. Una vez aseguradoa, los demás se sentirán igual de seguros, tanto como tú quisieras que se sintieran. O que pienses que deben sentirse. Aunque la verdad sea dicha, raramente crees; tú por lo general, ¡sabes!

Desafortunadamente, esta total seguridad envuelta en tanta harmonía no siempre está disponible, y es precisamente allí endonde aparece la vulnerabilidad. A veces, en el mejor de los casos para algunos y en el peor de los casos para ti. Hay veces, cuando estando tú presente, pareciera que no sabes como poner las cosas en su debido lugar, frecuentemente esto pasa porque no te atreves a poner a buen uso ese orgullo maravilloso, majestuoso y magnánime con que naciste. Algo que puede hacerte ganar bajo toda circunstancia. Recuérdalo. A falta de las tres m's, pierdes fuerza y te vuelves vulnerable.

Tu exhuberancia es a veces tu peor enemigo; convirtiendo tu fuerza en tu punto más débil porque se transforma en la espina de la pata del leon. Échate a tu misma cara que tienes tendencia a exagerar, aunque personalmente yo quisiera tener algún Leo a mi costado en cuanto decida yo negociar porque eres tú quien mejor puede crear algo para beneficio ajeno. Yo le llamo la generosidad negociadora de Leo, y si te tomas un momentito para recitarte, eres lo que pensamos—una parábola budista—te darás cuenta que es un regalo el nacer como Leo, y comprenderás porqué nunca debes darte por vencido, salvo si eso te permitiera borrar toda vulnerabilidad.

Cómo negociar con los otros signos del zodiaco:

Leo y Aries. Si no hay por lo menos una chispa de algo agradable en su interacción, olvídenlo. Puede ser una combinación divertidamente cotorro, aunque las cosas podrían complicarse ¡si los silencios se convierten en armas o una de las manos dadas está llena de sudor! Todo depende de lo confuso que ambos quieran ser o de las ventajas que alguno quiera sacar. ¿Vulnerables? ¡Ninguno!

Leo y Tauro. Mientras no trates, Leo, de mostrarte como un ser superior, bajo cualquier pretexto, Tauro no se sentirá encajonado, algo que detesta. Se recomienda un poco de precausión cuando ustedes están por tomar acuerdos, aunque cualquier tormenta bien valdrá la calma y tranquilidad que deja por su paso. Si dejas que Tauro diga la última palabra, ambos podrán disimular sus hurtadillas sin huella posterior.

Leo y Géminis. Géminis puede conseguir de Leo lo que quiera, inclusive puede hacerle creer que lo que sabe ser mentira, vale la pena respaldar. Un poco de prácticas poco ortodoxas podrían recubrir cualquier contratiempo. Si no se tienen confianza, comiencen de nuevo. Los chismes de uno, divierte al otro. Las maldades del otro, divierten a uno. ¡Buena suerte pues!

Leo y Cáncer. Si crees, Leo, que la vulnerabilidad de Cáncer es muy obvia, te equivocas. Cáncer sabe demasiado bien cómo nadar contra corriente y darle la vuelta a cualquier obstáculo ¡aunque sea de realidad virtual! Cuidado, Leo, tú podrias ser el enjuiciado, aunque si las negociaciónes van más allá de lo previsto, podrían terminar en una gran fiesta. Y por qué no, en París. Hemingway, autor de *París era una fiesta,* era Cáncer, y ¡la Ciudad Luz parece ser signo Leo!

Leo y Leo. Dos personas que se divierten y saben como cambiar de relación a tal grado, que toda negociación puede acontecer bajo cualquier pretexto; tantos—pretextos—que se creerán invulnerables (¡O error!) y podrían dar conferencias en conjunto en lugar de maniobrar para que cada quien busque su cada cual. No pueden haber dos leones rey en una manada, pero si pueden haber dos leones rey en una selva. Para Leo, aunque haya corte de caja, siempre habrá unos pesos de más.

Leo y Virgo. Virgo necesita beneficiarse con la diplomacia de Leo para sentirse a gusto. Tú Leo, muéstrale a Virgo como seguir caminos ya trazados, verbaliza porqué deben ponerse de acuerdo, y alimenta las líneas de comunicación para que crea imperativo cualquier negociación contigo. Seguramente todo lo que Virgo prometa no podrá ser logrado, pero si te da una firma, el acuerdo será ejemplo de sistemas que funcionan. Virgo no habla sin conocimiento de causa, tu punto vulnerable, Leo.

Leo y Libra. Cualquier resultado podría ser ejemplo magno para todos los otros signos del zodiaco. El bagaje cósmico que llevan ustedes a cuestas se puede ser moldeado y convertido en algo totalmente a su favor cuando se funden. Vulnerables ustedes dos, solamente si hacen cortocircuito. Pero por lo general más vale juntos que separados, combinen ideas y tesón y no se limiten.

Leo y Escorpión. Negociar con Escorpión podría ser como abrir el caja de Pandora. Empujones, empellones y difinitivamente más entorpecimientos de lo que se esperaba. Casi cualquier Escorpión se esmera y es inmejorable cuando busca significados—palabras y sus sinónimos para los mismos. Deja que Escorpión vaya al fondo del asunto en cuestión y recuerda, entre ustedes nada será fácil, y su vulnerabilidad estará siempre presente si aparece el amor.

Leo y Sagitario. Motivación, es lo que necesita Sagitario—ellos le llaman perspicacia—mientras que tú, Leo, puedes adivinar sin lugar a dudas, cual es el punto vulnerable de Sagitario y acorralarlo de tal manera que aceptará cualquier palabra tuya como algo que divertidamente valga la pena. Si no, desastre. Pesadilla. Pero eso, raramente sucede. ¡Por lo contrario, entre ustedes podrían descubrir la curación milagrosa de cualquier mal!

Leo y Capricornio. Leo tiene que tener muy presente, cuando tenga al lado alguien de signo Capricornio, el dicho popular "Vive y aprende". Hagan pacto de intercambio existencial; Leo recibe las debilidades de Capricornio, y Capricornio le canta sus puntos vulnerables a Leo. Por supuesto, sin perder las características elementales de cada quien. Hay un reto para Leo, el de aceptar otro punto de vista que posiblemente sea más interesante que el tuyo. Deja que Capricornio tenga la vista puesta al final del camino.

Leo y Acuario. Miradas que matan, o dáme una mirada de fé; cualquiera de los dos podrían ser medidas efectivas para domar el reflejo de sus propias miradas en el ojo del de enfrente. No crean que son estereotípos, no lo son. Eclécticos y únicos, su punto vulnerable de ambos aparece en cuanto se les compara con otros. Emociones aparte, piensa antes de actuar, Leo, y usa la cabeza, no tu corazón.

Leo y Piscis. Les sugiero que ante todo, no se pongan límites de tiempos y si planean hacer alguna negociación, mejor para ustedes si dura toda la vida. Siempre habrá modo de unir esfuerzos si se lo proponen, y la expresión creativa es la mejor manera de enfrentar vulnerabilidades, encuentros amontonados o provocaciones. La creatividad no tiene que ser siempre artística; ¿por qué no inventar una nueva bebida o nuevas posibilidades? Tómense un café, un té o una copa y relean este párrafo. Juntos.

Virgo
negociar: convenios

"El tiempo facilita todas las cosas".
—Sófocles

Un convenio es negociar algo y mejorarlo sin escatimar las ganancias de otros. Y esto le queda al clavo a Virgo. Mejor que lo dicho por Goethe, un Virgo excelso. En su autobiografía, Johann Wolfgang von Goethe, nacido Virgo en el año 1749, relaciona su nacimiento con su carácter por signos y planetas y relaciona su vida a las estrellas. Y como Goethe, las personas nacidas como tales, reciben la vida como un encargo en lugar de algo que simplemente acontece. Un encargo que se les depositó con una carga de fuerza personal que aguanta mucho más de lo que Aries, Tauro, Géminis, Cáncer, Leo, Libra, Escorpión, Sagitario, Capricornio, Acuario o Piscis no soportan hasta llegar (ellos) a tener la madurez tan aparente del Virgo. Y esto, a veces tardea mucho, pueden ser años, o si de ideas estamos hablando, puede tardar siglos. Los sabios de antaño creían que Virgo era portador y representante de las siete virtudes; fé, esperanza, caridad o amor, prudencia, justicia, fortaleza y templanza.

La frase, "te traigo bajo la piel" (como la canción, *"I've got you under my skin"*) puede haber sido escrito sobre algún Virgo, porque tú Virgo llegas, allí te paras, y la mayor parte de las personas te agradecerán si te quedas allí presente. Su solidez consiste en convenir un mejor trato para cualquier de los otros signos, incluyendo el suyo. Uno mismo podría conseguir un mejor trato con uno mismo y serle mas accesible a Virgo. Eso, sería casi la perfección.

Hay quienes se preocupan por tu ojo meticuloso, tu crítica tan severa, tu manera de mirar; pero ¡que te dejen en paz! Naciste para analizar y lo haces tan bien que nos enloqueces con tu análisis constante, tu sintetización inmediata, tu razoncineo tan pristina; pero nos haces mejorar. Hay ocasiones en que cuando ya decidiste que partido tomar, o de qué lado de la mesa negociadora quieres sentarte, ya los demás salieron o a tomar aire, o a buscar otra cosa. Y, cuando finalmente ya te decides, lo haces de manera participativa pero absolutamente individual. Nadie te convence porque tú convences.

Creo que nosotros, todos los mortales que no compartimos tu signo, aunque recuerden que siempre tenemos una doceava parte de cada simbolo astrológico en nuestra constitución cósmica. Deberíamos agradecerte simplemente—de vez en cuando, no diariamente—y tener siempre a mano por lo menos un Virgo para leer las letras chiquitas de todo contrato, explicarnos los detalles mínimos y entender cual es el convenio que más nos convien. Si hay pactos, compra ventas, gangas, chiripas, añadiduras, tratos, concertaciones o algo que se les parece, tengan por favor a Virgo allí. Si lo haces, no hay pierde.

Tú, Virgo, sabrás siempre exactamente qué palabra usar en el momento preciso y con este talento tan envidiable puedes mostrarle a quien quieras como sacarse el mejor provecho o cuando compensar por inconveniente sus actos. Otros que decidan si tus mejores momentos sean tus peores momentos porque has convenido que así se dá una mejor conyuntura. Puedes aprender mucho de ti poniendo a prueba tu articulación: si tus palabras fluyen y llegan a quien deben con la debida congruencia, vas bien. Si encuentras difícilmente las palabras adecuadas para hacerte entender, necesitas autoayudarte y hacer un convenio personal para negociar con tus estrellas y acomodarte mejor.

Cómo negociar con los otros signos del zodiaco:

Virgo y Aries. Hay mucha energía nerviosa entre ustedes que necesita salidas fáciles. Abre las ventanas, que entre aire fresco y limpio, figurativa y literalmente. Respiren hondo y profundo, hablen con fescura y con la verdad y usen sus instintos. El camino podría ser un poco espinoso, pero habrá un final feliz o por lo menos conveniente para Aries y Virgo.

Virgo y Tauro. Los Tauros pueden convencerte de lo que quieran, y pueden lograr que les des lo que creen necesitar. Ellos saben como reblandecerte, cosa que te hace bien, Virgo. Si te escuchan, les hace bien tus consejos. La puesta en escena es en lo que más se fijará Tauro, así que mejora la atmosfera y déjate querer. Recuerda que Tauro da los mejores abrazos del mundo, y espera que su convenio transcurra durante mucho, muchísimo tiempo.

Virgo y Géminis. Una vez que ya esté Géminis a tu lado, trata de suavizar tu tono de voz, de sonreír agradablemente y de convenir con tu propia manera de pensar para que seas crítico menos a este mercuriano ser. Por favor, Virgo. Deja que el tiempo sea maestro de ceremonias del convenio, y usa tu sabiduría vital para que Géminis no se incomode y cree que se las sabe de todas, todas. Valor y más valor se necesita.

Virgo y Cáncer. Una dependencia intelectual para que ambos confíen en su inteligencia es lo más indicado cuando ustedes convienen en negociar. Debe Virgo apoyar los talentos aparentes de Cáncer, y vice-versa, Cáncer/Virgo. Tú, Virgo tienes la capacidad de asegurarle a Cáncer sobre el porqué y el cómo de sus deudas, y, de ayudarle a confiar en sí. Eso sí, si Cáncer duda de ti, ríndete hasta que la luna cambie de signo.

Virgo y Leo. Si no encuentras la palabra adecuada Virgo, ¡cállate la boca! Interfiere una cuarta parte de lo que quisieras con Leo, o podrías encontrarte solo con tu alma. A Leo no le cae en gracia negociar ni convenir con sus propias oportunidades. Necesitas ser un poco más humilde con tus actitudes. Matiza.

Virgo y Virgo. Cuidadado, cuidadito, con voz de queja cantada. Hay mucho más de lo que te imaginas en el ambiente, en el convenio, en el negocio y en el aire. Ambos (Virgo y Virgo) creen que la tienen ganada. Te parece esto algo complicado, tienes razón, lo es. Ah, pero si llegan a concluir un buen trato una energía satisfactoria para ambos hará el trato grato y oportuno.

Virgo y Libra. Apréndanse una frase de la encantadora Lily Tomlin, algo pertinente a esta combinación que puede ser aplicada para cualquier tipo de convenio; estamos todos metidos en esto juntos—cada quien por su lado. Si esto fuera una equación, la parte que dice cada quien por su lado sería la tuya, Virgo, y la parte que dice juntos sería la de Libra. Después de todo, Libra tiene los talones pisados por Virgo y por eso, Libra puede enseñarte a abrir puertas que tenían candados propios.

Virgo y Escorpión. Si Escorpión no se siente cómodo, está bien. Acéptalo y acomódalo. Los Escorpiones a menudo están al asecho, simplemente esperando mientras cae un Virgo en algo que puede convenirles mucho a los dos. Ahora, si no hay sentimiento de ningún tipo, ignórense hasta que aparezca otro Escorpión o ¡tú, Virgo, decidas cambiar de signo!, o de actitud.

Virgo y Sagitario. Si pudieras negociar todo con Sagitario por e-mail en lugar de cara a cara, ¡tanto mejor! Mientras más tecnología empleen, mejor para ambos. Y de esa manera tú,

Virgo, estarás en una mejor posición. ¿Por qué? Simplemente por el hecho de que esta combinación se atiene a las consecuencias del que llegó primero, se lleva el mejor pedazo, y para confirmar quien es primero en esta fila está difícil. Pero, al usar las telecomunicaciones, es cuestión de apretar botones en lugar de que uno aplaste al otro.

VIRGO Y CAPRICORNIO. La ambición que le muestres a Capricornio debería de impresionarlo (o la) de manera exhuberante. Esto es difícil, porque por lo general, Capricornio no se deja impresionar mucho, así que toma la oportunidad que las buenas estrellas te brindan, aprovecha y ayuda a Capricornio a seguir visualizando todo de color rosa.

VIRGO Y ACUARIO. Aunque hay ocasiones en las cuales Acuario no sabe como controlarse—tanto como quisiera—contigo, lo logran. Y tú, Virgo, sabes bastante sobre la inspiración y como lograrla. Y si juntas control con inspiración, puedes ganarle la partida a quien quieras, sea cual sea su convenio. Están hechos el uno para ser equipo con el otro y no olvides, ¡Acuario podría salirse con la suya sin tu ayuda!

VIRGO Y PISCES. Si las manos te comienzan a sudar y tu corazón late más fuerte de lo normal, estás enfermo. No son nervios. Estás ante tu signo opuesto, lo diré una y otra vez, los opuestos se atraen, y esto comienza con la química elemental. Convenios, negocios, transferencias, compromisos y llegar a acuerdos no tienen nada que ver con salirse con la tuya, ni con signos opuestos ni con atracciones recíprocas. Suerte, tienen los dos, ahora solo falta que sepan cuanto.

Libra
negociar: conquistar

*"Si he llegado a ver a distancia, es por haberme
parado sobre los hombros de gigantes".*
—Isaac Newton

*D*ecir que todo Libra conquista cualquier negociación podría parecer un detonador simplista. Pero tú, Libra, te nutres al tratar de conquistar lo que te propongas. La palabra
conquista viene de la raíz que implica averiguación, rastrear y
procurar. Eres del séptimo signo del zodiaco, el que comienza un
curso cósmico dentro del ciclo de unidad y solidaridad. Es una
posición ejemplar que lleva al mismo tiempo su dósis de dificultad, porque todo lo que haces depende mucho más de tu carácter y tu personalidad que de los tiempos y la pura suerte. Tú, en
lugar de hablar, conquistas con tus palabras; en vez de pedir, te
rindes par obtener; no buscas sino que encuentras para complacer. Libra, eres complicado, de propósitos puros y mediador.
Nos encantas y nos conquistas.

Tu búsqueda interna está siempre presente, y tu naturaleza
complicada por lo general atraviesa o resuelve obstáculos si te
atreves a ser egoísta, por lo menos un poco más egoísta de lo que
los demás se esperan. Y el equilibrio que acompaña tu signo te
permite una entonación adecuada a lo más delicado de todos los
otros once signos. A ellos les encantaría tener tu carisma que de
vez en cuando te permite con una sola sonrisa, ganar la con-
tención. Desarmas a los que quieren herirte y al mismo tiempo
dominas el ambiente sin hacerle sentir a quien sea incomodo. Tú

eres quien debe estar siempre presente para entregar cualquier premio de consolación.

No creas que eres mejor que otros, cuidado, porque eso también te puede suceder. Tienes tu buena dósis de narcisismo y si no reconoces el valor de compartir, apreciar y conquistar un autentico poder de magnaminidad personal, llevarás de la perder, en lugar de la de ganar. Si te encuentras cómodo con tu propio signo, los demás se sentirán confortables contigo y podrás resplandecer mientras furtivamente conquistar el mundo con todo lo que contiene.

Habrán veces cuando te encuentras embrollado/embrollada en alguna negociación que ha ido más allá de lo que te esperabas. Estás en medio de una muchedumbre, y te buscan. Usa esto a tu ventaja, Libra. Tu habilidad para convencer, conquistar y negociar sobre la rodilla siempre te dará una ventaja para un resultado tranquilamente positivo.

Por todo lo arriba mencionado, hay ciertas palabras claves que te ayudarán (suavemente) a conquistar lo que sea tu voluntad (toda proporción guardada) de cada signo diferente al tuyo, y se los voy a proporcionar.

Aries, con imposición. Tauro, con seducción. Géminis, con inteligencia. Cáncer, sorpresivamente. Leo, con fuerza selectiva. Virgo, con indecisión. Libra, sin que lo sepa. Escorpión, atrevidamente. Sagitario, con fuerza. Capricornio, con compromiso. Acuario, con espíritu libre. Piscis, retribuidamente.

Cómo negociar con los otros signos del zodiaco:

Libra y Aries. Lo sabes Libra, tu signo opuesto es Aries y Aries sabe bien que la perfección no existe. También debes estar conciente, Libra, que Aries nunca baja su guardia, así que si logras conquistar uno (signo Aries), es como tomarte a ti misma o mismo por sorpresa. ¡Algo bien difícil de lograr! Estás en un buen atorón. Con todo lo atractivo que eres quizá te haga bien, para convenir con esta persona, averiguar algo más sobre cantidades y calidades en vez de una simple sonrisa.

LIBRA Y TAURO. Recuérdalo, no apures a Tauro, y tú, tranquilízate. Con Tauro va para largo. Ambos tienen como planeta rector el agradabilísimo planeta, Venus. Eso predice un poco más de emoción entre ustedes, más de lo que esperaban quizá. Prepárense a tener que conquistar algo indefinible, inesperado y típicamente desconocido.

LIBRA Y GÉMINIS. Convence—aunque sea por medio de un acto de conquista—a Géminis de que se diga la verdad, y por ahora más importante de que te diga la verdad. Tendrá que admitir (Géminis) que les encanta ser conquistados aunque no por mucho tiempo. Diviértanse. Si quieres llevar ventaja, averigua cual es su tonada preferida; imperturbablemente preséntate chiflandolo. ¡Géminis nunca te olvidará!

LIBRA Y CÁNCER. Al ser conquistado, Cáncer no muestra lo mejor de sí, salvo sí la luna esté bien aspectada en relación a su signo, en Tauro, Piscis, Virgo o Escorpión. Es decir, tendrás que lograr convencerle que si no aprovecha él o ella el momento, otro o quizá lo hará, y no habrá pero que valga. Aligera tu humor, y sube a Cáncer sobre un rayo de luna para pasear mientras le recitas las palabras del beisbolista Yogi Berra; "no termina hasta que se acaba".

LIBRA Y LEO. Cualquier Leo se toma por gran conquistador, más con Libra no se saben comunicar con facilidad. Ahora te toca a ti, Libra, prenderle la mecha a tus sabios juicios para hacerle ver que lo más importante es buena cooperación. La coperacha dicen en la calle. Una vez que encuentres sobre qué pisar, ¡los frutos de su negociación crecerán a doble o hasta triple altura!

LIBRA Y VIRGO. Si llevas un papelito como los que encontramos dentro de las galletas chinas que diga, viva y aprenda, Virgo se encantará con tu destreza si se lo enseñas. Recuérdate que los detalles o la meticulosidad de lo que aparezca es lo que necesita Virgo para querer saber más de ti. Deja que te critique un poco y tómale como un juego. Y, si puedes, ¿por qué no proponerle que sea Virgo quien mande?

LIBRA Y LIBRA. Si se confunden por no saber donde están pisando, saca tu cartón con esto escrito: "Esto en realidad está sucediendo en otra parte". Si no lo entiendes, andas mal y consigues un buen diccionario porque querrá decir que alguno de los dos están usando palabras adecuadas con significados equivocados. Por ahora, la otra parte es específicamente donde estas tú. Bájate a la realidad.

LIBRA Y ESCORPIÓN. Las vibraciones entre ustedes podrían estar brincando como las corrientes eléctricas de sus cerebros. Deberían conectarse con facilidad, aunque si Escorpión te toma a la ligera tú pierdes la jugada. Cuando Escorpión siente que va perdiendo su jugada, se hace para atras y tú podrías estar perdiéndote de algo ¡que bien valdría la pena conquistar! No hay mejor cosa que tener algún Escorpión a tu entera disposición, así que intenta todas las veces que sean necesarias.

LIBRA Y SAGITARIO. Hay una canción infantil de los paises nórdicos cuyo coro es la frase perfecta para esta combinación; la moral de esta historia es nunca mentir cantan, y lo repiten una y otra vez. ¿Un grafiti en letras grandes sobre la pared? No les costará trabajo a ninguno de ustedes decir una mentirilla, que podría hechar todo a perder. Pónganse bien de acuerdo y a continuación, conquisten un mejor estado de ánimo.

LIBRA Y CAPRICORNIO. Este es el único signo astrológico con el cual tu talento para conquistar no siempre tendrá buenos resultados. En primer lugar, al Capricorniano no le interesa el encanto, ni discreto ni de otra forma. En segundo lugar, les complace explorar por sí sólos y seguramente ven circunstancias que aun no se te han ocurrido. No escatimes, por que podrías repentinamente ver que te han borrado del todo.

LIBRA Y ACUARIO. ¿Te acuerdas de la palabra espontáneo y espontáneamente? Convéncete de que es la palabra más encantadora del momento pues debe ser instigador de su negociación para que todo marche bien. Y recuerden, aun hay muchos planetas en Acuario, cosa que te conviene, Libra, hasta finales del año 2002.

LIBRA Y PISCIS. Tanto Libra como Piscis puede arreglar, acomodar o componer lo que quieran para que se vea todo muy bien arreglado, como un gran rompecabezas, de 3.000 piezas para arriba. Mientras no ignore Libra lo que Piscis tiene que ofrecer, ni Piscis haga de menos lo que Libra puede hacer, todo puede suceder. Todo lo grande. Refinen sus gustos en conjunto, intercambien posiciones e historias y posiblemente conquisten algo mágico, inesperadamente.

Escorpión
negociar: imaginar

"El especio no está tan lejos. Está solamente a una hora de distancia si tu carro pudiera apuntarse derecho hacia el cielo".
—FRED HOYLE

No hay incompatibilidad entre negociar algo totalmente serio y explorar algo absolutamente fantasioso, producto de tu imaginación, Escorpión. La imaginación forma una parte tan grande de tu lenguaje secreto que posiblemente sea por eso que todo Escorpión pueda sentir y comprender profundamente las palabras del autor Robert Musil en su obra maestra, *El hombre sin cualidades* cuando dice; todo lo que pueda uno pensar brota de afección o de aversión.

Para ti, Escorpión, la relación entre imaginación y negociación te llega directamente desde tu manera tan increíble de percibir todo. Al leer algo que puede ser profundo como Shakespeare donde dice una rosa es una rosa es una rosa inmediatamente comparas esa rosa con una rosa que alguna vez viste en un lugar específico, con su propio significado relacionado con tu vida en un contexto especial. Al escuchar una canción del presente o del pasado, te transportas, tu imaginación te lleva, te vuela, te transfiere y juega contigo de manera propia y única. La sabiduría inherente a tu signo te llega desde una profundidad cósmica que no titubea. Experiencia, que es lo que más falta nos hace mientras negociamos está sutilmente relacionada con todas las imágenes que te pertenecen. Todo lo vivido lo cargas como archivo fotográfico, a disposición de tu increíble imaginación. Para ti, despertar es en sí una forma de negociación. Con la intuición que tu signo te provoca sabes sin pensar como levantarte de la cama, qué ropa ponerte y cómo presentarte ante el mundo para que el día te rinda mejor. Mientras duermes, tu cerebro se comunica con tu psique haciendo lo posible para que todo se acomode de manera agradable y puedas despertar sin angustias.

Nosotros, los seres que no nacimos bajo tu signo, necesitamos tener alguno de ustedes a mano para explicarnos como salir adelante y manejarnos mientras entramos y salimos de nuestras propias insensateces. La vida es un reto así como son las posibilidades de negociarlos en esta montaña rusa de eventos diarios. Tú, Escorpión, lo sabes mejor que nadie y lo entiendes aunque nadie te lo explique. Nos harías un gran favor si repartes un poco de tu elasticidad porque tú eres quien después de caer hasta abajo, rebotas hasta las cimas más altas de la mejor de todas las maneras. ¡Enséñanos cómo, por favor! El tiempo poco te afecta, porque no las medidas no te importan de la misma manera que a los demás, y lo único que te sucede frecuentemente es que no te alcanza ese mismo tiempo para negociar todo lo que tratas.

Desafortunadamente, te conectas con quienes se acercan a ti en demasiados niveles, ¿y de vez en cuando no recuerdas a quien le toca qué?, por lo tanto, aquellos que te necesitan tienen que hallar su lugar indirectamente en tu imaginación. A ti te encantaría oír la verdad, total y directa de boca ajena desde el primer instante, pero te cuesta trabajo entender que tu primer instante no es el ajeno. ¡Usa tu imaginación, pues! Y cuando comienzes a acercarte, a preguntar, a decidir que estrategia tomar y sobre todo cuando negocies y amarres pactos, cuando cambias de posición o tomas otra trinchera, cuando sumas o restas posibilidades, reacomodas pensamientos y señalas caminos no olvides nunca, que aguas quietas corren profundamente y tu corriente corre con una profundidad impresionante si te das lugar. Si dejas que tu imaginación vuele. Ese, tu lugar, siempre ha estado presente, cambiante y por llegar; todo a la vez. ¿Qué el mago Merlin no era Escorpión? Imagínenlo como tal por favor.

Cómo negociar con los otros signos del zodiaco:

Escorpión y Aries. Siempre habrá una manera más fácil o cómoda de hacer una pregunta que la que tú propones. Aries, aunque tenga la seguridad absoluta de su posición o de estar bien parado te agradecerá muchísimo si le indicas como cambiar. Ahora, si Aries te gana la partida—lo cual podría fácilmente suceder—invéntate un trabalenguas para que se confunda. Con eso, ambos estarán bien preparados para responder a cualquier novedad o reto, imaginario o no. ¡Lo importante es que no se aburran!

Escorpión y Tauro. Por esta única vez, no dejes que tu imaginación te lleve demasiado lejos ni tampoco trates de llevarte a Tauro a un viaje imaginario. Tauro, tu signo opuesto puede provocarte a hacer cualquier cosa y por lo tanto la cortesía necesita estar siempre presente. Espero que estés en tu mejor forma cuando te acerques a Tauro, y verás como ambos disfrutan.

Escorpión y Géminis. Marca tu territorio y no te dejes embaucar, pues Géminis tratará de mejorar lo que le propongas, con mucha imaginación. Si sabes realmente lo que necesitas y como presentarte sin tropiezos nadie podrá acusarte de superficialidad. Y mucho menos, Géminis. Mientras más seguridad tengas, más exito aparecerá en su camino. Tú atrévete, y deja que Géminis te centre.

Escorpión y Cáncer. Doble intuición. Doble capricho. Doble posibilidad, y como dicen en la Argentina, se necesitan dos para bailar el tango. Una vez que hayan ustedes determinado cuales son los pasos a seguir, ¡podrían ir tan lejos como ser ustedes los que nos demuestran que sí hay vida extraterrestre! Dos signos de agua, pueden hacer lo que quieran donde sea, ¡aunque no fuera posible!

ESCORPIÓN Y LEO. Con esta combinación no hay manera de que no aparezca, fuera de toda imaginación, una veta de terquedad que podría echar todo a la borda. Tiren popotes para decidir quien tiene que ceder y una vez decidido, atrévanse a soñar con todo lo que les quede para que puedan imaginar cualquier cosa. Escorpión, usa tu labia y deja que Leo use su perspicacia.

ESCORPIÓN Y VIRGO. Simplemente, piensa positivo y deja que suceda lo que tendrá que suceder. Lo que parece una falta de comprensión o mala interpretación no es más que falta de imaginación de parte de alguno de ustedes. Deja que Virgo se abra contigo y escucha de parte suyo como puedes mejorar tu situación. Pueden ayudarse a valorar todo lo que tenga cada uno que valga la pena. Excelente combinación si se dejan ser.

ESCORPIÓN Y LIBRA. Libra puede ser el mejor de todos los públicos cuando escucha a Escorpión, si Escorpión le despierta la imaginación. Hay magnetismo entre ambos pero hay que cuidar que haiga respeto y que ninguno se arrepiente cuando sea demasiado tarde. Inviten a una tercera persona a negociar lo que debería ser, o como debería ser.

ESCORPIÓN Y ESCORPIÓN. ¿Escorpión y Escorpión? Hay una exhortación tan fuerte entre ustedes para unirse con otros—sí, en todos los niveles—que cuando no están en medio de cien negociaciones de todo tipo, ya sea personal, material, creativo, idealizado, se imaginan que sí están. ¡Y qué bueno! Pero, ¡ojo! Toma en consideración que estás en mejor forma cuando negocias algo personal que algo general. No se aislen, atrévanse.

ESCORPIÓN Y SAGITARIO. Sagitario tiene mucha energía, métodología, sensitividad, excitabilidad y arrojo. Si tú, Escorpión, puedes dominar alguno de estas características puedes hacer cualquier cosa con Sagitario. Y aunque la negociación en turno se convierta en algo inesperado puedes contar con que Sagitario te ayudará a darle la vuelta a la hoja, o a mirarte bajo otro punto de vista. ¡Imagínate!

ESCORPIÓN Y CAPRICORNIO. Desde un punto de vista filosófico, están hechos el uno para el otro. Ahora que es cierto que el mundo no siempre se interesa en el lado filosófico de las historias así que haz un esfuerzo por ver realmente lo que Capricornio trata de decirte, y trata físicamente de mostrar lo que a ti te preocupa. Menos será siempre más entre ustedes.

ESCORPIÓN Y ACUARIO. Ten la suiciente imaginación para preveer un sobregasto de acciones. Y, si después de analizar todos los aspectos de la negociación veen que hay algo de más, no hay pierde. Las eventualidades y las casualidades tienen mucho más que ver de lo que ustedes remotamente imaginan. Podrían convertir algo que parece difícil en algo razonable, aunque lo razonable no es algo frecuente entre ustedes.

ESCORPIÓN Y PISCIS. Escorpión es instintivo. Piscis es intuitivo. Cualquier punto de negociación entre ustedes depende en que encuentren la sutil diferencia entre esos dos bandos. Contemplen, imaginen, con exceso si pueden. La suerte les acompaña cuando se juntan y recuerden que si hay alguien en medio, quizá sea lo más suertudo/suertuda. ¡Adelante caminante!

Sagitario
negociar: simplificar

"E = mc²" (*La energía es igual a la masa a diez veces
la velocidad de la luz al cuadrado*).
—ALBERT EINSTEIN

Sagitario puede, si quiere, ser el gran maestro de Aries, Tauro,
Géminis, Cáncer, Leo, Virgo, Libra, Escorpión, Capricornio,
Acuario y Piscis. La única cosa que tienes que preguntarte es
¿cómo puedo lograr esto que quiero ahora y negociarlo sin
perder mi tiempo? Tú, Sagitario por lo general estás tan con-
centrado en lo que haces que te parece imposible que los
demás no vean lo que realmente está sucediendo. Te parece
sencillo lo que otros tardan años en realizar. Sagitario tiene que
terminar de prisa porque a la mitad de una negociación emocional o material, ves aparecer a poca distancia algo nuevo, con
la misma intensidad. Y te parece tan sencillo comenzar algo
antes de terminar lo que venías haciendo. Tienes la impresión
de que el tiempo se te escapa, que no te alcanza, que necesitas
más. Si solamente podrías hacerle comprender a los demás que
siempre puede uno simplificar las cosas, todo sería más fácil, te
dices. Y puedes gastar tu tiempo clasificando lo que realmente
sirve, lo que efectivamente vale la pena; sin darte cuenta, nos
simplificaste la vida, o hiciste algo parecido con la tuya. Y eso,
que vives con un signo (Sagitario) que está directamente relacionado con las siete musas además de una gran mayoría de los
profetas. Tienes mucho de donde tomar, y muchos esperan demasiado de ti.

Los sagitarianos necesitan ser objetivos y subjetivos a la vez, bien balanceados ambas cosas. Con tu siempre presente entusiasmo, impresionas notablemente a los demás y, cualesquiera que sea el resultado final de sus o tus acciones deben agradecerte. Tú, Sagitario tienes la capacidad de ver los detalles además del plano completo al mismo tiempo y por lo general sabes exactamente lo que se necesita para negociar sencillamente con soluciones perfectas.

La única cosa que no soportas es la privación de esperanzas que otros llaman derrota. Necesitas encontrar tu propia manera de que los demás signos te apoyen cuando esto sucede y simplifiquen tu pesar. Pasa rápido, porque sabes como autonegociar contigo misma o mismo y casi siempre encuentras como salir del sentimiento de frustración que puede trastornarte. Todo está en que no pierdas perspectiva mientras compartes tiempo con tu propio, especial y solicitado personaje. Cuando tú dices, tenme confianza hay pocos que se resisten. Pero cuando estás a solas de vez en cuando simplificas a tal grado que se te olvidan los fundamentos de la negociación, específicamente si es tuya. Cuidado es una idea simple que siempre debes traer en tu bolsa para usarla a granel. Por lo general, hay muchísima gente que te aprecia, que te quieren, que te respaldan y tú te pierdes entre la muchedumbre. Para no limitarte, imagina que no te estás representando, imagínate como otra o como otro. No debe serte difícil con tantas musas a tu lado y la recompensa podría ser inspiracional para ti y para otros. ¿Qué tal si todos quieren inspirarse contigo? ¡Simplemente sería excelente!

CÓMO NEGOCIAR CON LOS OTROS SIGNOS DEL ZODIACO:

SAGITARIO Y ARIES. Probablemente ambos estén en búsqueda de sueños paralelos, pero sus caminos son muy diferentes. Busca un común denomindador, y Sagitario más Aries verán que podrían darle un fulgor divertido, similar y recomendable para futuro uso en conjunto. Jane Austen, la novelista del siglo pasado (Sagitariana) escribió; "una mitad del mundo no entiende los placeres del otro". Ella lo sabía, tú, Sagitario lo sabe, pero no sabemos si Aries está consciente de ello. Leele las palabras de la Sra. Austen, por favor.

SAGITARIO Y TAURO. Podrías facilitarle la vida a Tauro sugeriendole cómo hacerle para sentirse mejor y comportarse amablemente. Eso mejoraría su compromiso, su negociación y su estado de ánimo. Es decir, le haces bien a Tauro, Sagitario. Y es tan sencillo que aunque no sepas exactamente que decirle, inventa algo que te parezca adecuado. Ambos pueden deshacerse de ideas chatarras para dejarle paso a ambiciones divertidas.

SAGITARIO Y GÉMINIS. Ya que son signos opuestos, si no cuidan (ambos) ciertas oportunidades furtivas, es decir, si no las toman, podría haber un malentendido que simplemente eche todo a perder. Atrévete a ejercer tu don de mando, y si no tienes, sácalo de abajo de tu manga. Podrás, Sagitario, siempre llamarle flexibilidad a haber perdido.

SAGITARIO Y CÁNCER. Vive la pregunta ahora dijo uno de los más grandes poetas alemanes de todos los tiempos, Rainer Maria Rilke, Sagitario por supuesto. Esas palabras son un resumen de el mejor curso de acción que Cáncer y Sagitario pueden tomar sin sentirse reprimidos. Estas palabras tienen un mensaje para ti, Sagitario: mientras más pienses y menos simplifiques con Cáncer, más complicado parece. Aunque no sea cierto.

SAGITARIO Y LEO. Déjale alguna salida a Leo para que pueda brillar bajo su propia luz; permítele ser el primero en hablar, dále el mejor asiento y por supuesto, no le contradigas por ahora. El mundo es su propio escenario y se sienten contentísimos cuando son foco de atención. Símplemente ayúdalos ser, y una vez tranquilos (un Leo) podrás simplemente negociar como quieras, con absoluta libertad.

SAGITARIO Y VIRGO. Si a primera instancia hay irritación entre ustedes, pasará si ambos toman el tiempo para que eso suceda. Distráiganse para que pase cualquier nubarrón, y verán que es fácil simplificar los sentimientos y distraerse adecuadamente. Para ustedes—en conjunto—lo encomendado se encontrará por medio de sonidos. ¿Música de muchos decibeles, un idioma secreto que solo ustedes entienden, aullidos, ladridos, cantos de pájaros? Simplemente sigan buscando.

SAGITARIO Y LIBRA. Cada historia tiene dos criterios, y si "lmrqp" significa "lo **más rápido que puedas**" en el internet, "vps" podría significar, entre ustedes, "**vámosos poniendo serios**" en el idioma iluminado por los astros; específicamente los astros de Sagitario y Libra. Deja lo que estabas haciendo antes de decidir actuar o simplificar. Mientras más intensa sea la negociación, mejor será el resultado.

SAGITARIO Y ESCORPIÓN. Específicamente, no pierdas tiempo con Escorpión, mejor dicho no pierdas su tiempo. Pónganse a trabajar sin escatimar y hagan lo posible por no perderse en proposiciones eufóricas antes de terminar lo que empezaron. Un laberinto de palabras, una infinidad de interpretaciones podría dañar el final simplemente, si no tienen la información adecuada y no dejan de exagerar. ¡Ánimo!

SAGITARIO Y SAGITARIO. Dos frijoles de una misma vaina, eso es lo que ustedes son y como tales, ¡podrían simplificar demasiado hasta perderse sin detalles! Si logran combinar sus frecuencias astrales podrían dejar maravillados a quien los vea juntos siempre y cuando no busquen pretextos para dejarse ir demasiado. Acomódense, simplemente.

Sagitario y Capricornio. Sagitario, necesitas ser verídico contigo sin escatimar, cuando negocias cualquier cosa con Capricornio. Sea algo personal, físico, amoroso o mental, Capricornio tendrá un sexto sentido en relación a tu persona. Esto no debe asustarte, al contrario, si dices lo que sientes y Capricornio decide escucharte y apollarte, todo habrá valido la pena.

Sagitario y Acuario. Sagitario, necesitas enfocarte hacia el cómo, mientras que Acuario necesita estimulación para ponerse de acuerdo con el porqué. Así, hacen la suma y triunfan, simplemente en lo que sea su voluntad. Rompan filas si pueden y tengan confianza en todo menos en un contexto matemático. Ustedes son dos almas libres que necesitan negociar de manera fuera de lo común y corriente.

Sagitario y Piscis. Siempre y cuando ninguno de los dos pierda la cabeza, y ambos guarden compostura aunque las cosas parezcan tomar caminos borrascosos, una negociación entre ustedes puede ser amarrada si encuentran las palabras adecuadas. Ni Sagitario ni Piscis saben como ser maliciosos así que si alguno se queja por berrinches del otro, simplemente contraresten sus molestias con frivolidades. Eso sí les puede venir fácil.

Capricornio
negociar: invertir

*"¡He aquí que no doy conferencias ni un poco de
caridad, cuando doy, doy de mí"!*
—WALT WHITMAN

Todo individuo podría aprender muchísimo si invertieran
tiempo y se fijaran cómo recibes las ganancias bien merecidas de tus negociaciones personales, colectivas, hábiles y
trascendentes. Cuando negocias estás en tu mejor forma, especialmente cuando muestras a otros como sentirse dotados con
sus propias habilidades o como aprovechar lo que han sabido
obtener para aprovechar a largo alcanze. Y por cierto, si estos
alcanzes tienen que ver con mercados, bonos, acciones o aho-
rros, pocos son los que te pueden superar. Puedes mostrarle a
los otros once signos del zodiaco, sin escatimar, el valor de
situaciones y acuerdos y porque debe uno invertir en ellos.
Todos los que no sean Capricornianos, deben escucharte y
tomar consejo de tus sabias palabras porque tú sí sabes ver lo
que puede ser—o no—valorable y perdurable. Por lo general,
tus afinidades mejoran cuando puedes contar con ellos de
manera lógica y a largo plazo, es decir cuando te atreves a
escoger lo duradero. Tienes un magnífico sentido para saber
escoger con inteligencia las inversiones adecuadas a tales o
cuales negociaciones, ¿pondré todo mi cariño en el arreglo
de esa fiesta? ¿le explicaré a fulano cómo enamorar a mi
compañera de trabajo? ¿sabré como pagar los estudios para terminar esa maestría en administración de empresas? y continuamente sabrás indicarle a Aries, Tauro, Géminis, Cáncer, Leo,

Virgo, Libra, Escorpión, Sagitario, Acuario y a Piscis como encausar sus ambiciones y juntarlos con lo que más les convenga
para triunfar.

Todo bajo la faz de la tierra tiene que ver con invertir. Nadie
ve con más claridad esa conección que tú, Capricornio. Deberás
hacer un esfuerzo un poco mayor para que aquellos que te necesitan—y ya viste que somos todos—se atrevan a pedir tu consejo
porque demasiadas veces te haces pasar por alguien que no tiene
tiempo ni interés en hacerlo. Si invertieras un poco de tu pre-
ciado tiempo para demostrar que quieres ayudar, tendrías rec-
ompenzas inimaginables. Si hay asuntos, palabras, ideas o
personas que te parecen insensatos, pondéralo y deja que tome
su propio curso antes de negarte a participar. Eso sí, no pierdas
tu tiempo en negarte ni a mostrarles sus errores. Tu sentido
práctico te funciona, así que déjale los enredos a quienes no lo
saben usar, simplemente no frustres la curiosidad de quienes no
quieren escucharte. Tiendes a echarte a cuestas demasiada responsabilidad, y es cierto que llevarle las cuentas a tu persona—
en sentido figurativo y material—es terapeutico para tu vida. Sin
embargo tienes que entender que dar, tener o repartir mucha
responsabilidad no es el estilo de la mayoría.

Hay quienes no quieren entender que tú sí sabes como
deben invertir su tiempo, su dinero o sus sentimientos, y si
aprendes a ser un poco más sútil en tus asertaciones será un regalo que haces. Eres muy buen juez para medir las capacidades
ajenas, eso te da facilidad para entender hasta dónde puedes llegar con uno o con otro; en amor, en amistad, en el trabajo, en el
juego. Si esperas algo en recompensa, que bueno, frecuentemente tienes tu merecido—aunque a veces a largo plazo y aquí
volvemos de nuevo al tiempo invertido en tu propia vida y esperanzas—porque ¡no aceptas menos! En resumindas cuentas,
cuando inviertes, la suerte te favorece, siempre y cuando tus términos sean justamente negociables.

Cómo negociar con los otros signos del zodiaco:

Capricornio y Aries. Les pido disculpas pero no puedo decirles más que ambos deberán aprender manejárselas aunque esta es una combinación que puede hacerles correr, cada quien, en sentido contrario. Recuerda, que cuando mides a alguien durante alguna negociación, se ven más chicos al estar más alejados y se agrandan según se acercan. Esto se llama perspectiva, y aunque sé que detestas que te digan lo que debes hacer, aprende por favor a emplear los planos adecuados.

Capricornio y Tauro. Un callejón sin salida, habitualmente no es agradable, pero en este caso—él de ustedes dos—podría serlo. Siente las cosas en lugar de—como haces habitualmente—calcularlas o decidir cómo deberían de ser porque es más conveniente. Las conveniencias no proliferan entre ustedes, los ofrecimientos y los gustos sí. Tauro tiene más que ofrecerte de lo que te imaginas, y con el tiempo, verás que tu propia imaginación te sorprenderá.

Capricornio y Géminis. Posiblemente en un instante veas lo que Géminis olvidó, pero probablemente también te verás obligado a admitir que tiene más agallas que tú, así que acepta lo que en otros casos sería considerado como una rotunda negativa. Será conveniente presionar a Géminis aunque él o ella te rechaze. En España bien dicen que no es lo mismo hablar de toros que entrar al ruedo—porque no invertir tu tiempo para enseñarles de viva voz este pensamiento.

Capricornio y Cáncer. Tú, Capricornio, eres un antídoto para tu opuesto, Cáncer. Te podría parecer poco lógico—y lo lógico es lo que aprecias—pero es la realidad. Eres codo con tu tiempo cuando el espíritu sensitivo de Cáncer te llega a exas-

perar. No lo seas. Y negocia con Cáncer aunque surjan complicaciones emocionales. Posiblemente no lo creas necesario, ¡pero
valdría la pena invertir más emocion en tu vida!

CAPRICORNIO Y LEO. No comienzas nada sin tener la absoluta
seguridad de lo que debes de saber. Leo puede hacer que Capricornio salga con dificultad de algun encuentro, pero no debes
desencaminarte. Tú puedes mostrarle el lado positivo del mate-
rialismo y nunca olvidarán ese favor. Cualquier cosa que esté
teñido de dorado—oro, un magnífico atardecer, una hoja de
otoño—es lo que más conviene.

CAPRICORNIO Y VIRGO. Si no eres algo exigente con tus palabras, perderás cara. Virgo puede hacer que desaparezcas—sub-
jetivamente—y eso sería una lástima porque esta es una
combinación que podría durar toda una vida dentro o fuera de
cualquier negociación, rindiendo excelentes interés. Entre los
dos podrían encontrar una causa célebre, ¿así que por qué no
congratularse de una buena vez?

CAPRICORNIO Y LIBRA. El tiempo es dinero, difícil recordatorio, pero una frase que puede convenirles repetir y entender para
que no inviertan en tiempos inocuos. Hay algo muy tangible en
esta relación, algo que podria rendír; como moneda extranjera,
el mercado común europeo o bienes de importación. Para mejorar sus oportunidades, lo mejor que pueden hacer es comunicarse desde diferentes zonas de tiempo. Si esto les es imposible,
por lo menos de otras localidades.

CAPRICORNIO Y ESCORPIÓN. Sé cauteloso y no te sobrees-
times, Capricornio, porque podrías prometer algo que no podrás
cumplir. Escorpión sabe tocar fondo, y tú a veces ¡ni siquiera te

imaginas que existe! Comuníquense, inviertan en aparatos que tengan que ver con lo mismo (telecomunicaciones, computadoras, etcétera) y escucha todo lo malo que Escorpión tiene que decir, dejándolo actuar mientras tú te vas acomodando.

CAPRICORNIO Y SAGITARIO. La extravagancia inherente al signo de Sagitario podría engalanar tu alma, Capricornio. Piensa un poco en lo que esto quiere decir antes de desconsiderarlo. No te hace mal (con Sagitario) que te tomen por sorpresa. De la misma manera, no eres muy confiado, pero con Sagitario tienes que invertir tiempo para realizar que ese signo te conviene como confidente. El que se atreva a decirle al otro "tenme confianza" es el que ganará más.

CAPRICORNIO Y CAPRICORNIO. Sin dejar que sus sentimientos intervengan, dos Capricornios podrían conquistar el mundo juntos. Dense una buena oportunidad para medir la situación dentro de los parámetros adecuados. Es menester que no seas cascarrabías, Capricornio, a veces inviertes tiempo real en serlo porque así lo decides. Eso no le hace bien a nadie y te privas de mostrarle a los demás (signos) lo bien que la inversión de tiempo que un Capricornio con otro puede hacerse. ¡Entréguense a lo positivo!

CAPRICORNIO Y ACUARIO. Cualquier Acuariano generalmente puede mostrar la imbecilidad de actos inecesarios con frases exhuberantes que pareciera venir de sus entrañas, no de su simple voz. Y generalmente, Capricornio debería escucharles antes de proponer cualquier negociación. Autocrecimiento, es lo que Acuario te muestra para que inviertas en la frase esta vez, me daré una mejor oportunidad, o, lo tomaré.

CAPRICORNIO Y PISCIS. Podrían intimidarse y si la situación se vuelve tensa, aflójense. El deseo de lograrla es tan intenso para ambos que cualquier camino que Capricornio le muestre a Piscis mejorará cualquier falta de interés. Atrévense a los juegos de azar en pareja, y por qué no ir a Las Vegas, pero no dejes de lado, Capricornio, tu constancia tan práctica ni dejes que Piscis pierda credibilidad por no contar en su propia intuición.

A c u a r i o
negociar: explorar

"Pocas observaciones y mucho razonamiento nos llevan hacia el error, muchas observaciones y poco razonamiento a la verdad".
—ALEXIS CARREL

El pájaro canta para protejer su territorio y atraer pareja, el gato runrrunea para mostrar su agrado y Acuario explora por naturaleza propia y cuando lo hace se siente tan contento como el pájaro animado o el gato mimado. No tienes límites, Acuario, se te abre el mundo cuando examinas, averiguas, investigas, inquieres, recorres, indagas, auscultas, palpas—y palpas otra vez—buscas, curioseas, fisgas y exploras de nuevo para estar seguro o segura de estarlo haciendo. Y estás tan ocupado en probar tus descubrimientos que tienes que decidir por algún número que oscile entre un femtosegundo (ona cuadrilionada de segundo) y un decilión (un número con treinta y tres ceros). Entre unos y otros encontrarás el número adecuado a las oportunidades que tu gran talento negociador te brinda. Aries, Tauro, Géminis, Cáncer, Leo, Virgo, Libra, Escorpión, Sagitario, Capricornio y Piscis tendrán que aprender a coexistir contigo y con tus extravagancias diarias, y verán que si estudian tus movimientos, tus decisiones y tus actos habrán aprendido mucho. Por cierto que mientras escribo estas lineas dos planetas fuertes, Urano y Neptuno pasan por tu signo para que gozes los grandes cambios que se te presentarán hasta el año 2003. Tú, Acuario, eres capaz de pasar tanto tiempo ayudando a otros que olvidas tomar partido para ti; y paso segundo, tienes que negociar para poder explorar lo que dejaste para saborear, ¿o probar?. Pero no es grave, porque de inmediato se te ocurren cosas nuevas o ideas divertidas, y los demás se dan cuenta (esperemos que rápidamente) de todas tus propiedades positivas y cuanto bien les propones para lograr cualquier novedad. ¿Tú sabías que hubo una vez en que a tu signo se le llamaba *fortuna fortunatum,* lo que se traduce como el que trae buena suerte?

Acuario, hazte el favor y canta, chifla, ten a la mano un buen sistema de sonido, es importante que cuando negocies con otros o al tomar decisiones personales, oigas algo agradable, a tu gusto. La música—esa fibra sensible que la naturaleza nos puso como carnada de deleite para el alma, que percibimos por ondas sonoras—nos devuelve secuencias y frecuencias, obras maestras de todo Acuario. La música es tu propia vitamina astrológica, y así como casi todos los animales tienen sus propias maneras de comunicarse, tú, con la música, intensificas tus sentimientos y tus talentos se esclarecen.

Tú, Acuario, naciste sabiendo que ninguna persona sobre la faz de la tierra tienen la misma capacidad de percepción que otra. Tú, nos lo comprobarás. Sabes casí a la perfección, cómo sentir las vibras o las frecuencias personales de cada quien, aunque necesitas darte un marco de tiempo muy personal para ajustarte a ellos o ajustarte a una situación. Tienes que ajustar tu propio campo energético, que es bastante extraordinario. Un consejo astral es que te cuides cuando otros le ponen horario a tus tiempos, eso contraría tu fuerza y tu poder. Aunque te parezca imposible, intenta hacerles ver que tu camino es el que se pasea sobre una banda de Möbius y trata de negociar tu propia manera de ser para que le puedas entregar a todos los no-acuarianos la mejor parte de ti. Así, podremos todos explorar contigo con absoluto placer y conciencia.

CÓMO NEGOCIAR CON LOS OTROS SIGNOS DEL ZODIACO:

ACUARIO Y ARIES. Podría ser amor a primera vista, siempre y cuando recuerdes que Aries es volátil y de personalidad inpalpable. Aries podría conectarse contigo en un segundo, o, así de fácil, dejarte en un segundo también. Si resulta cierto la segunda partida, no habrá salida fácil. Heráclito, el filósofo de la Grecia antigua, dijo que el carácter del hombre es su destino. Estudien esas palabras y esa idea entre los dos, por favor.

ACUARIO Y TAURO. No se enfrasquen en pequeñeces, porque tú y Tauro pueden tener arranques de vulnerabilidad repentinos. Si eres agradable, Acuario, te dejarás llevar y podrás lograr que una idea nueva, tuya, parezca música en oidos de Tauro quien a su vez generalmente no quiere más que su propia harmonía, que fácilmente puedes indicarle.

ACUARIO Y GÉMINIS. La gran libre pensadora y escritora Virginia Woolf—acuariana por supuesto—le encontró tonada al patrón zigzagueante de una mariposa nocturna. Tú y Géminis podrían hacer algo muy parecido explorando ideas poco ortodoxas. ¿Y por qué no indagar sobre algo poco importante y bastante trivial que tenga relación con su negociación? Si encuentran una razón dónde otros pensaban que era inexistente, saldrán ganando de todas.

ACUARIO Y CÁNCER. Uno podría fácilmente resentirse con el otro, y el más suceptible de los dos es sin duda alguna, Cáncer.

Por lo tanto, te toca a ti, Acuario, no solamente poner tus barbas a remojar, pero también endulzarle la píldora a ese lunático ser para que todo funcione debidamente. Las apariencias no engañan a Cáncer, pero el malarreglo sí. Ponte tus mejores galas y socializen.

ACUARIO Y LEO. Puesto que ambos cargan las ondas astrales contrarias—son signos opuestos—sólo tú, Acuario, puede abreviar las necesidades imperantes del ego de Leo. Hasta podrías ayudarle a organizarlos para que pudiera sentirse mejor consigo mismo, pero para eso tendrás que ponerte la máscara de la eterna sonrisa, o pretender que sabes menos de lo que realmente conoces. Borra, injerta, corta y pega tus ideas, como en la barra de comandos de la computadora. ¡Flexibilidad y creatividad es lo que necesitan para llegar a idear algo mejor que el mismo señor Gates!

ACUARIO Y VIRGO. Virgo puede, con la mano en la cintura, llamar tu atención y mostrarte precisa y objetivamente, sobre algún dato o hecho equivocado. Virgo tendrá la razón. Pero, puedes mejorar tu negociación con Virgo si piensas en un arreglo ecológico. Tú sabrás cómo, cuando y dónde. Además, después de tanto arreglarse, Virgo podría darte las gracias por haberle mostrado como hacer algo alocado. Se autoexplora haciéndolo, cosa buena, ¡para ese signo!

ACUARIO Y LIBRA. Si logras que Libra traduzca lo que están planeando a una acción directa, les estarás haciendo uno de los mayores favores que alguien les pudiera hacer. Deduce cómo materializar sus negociaciones en lugar de simplemente hablar sobre ellos. De otra manera, sus asuntos podrían volverse algo incómodos. Una vez que todo se haga y se diga abiertamente, hay seguridad de una gratificación instantánea.

ACUARIO Y ESCORPIÓN. Cuando estén negociando con Escorpión repítanse de vez en cuando esta pregunta; ¿tendré razón al proponerle esto, mis propuestas tienen sentido? Todo irá mucho mejor si Escorpión es quien da el primer paso. Y ya una vez prendida la mecha, respiren hondo y profundo, y atrévanse a cualquier cosa para que Escorpión suelte todas las ideas que tiene. Catcha los que puedas, y ponlos a buen uso.

ACUARIO Y SAGITARIO. Acuario, tienes que dejar que Sagitario sea tu guía, y debes acceder a que te aconseje porque Sagitario, para negociaciones entre ustedes, sabe instintivamente lo que sí puede funcionar. ¡Si lo que traman tiene que ver con firmas, sellos o entregas en especial! Mientras más tenga que ver su entrelazamiento con cosas materiales (incluyendo algo como la "material girl"), mejor para ambos. Tomen el punto de vista de ¡vivir para creer!

ACUARIO Y CAPRICORNIO. Cualquiera de los dos—pero de preferencia Capricornio—necesitará explorar la posibilidad de llegar a ser un verdadero ciudadano del mundo. Nadie mejor que tú, Acuario, para mostrarle esto a quien sea, pero si logras hacerle ver a Capricornio lo que se siente estar del otro lado de la cancha sería excelente. Si esto no sucede, ponte en los zapatos de Capricornio, y no dejes que matices de intolerancia hagan su aparición.

ACUARIO Y ACUARIO. Están en medio de un perfecto campo de acción; ideas novedosas podrían brotarle como flores en un campo asoleado, así que dejen que eso suceda y pongan de lado—al fondo de cualquier cajón—pensamientos de segunda mano. Olvídense de los buenos consejos, y concéntrense en la exploración de lo desconocido. ¡Inclusive si es una dimensión desconocida! Mientras más fuera de contexto, mejor para el reacomodo de sus astros.

ACUARIO Y PISCIS. Una melgama de conflictos caóticos en su recóndito ser es algo bastante común, tanto para Piscis como para Acuario. Y, les hace bien. La diferencia entre el caos de uno y otro, es que para Acuario es quizá más fácil de soportar mientras que Piscis se culpabiliza por lo mismo. Tú, Acuario, debes aprender a tenderle la mano a Piscis para que se sienta apoyado. ¿Qué tal si abres puertas de una undécima zona? Podría ser excelente para los dos.

Piscis
negociar: ideales

"Pueden, porque creen que pueden".
—VIRGILIO

Compartir la vida con un Piscis puede ser una bendición. Si tú eres Piscis deberías de poder, idealmente, convencer a aquellos que te acompañan por la vida en mayor o menor grado de la gran suerte que tienen por estar a tu lado. Estoy consciente de que la vida no siempre nos regala exactamente lo que debería ser, y que convencer a quienes queremos de lo que sabemos tampoco es fácil, pero como Piscis, tienes que negociar promoviendo esta idea durante toda tu vida, quieras o no. Esto es igual que encontrar la definición de la palabra ideal en sí. El *Diccionario Oxford de la mente* dice que el concepto de un ideal parece proceder de una extrapolación de aquello que se considera como inadecuado en un estado relativamente perfecto.

Muy difícil de entender sino imposible en sí, porque ¿quien puede ponerse de acuerdo sobre un ideal personal? Dicho libro habla de ideales de virilidad, ideales por los que merece la pena luchar y ideales platónicos de los objetos. Ninguna idea hará que Piscis deje de definir su o sus propios ideales.

Como puedes no negociar hacia un estado ideal, sabiendo que quizá podría estar allí, a la vuelta de la esquino sino alcanzable. Sabes bien Piscis qué debe hacerse, pero ¿puedes hacer que pase fuera de tu cabeza? Para ti, lo que puede imaginarse puede realizarse de alguna forma. Piscis, eres una alegoría para contigo misma o mismo, y los demás signos, todos ellos, necesitan aprender a dejarte en paz. A dejarte ser como eres. Tú eres el eslabón hacía todo, en el significado más puro de la palabra. Creo que por eso, Piscis es el último signo del zodiaco, el número XII, circundando y abarcando todo lo que viene antes. Quizá por eso eres tan creativo, hagas lo que hagas. Lo que construyes, es por lo general un acto de fé, y negocias con las palabras de tal forma que Aries, Tauro, Géminis, Cáncer, Leo, Virgo, Libra, Escorpión, Sagitario, Capricornio y Acuario siempre terminan pensando que lo que les presentas es para su bien, sino la mejor porción de toda situación. Piscis, eres un libro cerrado que contiene todas las contestaciones que tú buscas, solo tienes que abrirlo. Idealmente, nosotros, los que no somos Piscis, tenemos suerte si negocias con o para nosotros. Lo que sea que te imagines que idealmente necesitamos, debe ser. Negociar contigo también puede durar muchísimo tiempo porque primero tienes que dialogar contigo, y esta discusión interior podría ser jústamente lo que necesitas para estar en paz contigo mismo o misma. ¡Es decir, para toda la eternidad! Cuando tú negocias, parecería que comienzas una conversación con todos los resultados posibles a la vez, todas las que tú puedes imaginarte. ¿Y los demás, comprenden? Idealmente deberían de creer en tus promesas, pero no siempre sucede. Sin embargo, cualesquiera que sea el resultado final cuando estás involucrado en nuestras negociaciones, habrá siempre algo mucho más profundo que nos permitirá seguir buscando idealmente.

Cómo negociar con los otros signos del zodiaco:

Piscis y Aries. Piscis, jamás permitas que Aries te apure y recuerda de guardar a la vista tu enfoque y el foco de atención. Signos que se complementen son los suyos, de la mejor manera posible dentro de las mejores negociaciones disponibles, algo que rara vez sucede. Si parten sobre báses sólidas, no hay pierde.

Piscis y Tauro. Deja que Tauro hable todo lo que pueda y haz lo que puedas para que su explicación sea clara y precisa. Podrás hacerle ver a Tauro que hay nuevas ideas o nuevos ideales con las que no ha ni siquiera soñado. Practica aparentar si no tienes la fuerza para ser. Y de nuevo, hala, empuja, moldea y recuerda que no hay quien abraze mejor que Tauro.

Piscis y Géminis. Géminis puede lucir más que tú porque puede hablar mucho más largo y tendidamente. Deja correr la suerte y no seas tan verídico ni digas tantas verdades como normalmente haces bajo otras circunstancias, como las de no tener Géminis idealmente, a tu lado. Usa tu intelecto porque podría ser lo que lubrique tu alma, y aunque no estés totalmente seguro o segura de lo que hables, hazlo. ¡Eso sí, sé puntual!

Piscis y Cáncer. Necesitas estar preparado con dos posibles finales, porque en primera instancia, todo cambiará. Túrnense cada uno para dejar que mande Piscis, luego Cáncer, y de nuevo Piscis. Y recuerda, si Cáncer puede dar un poco de sí, también tú lo puedes hacer. Idealmente esta combinación es una de las mejores, pero no todo lo bueno termina bien. Si parece que todo no es color de rosa Piscis, búsquense otro Cáncer.

Piscis y Leo. Para ustedes, dos cosas; uno, que no hay nada nuevo bajo el sol; y dos; nada es tan malo como parece. Eso sí, si todo parece idealmente perfecto, cuidado, no se confíen. La combinación tiene que atraer alguna contingencia para que el agua tome su nivel. Hacer algún ejercicio físico—gimnasio, correr, bicicleta, etcétera—amaina cualquier rigidez. Hay mucha energía entre ustedes, y lo ideal es encontrarle salida.

PISCIS Y VIRGO. Para Virgo y Piscis y para Piscis y Virgo una buena carcajada es lo mejor y el mejor antídoto para lo que puediera ser una discusión fuera de contexto y tonta. Piscis, acepta el hecho de que no hay nada cien por ciento cierto bajo el sol, salvo los ocho minutos que tarda su luz—la del sol—a llegarnos a la tierra. Dóblate o desdóblate un poco por favor.

PISCIS Y LIBRA. Si te parece seguro desde el punto de vista financiero, adelante, negocia y deja que Libra sea todo lo idealista que quiera. Si tienes un presentimiento de artificialidad, deja lo que estás haciendo y diviértete antes de hacer una decisión final. Una corazonada no es igual que un cambio sentimental, y algo negociado con cariño les hará bien a los dos.

PISCIS Y ESCORPIÓN. Esta combinación podría tener más magia que el mismo Merlin en su corte así que denle oportunidad a lo no convencional para que—idealmente—cualquier cosa pueda suceder. Piscis y Escorpión son signos que tienen momentos llenos de efervescencia. Por lo mismo podrían ir al mismo hipnotista o encontrarse en el mismo grupo de herbolaria. Dale oportunidad a tu energía cósmica de encontrarse idealmente, claro está.

PISCIS Y SAGITARIO. Bájense a la tierra, o al nivel del mar. Piscis cuida de no ser demasiado indulgente contigo mismo salvo si tienes la absoluta certeza de no dejarte llevar por cualquier vaivén. Sagitario podría imaginarse que no sabes de lo que estás hablando, y tú debes asegurarte de que eso, idealmente, no sea cierto.

PISCIS Y CAPRICORNIO. Disfruten lo que tengan y negocien como disfrutarlo más. Y si aún no ha pasado nada placentero averigua que es lo que más le gusta a Capricornio para complacerle. Pregunta para que sepas cómo disfruta y en que sueña para su felicidad o la búsqueda de la misma. Una vez que sepas, úsalo como carnada. Piscis, podrías ganarlo todo si entiendes como darte por vencido sin perder.

PISCIS Y ACUARIO. Búsquense, encuéntrense, converjan, expediten, pónganse de acuerdo y luego pongan sus ideas sus cosas su dinero o sus planes en una gran coctelera y saquen a relucir algo delicioso, nuevo, como el mejor de todos los martinis posibles. Esto, por supuesto, es una metáfora porque yo sé que entiendes perfectamente como juntar ideas, construir cosas y mejorarlas. ¡Negociando, siempre negociando!

PISCIS Y PISCIS. Aunque no hablen o sepan el latín, dos Piscis juntos deben esforzarse para llegar a tener, *mens sana in corpore sano* (*una mente sana en un cuerpo sano*). Una vez cumplido esto podrían fácilmente unir recursos tanto conscientes como inconscientes y mostrarles a todos los demás lo bien que les puede ir. Dos Piscis juntos siempre merecerán cosas grandes y nosotros nos merecemos ver como lo logran, idealmente, claro está. Es interactivo su unión y cualquier negocio que puedan imaginar.

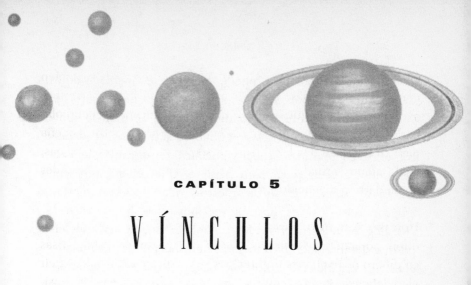

CAPÍTULO 5

VÍNCULOS

$\mathcal{L}$os vínculos son quizá, lo mejor de todo. Vincularse nos conecta con el presente bajo nuestros propios términos y debe hacernos sentir felices por estar allí, ahora. Tenemos que tomar conciencia que si deseamos algo, si esperamos cosas, cuando planeamos acciones, mientras miramos el reloj y fijamos nuestros tiempos, nos aseguramos de que ahora es cuando y, en todos estos casos, nos vinculamos con alguien o con algo. Fíjense. Al hacer un vínculo, construyes, confirmas, restringes, refuerzas, unes, aseguras, afianzas, acondicionas, provees, conectas, mantienes, detienes, solidificas y trazas puentes. Vincular te permite sostener la infinidad en la palma de tu mano, como tan bien lo dijo William Blake, "porque el tiempo, finalmente, no se limita en sus acciones".

Posiblemente el vincularse—porque es el más grato de los aspectos humanos—es al mismo tiempo uno de los aspectos más arduos, en especial si deja repentinamente de suceder cuando más lo estamos gozando o si nos vinculamos a algo totalmente equivocado. Si no se cuida uno, puede encontrarse vinculado con un signo de interrogación, y con eso quiero decir que te estarás preguntando eternamente; ¿y si lo hubiera hecho?, ¿y si no lo hubiera hecho? Podríamos estarnos preguntando si hicimos lo adecuado con el riesgo de nunca acabar y quedarnos estancados, acostumbrándonos a decir ¿y sí? para siempre. Una vez que nos vinculamos, se altera el curso de nuestras vidas, la mejoramos o la empeoramos—a veces, hasta la regamos—pase lo que pase. Los vínculos siempre alteran. Esto también puede ser excelente, porque siempre podremos mejorar nuestras propias habilidades y construir vínculos que gratifican. La astrología puede guiarte por este mismo camino, puede ayudarte a desarrollar tu autoconocimiento además de indicar la mejor manera de enfrentar los retos que aparecen en tu vida. Mientras te conectas y obras recíprocamente con otros seres humanos—de cualquiera de los doce signos astrológicos, sea el tuyo o no—es importante ir entendiendo como hacerlo y cual es la mejor manera de accesar sus intensidades y tu autoestima. Por medio de la astrología te asomarás a la intimidad que el vincularse ofrece y verás como puedes emplear tus propios conocimientos de manera implícitamente perspicaz, aparatosamente velada, o agitadamente perceptiva. Para el gran arte astrológico, vincularse tiene un ritmo, el suyo propio que cada quien usa como puede—y esperemos que vislumbre como debe—con su cadencia individual, sus múltiples notas musicales y sus íntimas letras poéticas, porque para vincularte hay un intercambio. Si bien te va, en ese intercambio, salen tablas. Tú das algo tuyo y recibes alguna cosa o sentimiento en cambio. Aunque, ultimadamente, sin tomar en cuenta algun resultado final, siempre habrá una recompensa porque de cualquier manera un vínculo te muestra algo, y a raíz de eso, progresas.

Conforme vas teniendo nexos, ataduras, relaciones, coyunturas, juntas, lazos y vínculos con innumeradas personas que se cruzan por tu camino, estás construyéndote tu propia y muy personal libreta de direcciones—la que llevas por dentro y te hace recordar a una persona por unos ojos pasajeros, o un lugar del pasado por un olor repentino. Vincularte debe ayudarte a tener más confianza en tu persona conforme vas decidiendo cuanta cola loca le quieres poner a tal o cual relación.

En una escala universal, la humanidad se vincula con un cometa pasajero, el que nos toque ver, con un eclipse (que nos toque asistir); sea el del año pasado, el de hace 4.000 años o el que aparecerá en el cielo nocturno del próximo verano. A esto se le llama vincularse con el *anima mundi* y tiene que ver con la capacidad que todos tenemos de asombrarnos y maravillarnos por cualquier misterio. El acto de enlazarnos o vincularnos frente a frente, personalmente, incluyendo nuestras acciones del diario deambular tiene a su vez tanto poder que, a veces, con una sóla exclamación como, ¡ahora sí! que le digas a alguien, puedes realizar algo importante, impactante, dejar una impresión que perdure o algo absolutamente pasajero.

El vincularte puede hacerte sentir de cierta manera una parte del objeto de tu propio deseo, puede dejar con cautela un pensamiento que armoniza o mejora una situación, podría situarte eficazmente en la posición más deseada y puede, si lo sabes usar, permitirte escribir el final feliz de tu propia telenovela, vivida día con día, o diario personal. Vincularte puede ser una experiencia física o mental que ciertamente designa cómo, cuándo y dónde fluye parte de tu esencia, la esencia que es parte de tu naturaleza que te hace ser quien eres. Y debe ayudarte a ser quien quieras ser. Al leer este capítulo verás aún más sobre tus propias cualidades y cómo usarlas cómodamente. Explorar y comprender tus raices astrológicas es cómo ver tu propio árbol genealógico. Esto, combinado con poder descubrir todas las posiblidades que existen en la naturaleza de otros signos astrales ¡te ofrece la oportunidad de evolucionar, deducir y disfrutar!

Aries
vínculos: trabajar

*"Los imperios del futuro son los imperios
de la mente".*
—Winston Churchill

Si eres del signo Aries y aún no has comprendido que es a través del gusto personal que deberías tener con tus hazañas y tus labores que logras avanzar en todos los otros ámbitos de tu vida, algo te está fallando. Así de simple, y así de directo, porque así eres. Tú, Aries, tendrás siempre que ponderar sobre cómo te vinculas porque eres muy especial. Único. A veces crees que con los que quieres enlazarte no te comprenden, y no se dan cuenta que estás tratando de abrir caminos y unirte a ellos. Déjate ir un poco, suélta tu energía tan a flor de piel para mostrar como sí puedes usar tu creatividad para mostrar que estás trabajando para vincularte. Es ese el eslabón entre tu persona y tu trabajo, Aries, la creatividad. La creatividad forma parte de tu personalidad inherente. Desde esa manera tan especial como tienes de dar la mano y decir hola, hasta que les das un beso en la frente de buenas noches a un ser querido. De alguna manera o de otra necesitas ese dinamismo tan vital porque al vincularte con tu propia creatividad, le das salida a tu increíble tesón, fibra y nervio, mental y físico. No hay que olvidar que tu núcleo cosmológico está compuesto de aquello que da el don de mando. Tienes que darle salida a la posibilidad de ser líder y sutilmente mostrarle a los que están contigo que existe. ¡No es tarea fácil!

A veces, que pareces algo infantil. Esto es porque actuas bajo impulsos primarios sin pensar en lo que el o la de enfrente quisiera o simplemente desea. Esta tendencia puede llevarte a confrontar consecuencias de largo alcance en tu vida, como el de darle ese empujón—jugueteando por supuesto—a tu compañero de columpio y mandarlo a casa con una pierna rota. También, puede ocurrirte que seas tú quien atrape al que se cae de la resbaladilla, salvándole el pellejo. Ambos casos son causa de tu impulsividad. Abastecido por tu impulso tan arrasador, tu trabajo sale adelante por sí sólo, dejándote a veces en la trinchera, que no es precisamente tu lugar predilecto.

El trabajo, sin embargo, te libera. En realidad te ayuda a entender que es eso que llaman vincularse para que puedas dar el siguiente paso y vincularte con un lugar, una persona, un grupo de gente o una situación. Sea lo que sea, si te estás enlazando a algo, de manera muy personal estás imaginándote cómo mejorarlo. Ese proceso es el que te permite amaestrar tus tendencias impulsivas para llevarlo mejor. Mientras estás trabajando—limpiando una joya o el piso, haciendo cuentas o imprimiendo tus propios colores, construyendo una casa o entrenándote para un equipo de tenis—inconscientemente consideras a todos los que te rodean—tienes también un lado bastante altruista—usando una parte, con esto, de lo mejor que tienes. Que no te parezca extraño que tus vínculos aparecen en cuanto estás dentro de cualquier interacción.

Tiene que haber en algún lugar una ley que le prohibe a Aries estar sin trabajo, porque cuando lo estás, te metes en líos. La inactividad no te queda bien. A cause de tu creatividad, puedes mejorar cualquier cosa, imaginaria o material; es más, siempre lograrás hacerlo aunque no lo propongas. Eres el gran mago de la excelencia. ¡Suertudo! Y eso no es todo, pero si te vinculas adecuadamente y ayudas a quienes te acompañan, tu fulgor podría pegárseles. Entonces, ¡suertudos ellos!

Cómo vincularse con los otros signos del zodiaco:

Aries y Aries. Seguramente habrá carrera para ver quien de Aries contra Aries corre más rápido, tenga más don de mando o pase primero. Salvo si deciden que el lazo es demasiado importante para tener que lidear sobre quien se sentará en la cabecera de la mesa. Si logran tener buen humor los dos, dejen que el primero en llegar sea el primero en servirse y prométanse que no se molestarán con nadie.

Aries y Tauro. Imagínense que su relación, sea personal o profesional, como un taller. Durante ese proceso Tauro y tú pueden maniobrar sus emociones para dejarlas como mejor les convenga siempre y cuando se pongan a trabajar. Eso sí, no te confies Aries, de tu primer instinto porque podrías hacerle daño a Tauro sin siquiera darte cuenta.

Aries y Géminis. ¡Aries, ahora sí déja que te lleven de la mano! Probablemente Géminis hará el intento de guiarte y tú podrias aprender algo importante si le escuchas. Además, podría mostrarte nuevas maneras de hacer cosas tan simples como sumas, restas o multiplicaciones. Géminis necesita sentir que estás de acuerdo en tener su compañía, y aunque no deje de hablar, escucha con interés, aunque fuera un poco fingido.

Aries y Cáncer. Entre ustedes, cuando de vínculos o lazos se trata, es más importante la forma que la substancia. Si no aceptas este hecho Aries, podrías perder algo que bien valía la pena. La forma podría ser como una tarde lluviosa, y la substancia un paraguas o impermeable. Recuerda, Aries, si Cáncer se siente amenazado—bajo la luna llena, podría fácilmente sentirse así—deja en paz tu intento. Pero no te des por vencido: Cáncer siempre mejora a la segunda vuelta.

ARIES Y LEO. El resultado de un vínculo entre ustedes dos puede ser tan valioso como una moneda de oro, porque ambos están bien capacitados para salir ganando sin demasiado esfuerzo. Asegúrense de que su motivación sea positiva, y que el egoísmo no se entremeta por el techado. La indiferencia de uno podría causar la ira del otro.

ARIES Y VIRGO. Si se asoma una brizna de imprecisión, Virgo podría borrarte de su pantalla. Asegúrate de que puedas cumplir todas tus promesas con palabras y con hechos. Si no lo haces, podrías encontrarte como cuando comenzaste, sólo. Yo sé que Aries no reacciona demasiado bien cuando se le critica, pero nadie lo hace mejor que Virgo. Escúchale aunque te parezcan duras sus palabras. Deja que pase un poco de tiempo, y aviéntate al ruedo.

ARIES Y LIBRA. Ya que Libra es tu signo opuesto, ten cuidado por favor si encuentras que estás abriéndote un vínculo de manera que todo es trabajo y nada es diversión. Ambos podrían sentirse asfixiados. Traten de usar una propuesta de pantalla dividida; yo lo veo del mismo color que tú, si tú lo vez del mismo color que yo. Si crees que llevas ventaja, posiblemente te equivoques, aunque lo mismo podría estarle pasando a Libra. El vínculo podría ser confuso pero total.

ARIES Y ESCORPIÓN. Analiza la situación tres veces, y enseguida deja que Escorpión sea tan selectivo como quiera. No pierdas el verdadero significado de lo que realmente está pasando. Por una vez, date por vencida y deja que Escorpión te recuerde las razones que hicieron que comenzaron a vincularse, o, que las hicieron posible.

ARIES Y SAGITARIO. Esta combinación prospera cuando se baña de diversión y buen humor. Tú, Aries, tienes que decidir qué tipo de diversión quieres tener. ¿Quieres parecer lo que no es? O, ¿quieres ser lo que no parece? ¿Quieres más? O, ¿quieres algo que no te atreves a decir? Sagitario generalmente sabe que hacer para que las cosas salgan tranquilamente bien, y para ti, Aries, no es siempre así. Porque no dejas que Sagitario se aproveche de ti un poco, para que dejes de trabajar.

ARIES Y CAPRICORNIO. Mientras Capricornio espera, tú, Aries, puedes madurar un poco más. Esperar por ti, Aries es como antimateria cósmica, algo que ni trabajando con el mago Merlín puedes soportar. Sin embargo, con Capricornio podrías, quizá, subirte a esa frecuencia que te lleva a largos plazos, a los placeres que da contar días felices y a entender que poco a poco, un poco más vale la pena.

ARIES Y ACUARIO. Un gran plan maestro, no pueden equivocarse si ambos se permiten ver el lado ridículo de lo que creen ser absolutamente certero. Hay inclusive, un proverbio chino que declara eso mismo, la certitud es algo ridículo; no creo que necesiten más que ponerse de acuerdo en sí su trabajo tiene salida, y si no lo tiene, que se diviertan discutiendo. Su vínculo ha estado entre las estrellas desde hace tiempo ya, aunque no estén en lo cierto.

ARIES Y PISCIS. ¿Conoces el ouroboros? Es una serpiente emblemática de cuentos antiguos que se ve representado con su propia cola dentro de su boca, y se cree que desde siempre expresa la unidad de todas las cosas. Aries, trabaja sobre los comienzos de todo lo que hagas con Piscis quien sabe, tan bien, cómo ponerle el toque final. Ténganse confianza y usen los lazos más comunes sin que sean corrientes para continuar.

Tauro
vínculos: creer

"Los misterios no son necesariamente milagros".
—FRIEDRICH WILHELM NIETZSCHE

*S*iendo Tauro, deseas primero, y después crees. Sin embargo, si a continuación determinas que lo que crees que pudiera enlazarte con algo o alguien te distrae de lo que piensas te conviene, o si sientes que lo que crees no tiene probabilidad de durar, el vínculo perderá fuerza y tú perderás interés. Uf. No eres tan complicado o complicada como parece en este primer párrafo, pero lo que sí es cierto es que Tauro por lo general alcanza lo que quiere por puro vinculación cósmica. Quiere porque sabe que puede ser no intefiere con su propio misterio de ser. O, puede aunque todavía no lo sabe y para eso tiene que vincularse con toda la fuerza que sabe tener. Si no crees profundamente en lo que haces, no lo harás de todo corazón. Si crees en lo que haces, puedes llegar a ser Primer Ministro (como Tony Blair), candidato por cuerta vez a la presidencia (como Cuauhtémoc Cárdenas), o una de las mujeres más ricas del mundo (la Reina Beatriz de los Países Bajos). El corazón de Tauro y lo que es capaz de sentir además de aguantar es algo que debemos todos tener muy en cuenta además de creerle. Vinculados con él, en las buenas y en las malas.

Para estar a gusto necesitas sumergirte y tener la seguridad que el vínculo tuyo se comparte, sin importarte el resultado final, porque como Tauro, por lo general estás más contento al vincularte, el vínculo en sí no es tan importante, para ti, no. Tú, sabes que sí lo harás, que todo lo que haces de alguna manera te pertenece hasta la eternidad, y por lo tanto, te divierte más el momento de ahora, que es en lo que crees.

Las emociones, grandes, pequeñas, momentáneas, arrebatadoras, felices, etcétera, son para ti de muchísima importancia. Y, si los sabios de la antigüedad tienen algún vínculo con la verdad—esperemos que así sea—al proclamar que nacemos todos bajo el signo que escogemos, tú, Tauro, escogiste ser éste, el segundo signo de nuestro zodiaco para poder poner por delante tus emociones.

¿Sabes que el ser humano respira alrededor de unas 21.000 veces al día? Tauro, tú te conectas, te vinculas, te ligas con todo el universo por el simple hecho de respirar. Un proceso natural que hacemos sin pensar se convierte en una manera de vincularte con el cosmos. Diariamente tienes una interacción con todo el mundo sin estar consciente de ello, pero con el conocimiento profundo de que tomas cada aliento por el bien de tus cinco sentidos. Sencillamente, lo que esto significa es que Tauro se vincula con las emociones de una manera inconsciente, así como tú, Tauro, sabes que sentir es creer porque puedes. No son ilusiones, tus creencias. Las ves, las escuchas, las tocas, las hueles y sabes que si las pudieras saborear, sabrían como crees que saben. Aunque todo esto sea un acto de fe. Vincularse les llega a Tauro una vez que hayan llegado a un acuerdo con sus propias necesidades básicas. Que correspondan a sus creencias. Y con la suerte, que por tener un planeta tan encantador como Venus de rector, aunque tarden, el tiempo es su gran aliado.

CÓMO VINCULARSE CON LOS OTROS SIGNOS DEL ZODIACO:

TAURO Y ARIES. Como una corriente eléctrica, el vínculo entre ustedes puede ser milagrosa si están en la misma onda. Piensa en lo que le sucede a los aparatos eléctricos cuando uno los enchufa en el voltaje equivocado. El fusible estalla. Aries, tiene que entender que Tauro no se deja empellar—enséñale este párrafo—y tú, Tauro, necesitas tomar tiempo para comprender y creer que podrías quizá, por tu bien, hacerle caso a Aries.

TAURO Y TAURO. Lo más importante es definir lo que ambos buscan, no preguntarse lo que les depara el destino. ¿Por qué no tratar de bailar? Una vez que hayan decidido cuales son los pasos de baile que le conviene a la música en cuestión, seguaramente se darán cuenta de ese talento, particular a Tauro y hasta hoy, desconocido. Si logran descubrir nuevos pasos de algún suave vaivén, cualquier cosa podría pasar, en super buena onda.

TAURO Y GÉMINIS. Cuestiónate una y otra vez para ver si este vínculo realmente te es indispensable. Géminis puede germinar en ti cambios que no siempre son los adecuados con tu lento andar, podrías estar perdiendo tiempo. Recuerda que si quieres romper el trato, siempre hay modo, aunque Géminis hará todo lo posible por hacerte creer que no debes dejarlo/la. No cejes por un sí, ni por un no. Siempre habrán momentos llenos de encanto.

TAURO Y CÁNCER. Hay mucho entre líneas entre ustedes. Tú, Tauro, necesitas atreverte a mencionar cosas que Cáncer no se ha atrevido a decir. Es más, podrías atreverte a preguntarle sobre asuntos muy personales, abriendo así un vínculo íntimo, y conveniente. Hay una veta que no necesita palabras entre ustedes que pueden iluminar sentimientos o emociones mutuas. ¿Será que está escrito en el cielo su lazo? Pónganlo a prueba.

TAURO Y LEO. Leo podría parecer demasiado autoritario para Tauro, aunque la Santa Biblia dice que nada es un secreto que no se haga manifiesto, lo que quiere decir para ustedes que tienen el derecho—cada quien—de decir lo que saben y cómo usarlo. Con esto en mente, tú, Tauro, podrás probar cómo mantener una buena relación, mientras el cuerpo aguante, con Leo.

Tauro y Virgo. Cooperen. Tiene que haber un síndrome de toma y daca o de dares y tomares entre ustedes. Por ejemplo, Tauro podría escoger el lugar y Virgo la hora. Si los datos son claros y no hay malentendimientos podrían ya establecer un vínculo fuerte o contribuir a la vinculación de alguien cercano. Suerte.

Tauro y Libra. De nuevo podemos mencionar a Venus, regente de ambos. Venus embellece lo que toca, así que si entran en franca competencia, mejor para los demás. Rivalizar les hace bien, los enaltece además de que con esta combinación astrológica siempre hay mucho más de lo que se imaginan.

Tauro y Escorpión. Son opuestos, y uno tendrá que soportar mientras otro tendrá que sonreír. Pero alternados. Pueden encontrar los puntos débiles y las fuerzas internas de cada uno en menos de un parpadeo, pues de alguna manera se complementan. Cada vez que se encuentran frente a frente, habrá algo diferente, de distinta intensidad. No se dejen, no se olviden, nunca se aburrirán y siempre habrá vinculación cuantiosa.

Tauro y Sagitario. Como en los llamados "matrimonios abiertos", ¡el vínculo entre ustedes habrá de ser algo en que otros creen sin quererlos imitar! Tendrán que ponerse de acuerdo sobre cómo hacer ciertos cambios y ver cómo esos cambios realmente mejoran la relación. La llave de su felicidad consiste en saber que bajo toda circunstancia, siempre hay lugar para progresar.

Tauro y Capricornio. El quid de la cuestión, una vez superados los detalles, es que los vínculos que ustedes se tracen podrían durar mientras el poema favorito de cualquier de Tauro o de Capricornio tantee su imaginación. Las palabras deben tener su debida elocuencia cuando de ustedes se trata, aunque siempre habrá un aire de quien le quiere cortar las alas a quien. El resultado deberá siempre contener algo de duda razonable, embellecido por sentimientos puros.

Tauro y Acuario. Tauro posiblemente piense que el espíritu aventurero de Acuario es un poco jalado de los pelos, pero Tauro, si te fijas, podrías averiguar algo que tiene que ver con los cuidados; no los peligrosos, sino los amorosos. Un cambio tentador puede hasta hacerte creer en algo como fantasmas, extaterrestres y por qué no, fuerzas cósmicas.

Tauro y Piscis. Exagerar les conviene a ambos. Pueden reencontrarse bajo varias circunstancias como almas gemelas, y el viento que impulsa las alas de Tauro puede acariciar el alma de Piscis haciendo entre ustedes un vínculo permanente, envidiable y fortificante.

Géminis
vínculos: dualidad

"Todos somos como Dios nos hizo, y a menudo
bastante peores".
—Miguel de Cervantes

Géminis, por lo general tienes la suerte de tener doble perspectiva. La tuya y la con que quieres impresionar. No solamente ves el bosque de entre los árboles, pero también puedes discernir cada árbol parado por sí sólo dentro del mismo bosque. Ya sabes por qué, porque tu signo carga con la dualidad existencial de los gemelos. Uno de tus costados se vincula con el otro mucho antes de soñar en vincularte con otra persona. Y para facilitarte las cosas, este punto de vista en especial te permite un libre acceso a cualquier camino en la vida, convirtiéndolo en carretera de doble sentido. Puesto que ya establecimos que vincularse tiene que ver con dos, tres o los que sean—pero siempre más que uno—se complica todo asunto si tratas de ser muchas cosas para diferentes personas. O diferentes cosas para muchas personas. Tú le podrías llamar el aspecto melódico de tu personalidad o de tu potencial; podrías complicarnos la vida aún más llamándo tu impresionante dualidad una dictomía funcional. Admito que son palabras vagas o jaladas de los pelos, pero lo hago porque tú siempre escuchas y aprendes al mismo tiempo. Nada te pasa desapercibido aunque pensemos que ni te fijaste ese talento te pertenece desde el momento en que naciste, y a menudo las cosas te suceden con tanta velocidad que aquellos otros signos astrológicos que se enlazan contigo o encuentran un vínculo de acceso hacia tu ser, ni cuenta se han dado que ya cambiaste de onda energética y pasaste a otra cosa. (Tú, si puedes leer esta larga frase de un sólo soplido). Podrías llamarlo elasticidad, otros podrian llamarte superficial. Sea lo que fuese, tienes una flexibilidad admirable.

Aries, Tauro, Cáncer, Leo, Virgo, Libra, Escorpión, Sagitario, Capricornio, Acuario y Piscis estarían fascinados si pudieran asir el privilegio tuyo, Géminis, y sostener aunque fuera por un rato tu fuerza ambidextra. Tu gemelo-persona es el ejemplo perfecto de una aparición del poder de vinculación sin necesidad de sentirse sano y salvo. Tú eres quien puedes mostrarnos cómo hacerlo dentro del marco de sus propiedades vitales. Espero no estarte confundiendo, pero hay un poco de malicia en mis palabras—por supuesto que tengo Géminis en alguna parte, así que gracias—y te voy a ser muy franca. Eres feliz dueño y dominas a la perfección la posibilidad de enlazarte, de establecer vínculos y de unirte sin necesitar sentir que es lo que realmente deseas; impresionas y lo haces si quieres. Sabes cómo convencer a quien quieras de que el día es noche o que la noche es día, y te lo agradecerá además. Con tu ingenio y agudeza preponderante, sabes que hace falta para conseguir lo que quieres o necesitas sin contar con los instrumentos que utilizan los otros signos del zodiaco. ¡Nos sorprendes y ganas!

Eres campeón interestelar de todo vínculo, aunque dudes, porque puedes convertir cualquier imperfección en algo estimable, o por lo menos, en algo que valga la pena.

CÓMO VINCULARSE CON LOS OTROS SIGNOS DEL ZODIACO:

GÉMINIS Y ARIES. Aries tendrá que comprender que para que Géminis tenga deseos de tener una relación que tenga algo de peso, no basta una palabra solitaria. Mientras más palabras, mejor. Mientras más divertido, también mejor porque la seriedad

entre ustedes amaga. Aries podrá mostrarte como recortar, bajarte de tu nube y hacer cuentas finales así que invéntense un
nuevo juego y hagan vínculos fuera de lo común. Eso sí, no olviden una buena dósis de generosidad.

GÉMINIS Y TAURO. Si crees en los encantos y los hechizos, uso
algo parecido para hacer que Tauro crea en lo que tienes
planeado decirle; lo que digas o hagas podría—como sorpresa
fascinante—convertirse en seductivas dualidades. Si no crees en
la magia, tendrás que ponerle una dosis extra de chispa a tus di-
alogos. Créeme, Géminis, cuando te digo que no te será fácil
hacer lo que quieras con Tauro.

GÉMINIS Y GÉMINIS. Ya lo sabes, tu signo es gemelo de tu
signo; y ahora son cuatro. Pero dos Géminis juntos también
quiere decir que tienen la bendición de cuatro maneras de vincularse. Eso sí, cuidado de no perderse en un artificioso
mundillo de fantasía. Escoge el camino más realista para que
cualquier de los dos tenga éxito. Nunca se den por vencidos
porque eso sí, todo Géminis mejora cada vez.

GÉMINIS Y CÁNCER. Tus activos podrían ser una desventaja
desde el punto de vista de Cáncer, porque te verá a través como
si fueras de vidrio o de agua. En este momento no hay manera de
que maquines tus dualidades sin dar algo en cambio, Géminis.
Aunque por alguna misteriosa razón pudieras salirte con la tuya,
Cáncer podría echar a correr y vincularse con otra persona.

GÉMINIS Y LEO. Podrían realmente salvarse, mutuamente, de
vincularse de manera equivocada. Tendrán, Géminis y Leo, que
estudiar su manera muy propia y personal del uso de la palabra
salvar, como en salvar para habilitar; salvar para guardar, salvar
para fijarse para o salvar tiempo. Salven su palabra, o para ser
franca, Géminis, sálvale la palabra a Leo.

GÉMINIS Y VIRGO. Este vínculo podría comenzar o encontrarse con un simple "oh", un "oooooh", o un "ay", "ooooehoo". O, si realmente es buen día, un suspiro largo y tendido, de gusto. Y, el tono no tiene nada que ver con el cosmos ni con astrología, tiene que ver contigo y tu buen o mal humor. No culpes a las estrellas, porque a ti te tocará escoger. Prepárate, porque sí podrías causar un lazo interesante, de varias maneras o de muchos ángulos, eso sí, tu cielo astral proporcionará la punctuación adecuada.

GÉMINIS Y LIBRA. Relájate. En realidad, ser seducido o seducida puede ser una experiencia sublime. Puesto que tanto Geminis como Libra son duchos en el arte de la seducción, decidan entre ustedes quien es el seducido y quien seduce—a cualquier nivel. La dualidad entre por la puerta grande en cuanto traten de intercambiar papeles, que definitivamente no es recomendable.

GÉMINIS Y ESCORPIÓN. Podría estar haciendo sonar una falsa alarma, y puedes no estar de acuerdo, pero salvo que cada uno realmente quiera con "Q" mayúscula, vincularse con miras duales podría ser enredoso. Demasiado. Recuerda, por el potencial latente de cualquier vinculación, podrías encontrarte, Géminis, no teniendo nada para detener a quien quiere irse. Por supuesto que con buena suerte, me habré equivocado.

GÉMINIS Y SAGITARIO. Es extraño que Sagitario no esté a la búsqueda de alguna respuesta. Ten cuidado. Son signos opuestos y si no te fijas, uno podría nulificar al otro y podrían encontrarse preocupados por algo que ni siquiera existe. El peor escenario sería adivinar o apostar algo que es un cero a la izquierda. El mejor escenario podría ser una doble dosis de buena suerte. Para ustedes, mientras más, mejor.

GÉMINIS Y CAPRICORNIO. No cuentes con que la dama de la buena suerte viaje contigo durante todo el lapso de este vínculo tentador, aunque preocupante. Tus primeras impresiones—que sean seis—serán las mejores, en especial para Capricornio. Pero tú, Géminis, podrías planear mejor las cosas o planearlas de mejor manera. Eso lo aliviaría todo.

GÉMINIS Y ACUARIO. Algo muy especial podría estar sucediendo entre ustedes, por hacerse o en el peor de los casos, pudieran imaginarse, aunque la realidad sería el mejor vínculo. Si hay quienes pretenden que lo que traman no puede ser, no les hagan caso. Enfrenten lo que sea porque como mínimo, tendrán tiempo para divertirse; y como máximo no podrán dejarse jamás. Si tú, Géminis, realmente te vinculas con Acuario, habrás hurgado dentro de lo mejor de ti. Tu dualidad se pone a prueba, así como tu voluntad.

GÉMINIS Y PISCIS. Apunta todo. Trae contrato bajo el brazo cuando vas a vincularte con Piscis. Y asegúrate pidiendo ayuda de un mediador aunque no estés pensando nada en serio. Un facsímile podría también funcionar, siempre y cuando tú, Géminis, sepas lo que vas a pedir en segunda instancia. Eso sí, no se exijan demasiado, porque ambos podrían usar lo que el otro deshecha.

Cáncer
vínculos: dar

"Se tiene que ser pobre para conocer el lujo de dar".
—GEORGE ELIOT

*V*erdaderamente existen estudios muy serios hechos sobre la astrología escritos por todo el globo terráqueo. Uno de los mejores de la segunda mitad del siglo pasado, el *Petit manuel d'astrologie* (*Pequeño manual de astrología*) escrito por André Barbault, quien en colaboración con Michel Gauquelin le tenemos que agradecer haber creado el primer gran programa de computación astrológica, sostiene que la creación de la primera célula humana fue producida—simbólicamente—dentro del signo de Cáncer como un resultado de la unión (representado por Géminis) del óvulo (representado por Tauro) y el espermatozoide (representado por Aries).

Cáncer, tu signo tiene el cometido o la misión del cosmos, de representar el don de la vida. Su iniciación. El acto de dar es congénito con tu alma zodiacal. Das como vínculo de tu ser. Para autoconocerte mejor Cáncer, habrá siempre una gran cuestión que es la siguiente; *¿Qué* es lo que das? ¿Das entregando, das lugar a, das la mano, das pie, das tiempo, das miedo, das y tomas, das demasiado, das por hecho, das suministrando, mejorando o presentando, das facilitando o simplemente te das? La respuesta depende del vínculo que haces y depende de lo que tú crees que merecen. Aquéllos que tienen que ver o tienen una relación con Cáncer deben comprender y asegurarse que siempre tendrán algo revertido, una parte de lo que Aries, Tauro,

Géminis, Leo, Virgo, Libra, Escorpión, Sagitario, Capricornio, Acuario y Piscis le entrega a Cáncer vendrá de vuelta. Se lo aseguro porque además, llevo muchísimos años estudiando a este signo, puesto que es el mío propio. Al comprometerte a cualquier cosa, te vinculas. Cuando haces vínculos, cedes parte de ti y revelas algo de tu ser. El que des, es una reacción; tú debes algo real o ficticio, pero de alguna manera aunque otra persona aun ni cuenta se ha dado tú ya tienes el sentir de dar porque él o ella se lo merece. Ellos, los otros, tienen que tomar esto en cuenta, pero no es muy frecuente que lo hagan. Algunos Cáncer no saben que esto les sucede, y mientras antes, mejor.

Así, antes de tomar el primer paso y vincularse con alguien, algo o ninguno, tú, Cáncer, tienes que sentir que estás a tono. Si no, verás que estás simplemente haciendo un trueque o intercambiando, el lugar de hacer un verdadero vínculo. Pregúntate si no has puesto demasiado de ti, y pregúntate también si tu fallo es válido. Para Cáncer, al unirse con algo o con alguien, está dando algo a perpetuidad—a veces entrega demasiado o se entrega demasiado—aunque qué tal si en este nuevo milenio encontramos que la perpetuidad no es tan eterna como nos figurábamos. Haz caso y pon atención, a veces se da demasiado por estar excesivamente involucrado consigo mismo. Da de ti, pero considera que es posible que con quien te vinculas no quiera tanto, aunque tú pienses como el poeta; ¿qué más quieres, quieres más? Como Cáncer, ya lo sabes, das más, hasta demasiado. Con Cáncer ahora te toca—con suerte—recibir.

Cómo vincularse con los otros signos del zodiaco:

Cáncer y Aries. Haz un esfuerzo, y entiende Cáncer, que Aries ve las cosas por unos anteojos totalmente diferente a los tuyos; de color, forma y grado de grosor. Aunque tengan una relación kármica, difícilmente se podrán poner de acuerdo en muchas cosas. Y, que bueno que aparezca esa diferencia. Les hará muchísimo bien a los dos. Aries y tú se vinculan mostrándose faltos de algo, y ambos saben poner la componenda.

Cáncer y Tauro. Tu propia imaginación no es lo más indicado a seguir, Cáncer, cuando con Tauro te vinculas. Creerás que no tienen nada más que decirse, que todo ya lo has explicado, cuando mientras tanto, Tauro ha comprendido lo contrario a lo que has dicho. Necesitas ser clarisísimo y no enjuiciar a Tauro, pues posiblemente el que se tropiece y dé señales equivocadas eres tú. Eso sí, encuentren algún placer para que ambos gocen con uno de los cinco sentidos, como mínimo. Recuerden, no hay quien dé mejores abrazos, sabrosos, que Tauro; no te lo pierdas.

Cáncer y Géminis. Vincularse podría tener ciertos aspectos complicados porque Géminis por lo general interpretará como asuntos separados, lo que haces y lo que dices. Por ejemplo, tu podrías sentir o pensar que estás dando demasiado, mientras que Géminis ni siquiera se toma la molestia de darse cuerta de que estás dando algo. Reacomodas tus prioridades, como reacomodas muebles. El favor que le puedes hacer a Géminis es recordarle que debe evitar.

Cáncer y Cáncer. Si estás dando simplemente por hábito, habrá un detonador. ¿Te parece extraño? Busca nuevas palabras, encuéntralas de todo corazón y da algun tipo de nueva energía al asunto, a un sentimiento o a una relación vinculado con ustedes. Seguido, después de un poco de espera mejorará su autoestima, porque en realidad, todos necesitamos un poco de eso.

Cáncer y Leo. Aquí, por favor Cáncer, en lugar de dar, toma. Pide. Exige y si no consigues lo que quieres, ruega. La relación sólo puede mejorar si Leo ofrece más de lo que pides o das, y esto no le será fácil. Si ves que no prospera, posiblemente tendrás que dar un gran suspiro y darte por vencida, después de decirte, nos quedó grande el asunto.

CÁNCER Y VIRGO. Necesitarán un reloj despertador o algo que tenga un sonido fuerte para recordarles que el tiempo realmente vuela. Con lo que quiero decir que no hay que apurar a un Virgo, específicamente si eres Cáncer. Por supuesto, se divertirán y posiblemente se imaginen que todo está perfecto. Ten en cuenta que aunque uno enloquezca a otro—cuidado, si el cielo les da una luna llena o un eclipse tendrán aún más que aprender—el vínculo valdrá la pena.

CÁNCER Y LIBRA. Objetividad es la mejor cosa que pueden darse, si alguno de estas das estrellas del zodiaco piensan vincularse. Si le echan ganas a combinar algo, podrían encontrarse peleando por cosas insólitas, simplemente porque sus voluntades están encontradas. Para ponerse de acuerdo tendrán que reconocer que hay una mentira escondida o una verdad desaparecida. Búsquen, encuentren, y el vínculo será un regalo en sí.

CÁNCER Y ESCORPIÓN. Primer paso—Cáncer, no te molestes en lo más mínimo por lo que Escorpión pueda decirte. Segundo paso—recuerda que Escorpión te necesita. Tercer paso—no te sofoques. Cuarto paso y todos los consiguientes—tú los tienes que decidir. Si te aprendes este pequeño recetario de memoria, llegarás a comprender que si se permiten dar una segunda oportunidad, el vínculo aparecerá sólo. El regalo fue dar el primer paso.

CÁNCER Y SAGITARIO. Déjate llevar por Sagitario. Comienza Cáncer, con alguna novedad saludable o relacionada con el bienestar. Recuerda, Sagitario es un signo excelente para mostrarte cómo mejorar tu cuerpo físico, tus costumbres en el área de la nutrición y como puedes dar una mejor impresión. Tu experiencia le ayudará mucho, una vez que acepte sus consejos.

Cáncer y Capricornio. Capricornio querrá contar contigo, pero es probable que tarde mucho tiempo en comprender cuanto das de ti cuando te vinculas con alguien. Cuidado. Podrías acabar cansada de tanto esfuerzo por complacer. Podrías fácilmente hacerte un favor personal, dando un poco menos a éste, tu signo opuesto, hasta que te ruegue, o algo parecido.

Cáncer y Acuario. Cuando pienses ofrecerle algo a Acuario, asegúrate de que estás siendo lo más claro posible, y que ese algo que estés ofreciendo es parte de un todo, pero que definitivamente no es todo. Acuario a veces cree que se merece lo que aún no tiene y se da por bien servido. No es tan complicado como parece, porque en el fondo, Acuario se vincula cuando ve que lo que hace te hace bien. Y aunque tengan diferentes métodos de funcionar, pueden contar con una buena dosis de suerte.

Cáncer y Piscis. Ovidio, el poeta romano, nació cuando este signo ya terminaba. Él dijo que dar es algo que requiere genio. Tenlo presente cuando tienen que ver con Piscis. Puedes ser indulgente contigo mismo/misma involucrándose con causas que valgan la pena. Su vínculo, así se dará mutuamente como un regalo que no deja de mejorar, incrementarse y funcionar.

Leo
vínculos: disfrutar

"Aquél que ríe, perdura".
—Mary Pettibone Poole

Nadie, en ninguna civilización antigua, se divertía más que los dioses de la antigua mitología. Contando, leyendo y pensando en esos maravillosos mitos nos vinculamos con nuestra propia historia, la humana, la de la tierra, la del cosmos. Alegorias a nuestra vida diaria con sus cuentos subidos, situaciones fantásticas y abundante regocijo, sin dejar de lado tragedias humanas y momentos de terrible indecisión. Celebramos y celebremos con ellos durante algunos minutos—como mínimo diario—buscando la aparición de Eros en nuestro propio Shangri-la. La esencia de Leo está siempre presente en toda fantasía, utopía o quimera empezando con la primera persona que volteó hacía la bóveda celeste y pudo ilustrar un león, dibujado por las estrellas para cuidar o asustarlo. Alguien, un hermano de antaño, se las ingenió para comenzar un cuento para todos los tiempos con posibilidades ilimitadas. Una historia que nos podrá consolar además de indicarnos hacia donde van los caminos por los que andamos y como entretenernos al mismo tiempo. ¿Se le llamará a esto diversión? Cada uno de nosotros, seamos Aries, Tauro, Géminis, Cáncer, Leo, Virgo, Libra, Escorpión, Sagitario, Capricornio, Acuario o Piscis tiene capacidad de crear su propio saber personal mientras nos asimos, nos recargamos a o nos pegamos con ese momento indescriptible— a cada quien el suyo—que definimos como regocijo o alegría. Qué bueno que divertirse o disfrutar nos llega a ratos, en arrebatos o en chorros repentinos, porque es totalmente adictivo. Y nadie es el mejor moderador para saber de donde tomar poco que tú, Leo.

Leo, siempre entusiasta, sales ganando cuando usas tu singular habilidad para enlazar o vincular esa cierta harmonía que cargas en tu intimidad y muestras a quien se deje como deleitarse, gozar, pasarla bien, celebrar, retozonar con brío, irse de juerga, recrear, ser tan juguetón como un gatito o tan bribón como gato callejero, controlar su mundo, entretenerse y divertirse. Ahora que el grado con el cual puedes realmente dejarte ir y explayarte depende de cómo y cuándo logres asir tu propio entusiasmo, envolverlo dentro de un lindo papel, y si eres Leo, usar esa fuerza energética que posees; si no eres Leo, búsca rápidamente a uno para que te diga como hacerlo. Si eres Leo, dichoso. Sabes mucho más que yo sobre cómo amaestrar la palabra y su significado. Disfrutar. Leo, de vez en cuando trata de indicarles a tus amigos cómo pueden disfrutar mas, cómo divertirse sanamente o que pueden hacer para alegrar sus días, según tu sabio consejo. Les estarás haciendo un gran favor además de que es una manera de canalizar tus ilustres dotes de mandón que viene empaquetado con tu propio signo.

Ya deberán saber aquéllos que te conocen, que cuando estén aburridos o quieran hacer algún plan bastante espectacular deben llamar a su Leo favorito; esperemos que seas tú. Esperemos también que siempre haya un Leo cercano, dispuesto a sostener y apoyarnos. Si no es el caso, y no encuentras uno o una, usa tu propia sección Leo y verás como podrás disfrutar y vivir mejor.

Cómo vincularse con los otros signos del zodiaco:

Leo y Aries. Este lazo podría ser extraordinariamente creativo y tan divertido que podría parecer haberse hecho en el mismo cielo. No todo es perfección—como cualquier cosa que realmente valga la pena—y tendrán que aprender a usar sus destrezas (ambos) en la lucha de supervivencia diaria. Tú, Leo, posiblemente tengas muchos planes a la vez. Eso podría convenirte, solo que recuerda que a la mayoría de los Aries no les gusta esperar ni lo hará.

Leo y Tauro. Este vínculo se parece a una obligación con engaño. Lo que los dos pueden llegar a hacer dependerá de hasta donde pueden afocar, lo cual, según Tauro, seguramente no será suficiente. Haz un esfuerzo para comprender la definición de Tauro de disfrutar y ajusta tus demandas y posiciones. El vínculo no es tan importante como el poder hacer algo juntos, rétense a duelo, piensen en una competencia sin grandes riesgos y no se pongan a pensar en los resultados. Eso, que lo hagan los viejos.

Leo y Géminis. Leo tendrá que tener presente que los humores de Géminis cambian en un abrir y cerrar de ojos, sin razón aparente. Por lo menos, la razón no te será aparente a ti, Leo. Para Géminis, el lugar es más importante que la hora. Déjalo escogerlo por favor. Así le podrás mostrar a Géminis que podrá convertir cualquier situación en algo divertido. Quizá sea la manera más fácil de crear un vínculo duradero entre ambos.

Leo y Cáncer. La energía entre Leo y Cáncer debe encarrilarse para que sea pulida, suave, como un automóvil BMW que al prenderse ni se oye el motor. Si no es el caso, despídanse. Para ti Leo, la diversión no puede continuar si no tiene una beta espontánea. Por lo tanto si tienes en mente algo específico, hazlo y comprueba que funciona, después invita a Cáncer a subir al asiento del pasajero.

Leo y Leo. Podría ser un verdadero día de gala si un Leo se vincula con otro. Te fijas que con las tres letras de tu signo se puede hacer un anagrama de la palabra "olé". Expresión que podría ser un especie de mensaje cósmico que tiene que ver con toda la exuberancia de tu signo. Un enlace entre dos Leos posiblemente sea como dinamita siempre y cuando uno no se burle del otro.

Leo y Virgo. Si Virgo tiene una pequeña duda sobre tu sinceridad, se angustiará y dudará en atreverse a disfrutar contigo. Comenzará a medir y a pesar pequeños detalles que ni siquiera vienen al caso. Tú, por llevar la llave de la suerte en el alma, podrías tranquilizar al Virgo que desees. Virgo, signo que sigue al tuyo no necesita más que una señal de tu parte. Te lo agradecerá y con gusto se soltará el pelo, agradeciéndote tu esfuerzo.

Leo y Libra. Cuando Libra se divierte muestra lo mejor de sí. Cuando tú, Leo, ayudas a otros a disfrutar, muestras lo mejor de ti. Si combinas una cosa con la otra podría aparecer algo nuevo al costado de un sentimiento viejo. Cuando ustedes se juntan, siempre hay lugar para más. Cosas, ideas, personas o rogocijos.

Leo y Escorpión. Leo es un signo de expansión y ayuda a los demás a extender sus posibilidades. Emocionales, mentales y espirituales. Escorpión en cambio, se deshace de lo ajeno para llegar al fondo de las cosas. Seguramente podrán divertirse en grande con las pequeñas cosas de la vida una vez que encuentren como gastar sus energías sin escatimar. Si no se les sale de la mano, excelente.

Leo y Sagitario. Leo posiblemente pensará que puede lucir más que Sagitario y extrañamente, Sagitario sentirá lo mismo. En este caso, tú, Leo, sales ganando. Pero, en lugar de competir junten esfuerzos para contarse historias encontradas y hacer el vínculo más divertido y fuerte. Verás que por el momento dos convienen más que uno y que esta unión, por momentánea que sea, podrá ser muy esclarecedora.

LEO Y CAPRICORNIO. Lo mejor que pueden hacer para comenzar a tratarse es reunirse bajo condiciones atléticas—ustedes decidan—y verán que sin esfuerzo esta relación, de vínculo con miras disfrutables, les ayudará a sanar física o mentalmente. Lo divertido no es tan importante aunque resurgirá de vez en cuando. Un primer buen paso podría ser preguntar algo.

LEO Y ACUARIO. Los opuestos fácilmente hacen olas en el signo contrario y cualquier ola—mientras más grande mejor—le hace mejor a Leo. Si sientes que te vas de lado, ni te preocupes. Usa ese corazón tan grande que tienes para salir adelante aunque te tengas que dar un poco más de ti de lo que te gusta. Un factor importante en este meollo podría ser tu popularidad, esperemos que para bien.

LEO Y PISCIS. Uno podría volverse adicto al otro o a algo que—en este caso Piscis le enseñe a Leo o Leo a Piscis—te muestre o haga probar. O, encantarse con la manera de divertirse del otro de manera deliciosamente exagerada. Por qué no compartir buenos vinos, chocolates finos o bailes exóticos, si no se les ocurre otra cosa. Probablemente se te ocurra algo muy especial aunque Piscis puede ayudarte a mejorarte si acepta que quiere algo que tú le puedes dar. ¡Uf! Una vez aclarado todo, háganselo saber al mundo entero.

Virgo
vínculos: contestar

"La verdad es generalmente bondad, pero si ambos
se dividen y chocan, la bondad debería anular
la verdad".

—SAMUEL BUTLER

*V*irgo, tú prosperas cuando contestas preguntas, cuando pides respuestas o cuando averiguas lo que cualquier otra persona de tu mismo signo astral o de otro quisiera tener para poder gozar. Y con la primera respuesta de otro o de otra se establece un vínculo que tú consideras eterno, bajo el lema de "juntos, pero no revueltos". ¿Parece sencillo? Pues no lo es.

Por la sencilla razón de que tú, Virgo, consideras que la respuesta correcta es mucho mas profunda y va mucho mas allá de lo que creen. Sabes ser exquisitamente perfeccionista aunque al mismo tiempo entiendes que la perfección, como la belleza, depende de quien la mira. Cuando tú eres quien está viendo, que los demás se cuiden. Para cualquier otro signo del zodiaco, una respuesta puede ser excelente o puede ser un error irreversible, mientras que para ti, Virgo, curioseas por las diferentes condiciones existentes y tomas riesgos. Te atreves a valorar una pista que podría tener un fin determinado o un punto de vista razonable. Tú tomas nota, argumentas, reparas, adviertes o te opones. Además, te tomas la libertad de implicar, contradecir o rogar. Te complace dar soluciones, explicar claves inciertas, dejar perplejos a quienes creían estar seguros de algo, examinar fichas secretas, y puedes con inteligencia y gracia contradecir o protestar.

Virgo, en el fondo de tu ser, sabes que contestar, y para ti, responder en sí es un vínculo. Tienes, además, la sabiduría intuitiva que quizá no sea la mejor del mundo, pero te conecta—sin que hagas un esfuerzo—al lado intelectual de cualquier discusión. Es decir, a algo pensado. No creo que haya un Virgo que se acuerde, pero este signo una vez fue el que representaba las Siete Virtudes: fé, esperanza, caridad o amor, prudencia, justicia, fortaleza y templanza. Eres quien seguramente estarás sacándole toda la información a un posible Microsoft Windows 3098 (después del 2000 nuestro), explicándonos cómo funciona, por qué, qué contiene y cuánto tardaremos en activarlo. Cuando tú cuestionas a otra persona, te ligas a él o a ella por la sencilla razón de que esa interacción es básica para tu ser. Si te hacen una pregunta, tranquilízalos, por favor, pues tu respuesta siempre trae cola. Virgo sabe como darle "La vuelta al día en ochenta mundos" cómo bien lo explica en su colección de cuentos cortos Julio Cortázar, ingenioso escritor de signo Virgo, de nacionalidad argentina.

Las palabras, los vínculos y las respuestas son las palabras del gran rompecabeza que tú eres, Virgo. Ves fácilmente el punto clave aunque a menudo no te atreves a responder por miedo a no ser suficientemente bondadoso. Contestar es algo que complementa tu naturaleza porque abre las puertas que tú necesitas para seguir adelante. Aries, Tauro, Géminis, Cáncer, Leo, Libra, Escorpión, Sagitario, Capricornio, Acuario y Piscis nunca deberían dejar de preguntarte lo que sea su voluntad, pues te están haciendo un favor existencial al hacerlo. Y tú, Virgo, no sueltes esa distinción que tus respuestas pueden obsequierle a quienes cruzan por tu camino. Ellos se llevan el premio de saber que cuando tú les contestas siempre habrá respuesta justa o justificable.

Cómo vincularse con los otros signos del zodiaco:

Virgo y Aries. Virgo podría parecerle algo barroco a Aries. Convendría que tú, Virgo, aparentaras que estás respondiendole a una pregunta por escrito, como un supuesto ensayo. Leer y releerlo y cuidar cada palabra, con sus matizes acompañantes. Simplifícale cualquier sugestión a Aries para que pueda él o ella actuar con su acostumbrada rapidez y agilidad en lugar de tener que pensar en lo que tú quisieras que entendiera.

VIRGO Y TAURO. Ambos podrían aprovecharse—uno al otro—a lo máximo y al mismo tiempo gozar. Investíguen de que manera, recibiendo juntos. Inclusive como negocio podría funcionarles. Si Tauro da respuestas equivocadas o no cree que las tuyas sean las adecuadas no hagan mucho caso. Entre ustedes todo debe quedar como si fueran de la misma familia; altas y bajas pero presentes.

VIRGO Y GÉMINIS. Es imperante que tú, Virgo, hagas un conteo del uno al diez—como mínimo—de tus prioridades si le respondes a Géminis. Géminis puede causarte tropezones de todos tamaños si no te cuidas y te fijas. Tendrás seguramente que hacer un gran esfuerzo para llegar a enlazarte cómodamente con alguien de este signo, y recuerda que aunque tú creas que tanto esfuerzo vale la pena, sí que vale investigar para conocer.

VIRGO Y CÁNCER. Mientras más inviertas en esta unión, mejor respuesta tendrás. Invertir por lo general tiene que ver con asuntos materiales, no pierdas esto de vista aunque no se mencione la palabra dinero. Si puedes con tranquilidad cumplir con los plazos acordados, alguno tendrá mucho más que su merecido. Piensa positivo, pues ambos se hacen un bien existencial.

VIRGO Y LEO. Los Leos detestan que les cambien los horarios, pero cuando de Virgo se trata podrían imaginarse que un cambio en esta área podría convenirles, y tienen razón. No caigan en las trampas del juego que todos jugamos de la queja general. Un vínculo entre ustedes puede ser divertido.

VIRGO Y VIRGO. Experimenten todo lo que el atrevimiento de ambos les permita. ¡Virgo puede ser muy aprovechable para Virgo quien le puede ser inspirativo a Virgo! Una meta posible podría ser de funcionamiento óptimo que no es más que una manera rimbombante de decir perfecto. Lo único que habrá que evitar es no exagerar desagrado si uno de los dos posterga cualquier cosa. Si se atascan, pidan ayuda, porque es una combinación excelente.

VIRGO Y LIBRA. Los resultados finales pueden ser muy exitosos, siempre y cuando Virgo deje que Libra hable y se exprese a gusto. Estudia las eventualidades que traen el éxito para que ambos estén bien preparados. Deja que Libra se adelante y asegúrale que estás en plena disposición de compartir la culpa de cualquier tropezón. Un dulce sabor de éxito podría mejorarlo todo.

VIRGO Y ESCORPIÓN. Si ustedes logran trabajar juntos pueden sobrevivir cualquier terremoto, ciclón o tornado, y por lo tanto una pregunta, una respuesta o un vínculo les quedará como anillo al dedo si dejas que Escorpión dé el primer paso hacía el resultado final. Escorpión es quien puede convencer a la gran mayoría que tú, Virgo, vales la pena. Mantén bien abiertos los ojos para que puedas apercibir todo tipo de perspectiva.

VIRGO Y SAGITARIO. Déja que Sagitario suene sus propias campañas y no te enredes en terminologías inocuas. Recuerda que es buena estrategia, con Sagitario, de comenzar con la promesa de lo bien que viene lo que sigue. Tu lenguaje y modo de hablar le serán de suma importancia a Sagitario y si logras cautivar su interés le despertarás su verdadero yo, cosa que es intrigante y fortuita. No contestes Virgo, sino que inventa algo nuevo.

VIRGO Y CAPRICORNIO. Construir castillos en el aire es algo que les podría funcionar aunque traten a su alrededor de bajarlos—a ustedes—a la tierra. No dejen que terceras personas se entremetan en su vínculo, pues podrían causar un verdadero alboroto, simplemente porque esos otros quieren meterse en lo que no les importa. Yo les ruego, que en este caso—vinculaciones y responder—contesten sólo lo que a ustedes dos les incumbe y verán como Virgo y Capricornio salen ganando.

VIRGO Y ACUARIO. No se aferren a nada, cambien de bando si quieren, respondan alternando ideas y recuerden que toda historia tiene varias vertientes. Podrían verse involucrados en una comoción pasajera, pero recuerda que no hay como tener algún Acuario al lado para afrontar tiempos difíciles; por lo tanto ni te enojes ni te preocupes, mantente tranquilo. Deja que Acuario tome la iniciativa, que responda, mientras tú bajas tu guardia y esperas.

VIRGO Y PISCIS. Decidan quien entre los dos es el responsable, y que tome cartas en el asunto, éste o futuros asuntos. Piscis es tu signo opuesto, así que alguno de los dos podría ser ejemplo ejemplar para el otro. No se apresuren. Piscis y Virgo siempre pueden encontrar cómo arreglar, contestar o implicar mucho más de lo previsto. Si el vínculo se estanca, intenta algo que Piscis considere novedad.

Libra
vínculos: compromiso

*"La única cosa que todos desean es ser libres, para
hablar, para beber, para pensar, para agradar, para
desear y para hacerlo ahora".*
—Gertrude Stein

Una sonrisa breve, es un compromiso; así lo es también una mirada, una cierta mirada, un momento de silencio y un abrir y cerrar de los ojos. Todo depende de cómo y cuándo se dé porque el dar o el recibir cualquiera de los movimientos comprometedores mencionados en este párrafo podría estar prometiendo algo o poniéndote de acuerdo en silencio. Cuando te miras repentinamente en el espejo al pasar por ahí y ves tu propio reflejo, estás recibiendo un testimonio propio. Y, como Libra que eres, no hay mejor signo para comprometerse dentro de las infinitas posibilidades de respuesta que tiene el verse, reconocerse, reconfortarse al hacerlo y seguir adelante como quien se aproxima a mejorar un plan, que él de tu propia persona. Es más, si momentáneamente ese mismo reflejo te sobresalta, encontrarás manera de comprometerte para amortiguar el golpe, puesto ése es uno de tus mayores dones.

Cuando te sientes amenazado, criticado, conmovido o conmocionado sobrevives mejor que nadie por tu gran habilidad con el compromiso. Es más, el compromiso es tan inherente a Libra como lo es una nariz a cualquier cara humana.

Libra, tú sabes perfectamente cómo conseguir además de conseguirle el mejor partido a lo tuyo o a lo ajeno; en el ámbito de los negocios, de los placeres, de las relaciones, del desgaste físico y a veces de la tolerancia simplemente porque te ajustas a lo que viene. Podría embellecer esto llamándolo una habilidad fuera de lo común para acercarse a todo, o ser acomodatícea y llamarle tacto conciliatorio. Pero la mejor manera de entender esta destreza tuya es leer lo que dice San Agustín: "Me habéis tocado, y yo he sido traducido dentro de tu paz". Libra, tú haces precisamente eso. Los demás tendrán que admitir que si logran como eleger a esa parte de sí que Libra circula, no solamente tendrán más serenidad, sino que el compromiso que todos tenemos con nosotros mismos que es quizá el más importante de todos, se les facilitará. No necesitan ningún acceso especial, puesto que todos lo traemos por dentro.

Cuando Aries, Tauro, Géminis, Cáncer, Leo, Virgo, Escorpión, Sagitario, Capricornio, Acuario o Piscis se enfadan, entorpecen, buscan una amistad o le dan a alguien una última oportunidad, tú, Libra puedes ayudarles a su ajuste personal para que solucionen su asunto con menos apuro. Ellos descubrirán con tu ayuda que lo que los cohibía era en realidad su propia renuencia al compromiso. Cuando ellos finalmente llegan a poder dar concesiones, cuando encuentran cómo ajustar su propio camino mediado, deberán de agradecerle al cielo el haberles permitido iluminar su propio *Libra-dad*.

Libra, cuando te vinculas pones todo en su lugar, aunque sea un lazo absolutamente espontáneo. Fácilmente le muestras a los demás cómo ponerse de acuerdo porque eres quien sabe instintivamente cómo mejorar las relaciones humanas y cómo hacerlas funcionar—a veces las ajenas con mayor éxito que las propias—o, como mínimo; hacerlas comprensibles. Por supuesto que todos sabemos que no existe una panacea universal que compone todo ni hay un gran libro que responde a todas nuestras preguntas. Sin embargo, sepan todos que la palabra nosotros es la que le queda al clavo a Libra, la palabra que le queda como anillo al dedo y que todo ser humano, sea cual sea tu signo astrológico o nacionalidad, necesita un equilibrio prono para comprometerse con su propia idea de la palabra nosotros. El mundo nuestro, tan lleno de una infinidad de posibilidades que nos permiten hacer vínculos de esto o de aquel modo y manera. Dense una oportunidad, sonríanle a alguien, miren de reojo y acomoden su asomo, atrévanse a volar para donde puedan acomodar sus alas y verán que todo mejora. Posiblemente un compromiso sea lo adecuado.

Cómo vincularse con los otros signos del zodiaco:

Libra y Aries. Una unión entre ustedes podría ser como hielo y fuego porque son, como seguramente ya saben, signos opuestos. Pero puede llegar a ser ejemplo de maravilla de maravillas si lo hacen funcionar; y para echarlo a andar se necesita simplemente un esfuerzo—entre los dos. Una vez en pié, puede no ser eterno su plan o programa, pero podrían divertirse de lo lindo hasta que Libra se fatigue o Aries se aburra, o no.

Libra y Tauro. No colmines a Tauro, porque despertarás su ira. Podrían ambos convencer a una sola persona de dos cosas diferentes, hasta opuestas, y puesto que son ustedes los portadores del gran encanto universal, todo puede llegar a un feliz compromiso simplemente porque los astros están acostumbrados de que entre ustedes, así sea. Cuidado, que también saben donde hacerse daño. Necesitan prometerse que siempre harán un esfuerzo mutuo para desglosar enojos.

Libra y Géminis. Adivínense los sueños. Encontrarán un mar de interpretaciones muy interesantes. Tan luego de la primera revelación, volteen hacia el cielo estrellado y permítanse adivinar cómo debe sentirse ese cielo, recargado sobre tus espaldas.

Si crees que es una posición cómoda, la suerte está contigo. Si es todo lo contrario, comprométanse a recomenzar mañana.

LIBRA Y CÁNCER. Dejen la absoluta verdad de lado y no se preocupen por las consecuencias de lo que esto podría traer. Puedes salirte con una mentirilla, pueden salirse con lo mismo. La autoconfianza es lo que necesitas para recobrar compostura, aunque te hagas de ciertas ideas, que posiblemente, tampoco sean ciertas. Cada uno de nosotros merece una segunda oportunidad, asúmanlo y lleguen a un compromiso que pueda ser convertido en acción.

LIBRA Y LEO. No trates de sorprender a este Leo que seguramente tiene algún compromiso que quiere guardar para sí. Si te propone romper alguna regla, atrévete, siempre y cuando no te desmerite. No te será fácil ganarle una partida, pero si usas algo lujoso—ropa, alaja, accesorio, mascota, etcétera—subirán enormente tus puntos. Y, si a ti Leo te sorprende, muestra absoluto asombro.

LIBRA Y VIRGO. Si no le echan demasiada crema a sus tacos cosas excelentes podrían sucederles dentro de un ámbito comprometedor, de magníficos resultados. Recuerda que Libra es un enigma a sí mismo o misma y Virgo por lo general acierta cuando resuelve un adivinanza. No titubeen en seguir la linea más recta que pueda llegar a un compromiso final.

LIBRA Y LIBRA. Me encantaría estar en medio de todo lo que ustedes se comprometan a hacer en conjunto, y cualquier otro signo astrológico, incluyendo otro Libra—ahora son tres—también. Por otro lado si propones para lograr que todo lo que digas se pone, nos encontraremos todos dentro de un argumento sin fin que desperdiciará el tiempo de los presentes. ¡Cuidadito, pues!

LIBRA Y ESCORPIÓN. Si se gustan, si se agradan, si uno se siente bien comprometiéndose con el otro, no hay pierde. No los estoy colminando a hacer algo de alto riesgo, pero sí les estoy sugiriendo que no pierdan una gran oportunidad de usar sus dones masculinos y/o femeninos porque ¡esto podría ser un gran compromiso!

LIBRA Y SAGITARIO. No necesitan consejo. No les hace falta seguir un camino preciso. Lo único que tendrían que hacer es ponerse a disposición de Sagitario y cumplir tu promesa, la que aún no has hecho. Todavía no te has enterado que les gusta lo parecido y tienen mucho más en común de lo que piensas. Nunca se den por vencidos, pero sí, por favor, déjense desconcertar con buen humor.

LIBRA Y CAPRICORNIO. Restringirse o limitarse sería un error. Tú, Libra, debes ensayar para después decirle a Capricornio—cada que tengas oportunidad—esto es por tu bien. Si eso no te da resultado, busca alguien en mejor posición que Capricornio para que respetuosamente le pueda mostrar o decir como debe comprometerse y dejarse llevar un poco más. Es probable que no lo logres, pero el intento habrá valido la pena.

LIBRA Y ACUARIO. Alguna exclamación podría unirlos. Haz la prueba. Y si no te funciona, busca una palabra en el diccionario que no tenga más de cuatro letras y que mejore su significado con un punto de exclamación. La exageración o lo exagerado siempre será un acierto para llamar la atención de Acuario aunque el vínculo no sea más que un paseo por sus recuerdos. Tu experiencia, en esta combinación, no cuenta para nada, lo que sí cuenta es la firmeza de tus convicciones.

LIBRA Y PISCIS. Si planeas llegar a un compromiso sin antes explicárselo a Piscis, es una gran equivocación. Todo deberá ser firmemente planeado para que desde un principio no haya duda de que están vinculados. Y juntos, si es posible, hagan un compromiso para tratar de llevarle algo de felicidad a otros, que no tengan vela en el entierro (como dicen en los campos mexicanos). No hay lugar entre ustedes para el egoísmo.

Escorpión
vínculos: buscar

"¡Qué maravillosa vida he tenido! Sólo que me hubiera encantado darme cuenta antes".
—Colette

La palabrar buscar queda mejor que explorar, examinar, inquirir, tentar o indagar, sinónimos todos del mismo verbo. El hecho de *buscar* nos permite tener más prespectiva y al mismo tiempo nos permite ir tras de algo, filosóficamente. Cuando buscas viajas a través de las cosas, viajes a veces con personas, entre situaciones y cargas tus experiencias en el lomo. Y así, buscando, de búsqueda en búsqueda, es como te vinculas con el mundo, Escorpión. Esto es tan profundo, que los demás nos podemos despertar años después de que hemos estado a la búsqueda de algo a tu lado y sabemos que seguimos tus pasos aunque no estés en nuestro presente.

Casi nada tuyo puede ser tomado a la ligera, y el acto de buscar es parte de tu necesitad cognitiva de relacionarte con los demás, sus asuntos y sus cosas. Abarca tu auto-conocimiento y tu auto-seguridad. ¡Un enorme esfuerzo!

Escorpión, aglutinerás experiencias y los amontonas en dos pilas; las buenas y las malas. Posteriormente, escoges uno o el otro, según tus necesidades imperantes, esto lo haces para tener respaldo durante los momentos más intensos de tu vida, que en realidad son todos. Es más, pocos saben lo magníficamente intenso que eres, en especial cuando buscas eso que te vincula a cualquier situación.

Tu intensidad en realidad, Escorpión, proviene de que te enlazas y analizas cada acto, todo hecho y cualquier tipo de sentimiento. ¡Te ganas la vida—alegóricamente—descubriendo lo que hace vibrar a los demás! Y por lo general, vale la pena emprender contigo cualquier viaje; desde comerse un helado, tomarse un café, irse a la Patagonia o compartir toda una vida, porque tú, Escorpión, siempre nos enseñarás algo nuevo sobre nosotros mismos. Tu energía infatigable es como una llave de búsqueda que no necesita ser prendida porque la traes en tu ADN cósmico.

De vez en cuando tienes que cuidarte de ser todo lo amable que deberías ser para dar lo que tienes que dar y permitirles a quienes se acercan a ti continuar y seguir indagando, buscando y examinandose. De vez en cuando también, dáte la molestia de permitirles ser más lentos que tú. A veces no quieres perder tiempo en explicaciones, pero tienes que entender que no todo el mundo sabe cómo seguir buscando con tu misma profundidad y rapidez. Algún astrólogo calculó que la impresionante máquina computadora llamada *Big Blue*—que le ganó el juego de ajedréz al campión del mundo en el año 1999—es del signo Escorpión. Este gran aparato tiene la habilidad de escoger entre cien mil posiciones en un segundo. Así, tú Escorpión. En pocos segundos tienes el instinto para poder escoger tu propia estrategia. Hecho.

La búsqueda ha comenzado, y los demás tenemos que seguir adelante y con suerte, contigo a nuestro lado, aprenderemos como aprovechar nuestras propias maquinarias para someternos a un máximo control de calidad en nuestras búsquedas y nuestras acciones. Posiblemente veas de inmediato lo que a otros les cueste trabajo comprender, posiblemente estás allí para entender eso mismo y eso mismo te ayudará en tu propia búsqueda. Espero, por tu bien, que siempre sea con alguien a tu lado.

Cómo vincularse con los otros signos del zodiaco:

Escorpión y Aries. Si puedes incluir algo apasionado o un poco de pasión en tu búsqueda, no habrá mal que por bien no venga entre Aries y tú. Aries, fácilmente puede igualar el fuego interno e intenso que carga Escorpión. Lo único que debe preocuparte al vincularte con Aries es la posibilidad de que en el proceso se quemen las alas. Y, puesto que Aries raras veces da segundas oportunidades, asegúrate de que el fuego tuyo no sea fatuo.

Escorpión y Tauro. Tauro tendrá que ponerse las pilas, pero tú no eres quien debe decirselo, Escorpión. Tu gran fuerza interna puede prender cualquier mecha, eso está bien, considerando que son opuestos astrológicos. El sexo no tiene que ver—o sí tiene que ver, pero en este párrafo no viene al caso—aunque sería interesantísimo ahondar en el tema. Sería excelente si pudieran primero vincularse con alguna de las artes, y así podrían construir y destruir algo sobre papel, no tan personal. Es más, comiencen con tonterías, como discutir sobre cual color es el más bonito.

Escorpión y Géminis. Escorpión, tienes mucho que enseñarle a Géminis sobre cómo ahondar en cualquier asunto, no tomar las cosas superficialmente por fáciles que sean, y atreverse a ir más allá de los pasos fáciles. Busca la manera de mostrarle a Géminis de que manera el hurgar sí vale la pena. Nunca dejes de luchar por Géminis, porque ellos pueden alegrarte la vida, y combinando esfuerzos logran cosas memorables.

Escorpión y Cáncer. Una auténtica pregunta cuya respuesta abre puertas tanto a Escorpión como a Cáncer es lo mejor que pueden hacer conjuntamente. ¡Ojo! pueden haber cambios repentinos entre ustedes. Tanto a Cáncer como a Escorpión pequeñecses pueden molestarles, y ustedes dos deben prometerse que no dejarán que eso evite todo lo positivo que su vínculo podría sostener. ¡Sigan buscando!

Escorpión y Leo. Si le permites a Leo ciertas libertades que ni pensando le permitirías a otra persona, te estarás haciendo un gran favor. Quizá todo no te salga como imaginabas, pero eso importa poco porque si se fijan, tanto tú como Leo pueden aprender algo realmente nuevo cada vez que la pasan juntos. Busquen, y verán, que son bastante más creativos de lo que creían.

Escorpión y Virgo. Si Virgo ve que dices pequeñas indiscreciones o cualquier tipo de mentira o mentirillas, si falsificas historias o exageras lo que podría ser malinterpretado, te borrará de su lista. No perdona Virgo estas fallas, y menos perdona a un Escorpión. Por otro lado, si buscan cómo decirse verdades, sus verdades o mejorar lo que podría convertirse en algo verdadero, podrían construir algo a punto de ser perfecto.

Escorpión y Libra. Con Libra a tu lado, o cerca, actua como si siempre esperarás sus presencia, o, como si fuera tu abogado defensor bajo toda eventualidad. Investiguen y vuelvan a investigar todo lo que están considerando, no olviden de explicarse que quieren decir con un simple sí, y no dejen de preguntar por qué antes de tomar algún paso decisivo. ¿Vincularse? Quizá. ¿Buscar? Por supuesto.

Escorpión y Escorpión. Practiquen involucrarse a hurtadillas. Como dos reporteros que están a la búsqueda de una historia para la primera plana de un periodico, imagínense que tienen un gran escenario a sus pies—la vida misma. Si te parece demasiado, no traten de parar el mundo, recuerden que es imposible bajarse. Y entre ustedes, cualquier búsqueda y toda respuesta es mucho mejor que ninguna.

Escorpión y Sagitario. Escucharon entre ustedes las palabras, ¿y a mí, qué? ¿Querrá esto decir que alguno de ustedes o no entiende lo que la otra persona está diciendo, o no quiere ver el mensaje que está enviando? Si te atreves, Escorpión, si tratas de ver sin cerrarte, verás que todo Sagitario puede darle a todo Escorpión lo mejor de todo, una pregunta adecuada al momento, para que sepa por dónde empezar a buscar.

Escorpión y Capricornio. Experimenten, prueben, comparen, investiguen y tomen riesgos. El resultado final será algo muy positivo para ambos. Si llegan a encontrarse cara a cara, frente a frente, o en disparidades, ensayen una posible vinculación con algo tangible. Pueden llegar a encontrar algo parecido a una buena ecuación matemática, sin haberlo buscado.

Escorpión y Acuario. Si no puedes acoplarte buscando con Acuario, no tomes otras opciones en conjunto. Cierto es, que puede ser demasiado aburrido vincularse sin alguna diferencia palpable para que no se vuelvan perezosos; pero entre ustedes, es mejor que aguarden a que los cielos se limpien—algo que siempre sucede—y recuerden, si han probado una cosa, las otras vendrán detrás. Usen metáforas, como todo lo que este párrafo encierra.

Escorpión y Piscis. Suavecito, poco a poco, despacito repitan esto varias veces y tómenlo como buen consejo. Para hacer cualquier vínculo con todo Piscis, hay que esperar, y probar, y posiblemente te pidan que busques algo que consideras absolutamente imposible de encontrar. No dejes de hacerlo de todos modos, porque uniéndote a Piscis recordarás las palabras shakespereanas; compara una felicidad muerta con desdicha viva, que quiere decir que nada es perfecto.

Sagitario
vínculos: relacionarse

"Lo que ahora hemos comprobado alguna vez fue solamente imaginado".
—WILLIAM BLAKE

Debemos pensar en el signo de Sagitario como lo que nos permite conectarnos con la inspiración—una manera de relacionarnos con nuestras aspiraciones—desde afuera hacía adentro si no eres Sagitario, y de adentro hacia afuera si lo eres. Sagitario, noveno signo de nuestro zodiaco, es casi seguramente un primo distante de las nueve musas de la Grecia antigua; poesía, historia, poemas de amor, música, tragedia, himnos, cantos corales y baile. Estas musas presidían sobre la enseñanza y las artes creativas, temas que vinculan a Sagitario con su muy personal manera de utilizar la inteligencia astrológica. Cuando te unes, te vinculas o te enlazas Sagitario, llevas bajo el brazo esta relación de servicio pesado a las musas en tu sique o tu inconsciente. La necesidad de relacionarte con tu propio espíritu creativo está siempre presente, hasta en las situaciones completamente banales. ¿Podría ser que cuando te relacionas, estás en realidad recreando algún evento histórico, tuyo quizá, en una mínima escala que al mismo tiempo crea un eslabón entre el pasado y el presente? Con el simple hecho de tratar de comprender esta realidad que te haces un favor tan grande como el que le haces a aquellos con quien te vinculas, pues les abres—a ellos—una puerta que lleva directamente a su propio y personal espíritu creativo. No tiene que ver con que tú seas artista o no. Tiene que ver con lo que puedes ofrecer. Cuando alguien dice, nadie lo hace mejor tu espíritu está presente y las musas del pasado están relacionadas contigo, Sagitario.

Relacionarte con las conexiones lógicas que deben existir entre *causa y efecto* es otra de las cosas que haces bien y te son propias. Tú eres quien has sido escogido para encontrar el eslabón directo entre uno mismo y la persona que has escogido como pareja, además del por qué. Algunos dirán que eso es casualidad, inteligencia, suerte, escogido por Dios, o predestinación, pero me es bastante claro relacionar todo lo antiguamente mencionado con lo que cargas en el alma—desde ese pasado mitológico habitado por las musas, creado cuando apareció el primer zodiaco en el cielo y en la mente del hombre. Formas parte de un maravilloso todo que posiblemente vaticina lo que muchos deberíamos ser. Cuando uno se inspira a través de este rasgo—que tiene que ver con tu signo, con Júpiter, tu planeta rector, con las musas que nos acompañan como ángeles guardianes y con la relación de todo eso con uno mismo—es como si nos bañáramos en aguas mágicas de origen desconocidas dentro de las cuales encontramos nuestra propia singularidad. La mayoría de los signos del zodiaco se juntan, empalman. Sagitario se relaciona. Relacionarse quiere decir que estás en el centro de algo que podría ser importante, por lo general es remediable y de vez en cuando ayuda a superarse.

Cómo vincularse con los otros signos del zodiaco:

Sagitario y Aries. Haz lo posible por no hacer comparaciones; ni con personas ni con objetos porque fundamental-

mente tu vínculo con Aries debe ser regenerador y rejuvenece-
dor. Tomen turnos en darse oportunidades. No las escatimen y
por lo que más quieren, no tiren nada, ni siquiera lo que puedan
pensar una mala idea. Una mínima relación es válida.

SAGITARIO Y TAURO. Lo físico tiene mucho más que ver con su
relación y el resultado final de lo que tú o Tauro quisieran admitir. Hay una transferencia indiscriptible de sentimientos vi-
gorosos entre ustedes. Tú, Sagitario, podrías quizá arreglar algo
que realmente podría mejorar a Tauro, quien jamás lo reconocerá. Las complicaciones abundan entre ustedes, y al mismo
tiempo deberían de poder relacionarse al gozar la belleza del
campo, del cielo, de un olor y sigan ustedes buscando.

SAGITARIO Y GÉMINIS. Agitación increíble puede formar parte
del resultado final o del vínculo que pueden descubrir o hacer
porque finalmente, son opuestos astrológicos. Podrían divertirse
a tal grado ustedes, que sería una gran lástima si no hacen
planes fuera de lo común para un futuro que se decidió durante
los primeros treinta minutos de haberse conocido.

SAGITARIO Y CÁNCER. *Relájate.* Son capaces de ponerse
nerviosos por la presencia; Cáncer de Sagitario o Sagitario de
Cáncer. Deja que Cáncer se acomode, comience a sentirse bien
y seguramente tendrás oportunidad de mostrarle todo lo fortale-
ciente que puedes ser. ¿Recuerdas la obra de teatro *Seis grados
de separación?*, búscanlos entre ustedes, y si pueden redúzcanlo
a tres.

SAGITARIO Y LEO. Prometí al principio de este libro no usar palabras que solamente los astrólogos entienden, pero ambos tienen
regentes tan vibrantes que no lo puedo resistir. Además, sus vínculos están íntimamente relacionados con sus regentes. El sol (de

Leo) y Júpiter (de Sagitario) que brillan y saben como iluminar lo que les pongan enfrente están allí para reforzarlos. Solamente si fueran negligentes con sus propios astros les saldría mal lo que preven, y en realidad esta relación enoblece sin escatimar.

SAGITARIO Y VIRGO. No tires por la borda tu entusiasmo simplemente porque Virgo no te sigue la corriente. Comienza de nuevo, y demuéstrale que puedes relacionarte con otra idea, o con otras personas para que Virgo a su vez no pierda la esperanza. Mide el tiempo, fíjate en el viento, procede con cuidado y juega a que esto es un litigio en lugar de una relación por vincularse.

SAGITARIO Y LIBRA. F. M. Amiel, un escritor de otro siglo, dijo que en cada unión existe un misterio—un cierto lazo invisible que no debe ser turbado. Amiel no era astrólogo, pero describe al pié de la letra la relación que estos dos signos pueden fraguar. Por lo tanto, si no encuentran un común denominador, no se preocupen. Aflójense y disfruten el misterio.

SAGITARIO Y ESCORPIÓN. Ponte o píntate en la cara (Sagitario) una gran sonrisa aunque no sea más que por diplomacia, así la podrás lucir y hacer pensar a Escorpión que no tienes ni un problema. Yo sé que tú, Sagitario, puedes hacer esto sin gran esfuerzo, y verás que a Escorpión estos actos de fé o de esperanza le son totalmente imposibles y no viene incluido con su karma. Mientras que tú, Sagitario, puedes ayudar a quien tengas enfrente a sobrepasar o a esquivar cualquier dificultad. Y con eso, le das cabida a cualquier relación. ¡Ahora que también una buena botella de vino aligeraría la conversación!

SAGITARIO Y SAGITARIO. Con esta combinación, cada quien trae lo suyo, lo cual implica la asistencia entre ustedes de 18 musas! Aumenta su potencial—de ambos por supuesto—y aparecerá más inventiva, creatividad, además de un gran motón de versatilidad—todo esto en lo que a vinculación se refiere—¡Qué pena!, pero es posible que no permanezcan sin alteración por mucho tiempo. Una desventaja de Sagitario es una falta de continuidad. Y si son dos, no os preocupeis, que la memoria de la relación puede ser igual de poderosa, y durar muchísimo, que su ventaja.

Sagitario y Capricornio. Habla fuerte y habla claro. Opina. No dejes que Capricornio se lleve lo que tú andas buscando, porque si no te cuidas, puede. Por otro lado, podría convenirte porque posiblemente no tardas en averiguar que a lo que creías que bien valdría la pena vincularse realmente no lo es. Y si no existe relación posible entre ustedes, pasemos a otra cosa. Siempre habrá.

Sagitario y Acuario. Los símbolos tanto de Sagitario como de Acuario contienen un artificio; Sagitario tiene un arco y flecha y Acuario un jarrón. ¿Será un mensaje para ustedes indicándoles que tomen los instrumentos adecuados para triunfar en la relación? Antes de empezar, asegúrate Sagitario, que vas a poder convencer a ese ecléctico signo (Acuario) de que siempre se podrá hacer más si es que no se puede mejorar cualquier cosa. No tomes por dado nada y ten presente que esta es una excelente combinación.

Sagitario y Piscis. ¿Saben que tanto Sagitario y Piscis deben apreciarse más? Algo que deben poner en práctica aunque se tarden un poco más de la cuentano se pongan a contar pues. Mientras más espacio se den, más facilidades encontrarán para que las influencias difíciles se disipen y comiencen a relacionarse de manera fácil y ritmada. Es decir, con buena intención. Una vez echada a andar la relación, pueden encontrar recovecos sin límite además de atinados alcances.

Capricornio
vínculos: añadir

"Como regla general, nadie que tenga dinero debería tenerlo".
—Benjamín Disraeli, conde de Beaconsfield

Capricornio, si algún vínculo es un agregado vigoroso para tu fibra, tu vida o tus pertenencias, es imperante que lo obtengas. Y ese, este o aquel vínculo será especialmente positivo si forma parte de un esfuerzo planeado para incrementar la solidez de una voz; la tuya. Además de agrandar las cosas, el proceso de añadir debe aumentar substancia y te da, Capricornio, la posiblilidad de controlar lo que sea que estés resumiendo. A continuación, te vinculas. Si te parece una explicación enredosa, leelo varias veces con la seguridad de que el tiempo es tu mayor aliado, Capricornio, y siempre debes poder disponer de él para aumentar tus conocimientos.

El signo de Capricornio fue en alguna ocasión—hace más de dos mil años—representado por un ancla que conectaba la vida al mundo. Y, aunque gastes tiempo haciendo lo posible por convencer a quiensea que tus sentimientos no interfieren con tu manera de pensar, sabes perfectamente como resumir tus propios sentimientos. Los capricornianos por lo general saben guardar sus emociones bajo llave y candado con la idea de nadie sabe, nadie supo y quienes tienen la dicha de ser objeto de tu cariño o devoción necesita aprender a acercarse a tu estructura interna. No es fácil. Otra cosa, el espíritu de Capricornio es siempre duradero. Muchos de nuestros viejos sabios llevan este signo prominentemente en sus cartas astrales—y una vez que has añadido algo a la vida de los que te rodean, o ellos aumentan algo a la tuya, podrán ellos todos incrementar algo dentro de sí. Esto, por supuesto, si te dejas. Si se lo permites. Tú, Capricornio, casi siempre insertas y pocas veces suprimes, porque de hacerlo, borras para ese siempre jamás tan friamente calculado. No deberíamos olvidar que el eternamente de Capricornio está cincelado sobre las estrellas, inconquistable, inconmensurable, hasta que alguien cree alguna máquina que no pare de sumar y añadir mucho más allá del año 20.000.

Sumar y añadir nunca debe hacer desmerecer tu habilidad de vinculación. Así de fácil, para que te situes y veas que no eres como los demás signos, esa gran ventaja tienes. Aries, Tauro, Géminis, Cáncer, Leo, Virgo, Libra, Escorpión, Sagitario, Acuario y Piscis, para poder enlazarse tienen que ver, siempre, con sentimientos. No es tu caso Capricornio, ya que sabes perfectamente cómo enfriar el ambiente o darle calor a quien hayas escogido aunque esté haciendo menos cero a tu alrededor. Sé siempre justo y recuérdales a tus seres queridos que si no dan la medida, que empiecen a sumar o a restar para quedarse contigo, sino los tendrás por congelados. Por lo tanto, para que tu añadas algo nuevo a tu propia existencia, tendrás que retroceder a cualquier punto de partida para mostrarle a quien tengas en mente—o añadir algo tuyo—lo que realmente debe uno tomar en cuenta. Antes de dar el siguiente paso, reevaluas el costo-efecto de un sentimiento—no temas, nadie lo sabrá—de una persona o inclusive de una duda. Si las cuentas no te salen, eliminado o eliminada queda. Si las cuentas si te salen, después de todos esos cálculos, podrías, quizá, añadirlo permanentemente a la historia de tu propia vida. Y comenzarás a tener mejores vínculos, que durarán exactamente lo que sea tu voluntad.

Cómo vincularse con los otros signos del zodiaco:

Capricornio y Aries. No hagas hipótesis ni suposisiones ni te des por bien servido. Primero, habrá que argumentar un poco. Después, y solamente después de hacer lo primero puedes proponer algún añadido. Ni te preocupes por asuntos menores. Aries te vigoriza así que permítele algunos errores pequeños y házcelos notar sin aparentar ser todo lo perfecto que generalmente eres. ¡Fuerza, Capricornio!

Capricornio y Tauro. Hay una teoría llamada teorema de Gödel que asocia cualquier número con cualquier fórmula de un sistema lógico. Se emplea en las matemáticas para comprobar que no hay necesidad de comprobar, y esto es exáctamente lo que ustedes deberían añadir a su encuentro. Específicamente si quieren establecer algún vínculo. Punto y seguido podría ser, casualmente, la felicidad total. Es más, en algún momento de tu vida, Capricornio, Tauro deberá poderte mostrar que la perfección sí puede ser algo emocional.

Capricornio y Géminis. Capricornio, muéstrale a Géminis como aspirar a algo mejor, y si Géminis se sincera contigo, podrán vincularse—quizá—por un rato. Las horas nocturnas son las que más les conviene, y si sientes que va de mal en peor, usa música como panacea, o lleva a Géminis a un concierto, un recital y ya, aunque no sea de tu estilo, cántale algo al oído, o no.

Capricornio y Cáncer. Esta combinación debe llevar en el espíritu de ambos, un conteo de porcentajes del esfuerzo que cada uno hace y de los resultados procedentes de lo mismo. Por que son signos opuestos, el vínculo tendrá resultados óptimos después de haber calculado cuales son los porcentajes reales. Con signos de sumar y restar, por favor; una pequeña post data importante. Por favor, Cáncer, no te enredes emocionalmente porque mientras más dices o haces, menos lograrás.

Capricornio y Leo. Esta combinación podría parecerse al interior de una computadora, con sus componentes—como el disco duro—y un programa o una aplicación. Aunque sean ignorantos en computación, pueden entender que se trata de dos cosas separadas. Esta metáfora es importante, porque necesitarán tomar ciertas decisiones sobre quien manda y quien toma órdenas. Y si tú lees esto antes que Leo, Capricornio, aprovéchalo y escoge primero.

Capricornio y Virgo. Seguramente sus opiniones varían, y verán las cosas bajo puntos de vista totalmente diferentes y aunque no sean signos opuestos pueden abastecerse dentro del ámbito de los deseos a tal grado que el número de ocaciones de complacerse aumentará sin que ustedes tengan que hacer mucho esfuerzo. Sin embargo, recuerden que contar personalmente en viva voz de uno hasta un millon puede tomar tres semanas de tiempo real, con horas para dormir, por supuesto. Se sobreentiende que si realmente se proponen hacerlo seguramente lo lograrán, y quizá en menos tiempo.

Capricornio y Libra. Puede haber complicaciones extrañas entre ustedes porque tú, Capricornio, pocas veces te sueltas el pelo y eso añadido al hecho de que eres bastante estoico puede hacer ingresar al vínculado (Libra) un aire de insatisfacción infantil. La palabra estoico en realidad nos proviene de los portones Atenenses donde se enseñaban las doctrinas de los sabios. ¿Por qué no intentas ser consejero de Libra? El vínculo mejora si Libra puede recargarse en ti.

Capricornio y Escorpión. Digas lo que digas, Capricornio será juzgado por Escorpión. Deja todos los posibles sin embargos y esclarece tus ideas con hechos claros y añadidos precisos. Si invitas a Escorpión a ser de tu equipo y acepta, la conquista del mundo está a sus pies con toda proporción guardada. Atrévete a hacer o decir algo sin deliberar cuidadosamente, recuérdale lo que dijo Theodor Sturgeon; el 90% de todo es juego.

Capricornio y Sagitario. A cada quien su turno, su parte, su momento de gloria. Sagitario se enoja se no le dan cancha, y es menester que llenes algunos huecos o momentos de silencio con algo ruidoso, alguna noticia sensacionalista o ¿por qué no? un chisme libidinoso. Comenzar puede ser simplísimo y si no lo es, te estás tomando demasiado en serio, Capricornio. ¿A poco no puedes ser un poco malvadillo?

Capricornio y Capricornio. Uno tendrá que ser más listo que el otro. Uno de ustedes dejará al otro exhausto. Pero esto no tiene que tener tonos negativos, podría ser un añadido, haciendo ver al otro que es tiempo de descansar un poco. No se limiten, *no* se aislen. Cualquier cosa que tenga que ver con lo material posiblemente sea un poco molesto, pero un Capricornio preocupado vinculado con otro Capricornio preocupado puede tener como resultado final algo muy ventajoso.

Capricornio y Acuario. No te atrevas a valorar nada. Cuenta mejor. Puede ser algo esotérico, metafísico, obscuro, oculto, transcendental, cabalístico y simbólico. Y si sientes algo extraño, cuenta exactamente lo que sientas, no lo esquives. Algo fuera de lo común podría suceder y sería un añadido a tu persona si te lo crees.

Capricornio y Piscis. Capricornio es un activo corriente para Piscis, y Piscis es persona útil para Capricornio. Por lo mismo, no se estorben, algo que podrian hacer si pierde alguno de los dos sentido de direccion y no sepan cómo añadir los consejos de uno hacia el otro. Hagan la prueba de sumar detalles prácticos que den ganas de continuar. Muchos vínculos pequeñitos podrían ser tan satisfactorios como uno grande.

A c u a r i o
vínculos: anticipación

"Un hecho científico no es un simple hecho, es más bien una instancia".
—BERTRAND RUSSELL

Tú, Acuario, debes de estar bien consciente y ser buen conocedor de la expectación y la intuición. En su peor aspecto, prosperas con su uso; y de manera óptima, la mayoría de los sinónimos relacionados con esas palabras están a tu total disposición. La primera computadora con sentimientos humanos, seguramente tendrá un signo astrológico, y estoy segura que ese signo será Acuario, siempre y cuando la computadora pueda sentir que siente. Y entonces podrás explicar perfectamente bien cómo la anticipación y la esperanza te invade tanto en momentos insignificantes como cuando estás a punto de cambiar tu vida. La esperanza nos pertenece a todos, pero tú sabes guiarla y el reto de tener mi propia luna en ese signo me permite explicar este, tu don. De todos modos, es difícil sacar las palabras adecuadas de ese espacio vital que es nuestra bóveda celeste. Acuario es quien, esperanzadamente, nos ayuda a construir de manera provechosa un vínculo entre la asociación de ideas y hechos.

Acuario, tienes un sexto sentido que te permite ver situaciones antes de que sucedan. Posiblemente te encuentres diciendo o pensando, el tiempo no cuenta, porque le llevas unos pasos contínuamente. Para ti, el tiempo es un poco irreverente; te anticipas a los sueños. Llevas el peso de los problemas de la humanidad sobre el hombro. Hay quienes afirman que llevas el peso del mundo allí, ¡exageraciones! Lo que sí es cierto es que eres capaz de tomar como modelo cualquier esperanza ajena y además de proyectar su futuro, reacomodar su perspectiva. Es posible que te encuentres en un paseo por tu propio pasado que reacomodas para ponerlo a buen uso, como si pudieras alentar lo que ya pasó para mejorar lo que viene. ¿Te parece inverosímil? Tu *eres* inverosímil. Y la mayoría de los nacidos bajo los signos de Aries, Tauro, Géminis, Cáncer, Leo, Virgo, Libra, Escorpión, Sagitario, Capricornio y Piscis harán bien si escuchan lo que tienes que decir sobre el porvenir. Las esperanzas que proyectas son ventajas para quien te escucha. Los once signos antes mencionados llevan en sí alguna parte tuya dentro de su persona, Acuario aparece en todo, de la misma manera que está presente en la octava parte de nuestro cerebro que usamos despiertos, mientras las demás están siendo estudiada por los neurocientíficos. Te damos la bienvenida, Acuario, esperanzados en podernos vincular contigo.

Nunca debemos olvidar, los que no somos Acuarianos, que tu originalidad es absoluta, y por lo tanto, eres quien puede mostrarnos cómo ponernos de acuerdo con nuestra propia originalidad en un abrir y cerrar de ojos. Les aconsejo que tengan en su libreta de direcciones el teléfono de varios Acuarianos para tener acceso inmediato en cuanto empecemos a soñar en lo que otros nos dicen imposibles. Llama, y pídele que te ayude a no perder la esperanza. Eso sí, necesitas conocer a varios, pues no siempre están a disposición, Acuario tiene sus propios horarios. No te engalanes y creas que estoy diciendo que eres mejor—ni peor—que los otros signos, pero tienes una fe inherente en la humanidad que te permite expeditar además de resolver ese algo que los demás necesitan para no perder una ilusión. Sabes instintivamente cómo identificar el ahora adecuado y nos llevas un paso adelantado en relación a cualquier anticipación. Acuario lleva la llave de lo que será, ¿será? Quizá la mitología se dio a luz bajo tu signo, algo que jamás se podrá comprobar. Debemos todos subirnos a tu carro y pasear contigo, pues hacerlo puede aumentar el valor de nuestros lazos, nuestros vínculos y nuestras esperanzas de manera fascinante, cautivadora y espléndida.

Cómo vincularse con los otros signos del zodiaco:

Acuario y Aries. Con poco esfuerzo puedes noquear a quien quieras en el primer round sin tener que tocarle con el pétalo de una rosa. Simplemente con tu cachet y quimérico ser. Entonces, ¡qué esperas! Combinen sus energías y ni se preocupen por lo que no parezca fácil. Probablemente tendrán lo doble o lo triple de lo que esperaban alcanzar. No permitas que Aries te estanque en lo más mínimo porque perderían oportunidades divertidas.

Acuario y Tauro. Esto no es algo que puedas escoger con inteligencia astral, más bien tienes que tomarlo como un meteoríto encendido. El asunto a tratar probablemente tendrá que ver más con Tauro que contigo, pero no te lo tomes a pecho, simplemente recuerda que los Tauros saben abrazar mejor que nadie. Háganse caso en proporción a la esperanza anticipada, y cuenta con pequeños tesoros y algunas pérdidas.

Acuario y Géminis. Dentro de muchísimos años los sabios de entonces van a comprobar que Acuario y Géminis están hechos el uno para el otro. Sé que es poco probable que hablen el mismo lenguaje, ni en expectaciones, ni en lecturas, ni en gustos. No importa, la esplendidez de sus almas puede llevarlos a ganar lo que quieran. Pero Acuario, no hagas lo que Géminis podría considerar prematuro, porque un anticlimax no les conviene, tiene aún demasiado en el candil.

ACUARIO Y CÁNCER. Dense oportunidad mútua para mejorar su calidad de vida, para encontrar la dieta perfecta, el ejercicio adecuado o cualquier cosa que tenga que ver con una vida saludable. En realidad esto es lo más importante que pueden hacer en conjunto, vinculados o unidos; ya que con la esperanza de mejorar su vida física o mentalmente, alargarán la misma y pondrán un excelente ejemplo a seguir.

ACUARIO Y LEO. Opuestos pueden hervir dentro de calderos que hierven, pero esas mismas ollas pueden tener pociones mágicas, de la alquimia antigua, cuando todos los Acuarios y Leos creían en hechizos, embrujos y sortilegios. La esperanza nos enseña que los que viven vinculados en esta combinación verán que las princesas pueden convertir paja en oro, las ranas son en realidad príncipes, los puercos pueden aprender a cantar y todo depende de tus sueños para triunfar. ¡Muéstrale a Leo que tu imaginación es imponente!

ACUARIO Y VIRGO. La mejor manera de hacer algo en conjunto para ustedes, es involucrarse en algún chisme, entrometerse en lo que no les importa, encontrar información secreta sobre alguien, contar un secreto o iniciar una investigación para que puedan emplear la maestría que Acuario y Virgo cargan entre sí. Podrían luego presumir todo lo que quieran, y salirse con la suya.

ACUARIO Y LIBRA. Podrían caerse mal en primera instancia, pero estarían bien equivocados si se ignoran y no tratan de trabajar en algo juntos. Es eso lo que más les conviene hacer en unísono. Construir elaborando algo dinámico. Dense la oportunidad de mejorar todas las palabras de este capítulo: trabajar, creer, dualidad, dar, disfrutar, responder, compromiso, búsqueda, relacionarse, añadir, esperanza y crear—y seguramente entre los dos habrán mejorado algo para la esperanza de muchos. De nuevo, toda proporción guardada.

ACUARIO Y ESCORPIÓN. Tranquilos. Cuando ustedes tratan de vincularse aparece casi siempre una tercera persona o cosa que interfiere, simplemente porque hay tanta energía entre ustedes, que los más débiles quieren aprovecharse. Usa otro tipo de lenguaje, Acuario, porque es posible que alguien no entiende lo que estás diciendo, y antes de comenzar no dejes la honestidad volar a los cuatro vientos. ¿Será que Escorpión, en este caso pudiera interferir con tus esperanzas?

ACUARIO Y SAGITARIO. Por esta vez, anticipa y toma tus precauciones para estar prevenido y no tomar decisiones precipitadas, Acuario. Tú y Sagitario pueden mostrarle a muchos como anticipar el futuro usando medios antiguos de manera que la esperanza en ilusiones pudiera florecer. Algo como calcularle la carta astral a toda tu familia en medio segundo con ayuda de una computadora. ¡Sigan inventando!

ACUARIO Y CAPRICORNIO. Hay rayos gamma, y explosiones de rayos gamma; estos últimos emiten energía durante algunas horas para luego desaparecer. Esto sucede a 25.000 años luz de distancia, y puede medirse sobre la tierra. Todo esto, tiene que ver con tanta energía que parece inconcebible para los neófitos en frecuencias estelares. Tú, Acuario podrías compararte con lo inconcebible para que Capricornio tome el lugar de la energía. Esperanzadamente. Y ahora, sigan sin parar.

ACUARIO Y ACUARIO. Sin que piensen en puro sexo, uno podría ser el afrodisiáco del otro; o el excitante virtual. Tú, Acuario tienes que decidir cómo, cuándo y dónde. Una vez tomada la decisión, espero que sea la correcta porque el vínculo ya está hecho, la esperanza a la vuelta de la esquina, y todo caerá por su propio peso.

ACUARIO Y PISCIS. Rompan barreras, y aunque tú no eres signo acuático y Piscis sí lo es, tanto Acuario como Piscis tienen agua en su simbología astral. Esto quiere decir que tienen oportunidad de convertirse en lo que forma y fondo pidan de ustedes. Tienen oportunidad de convertirse en algo que ni siquiera imaginaban que existiera. Agreguen una dosis de esperanza y verán como aparece algo nuevo en sus vidas.

Piscis

vínculos: crear

"La creación fue un acto de misericordia".
—WILLIAM BLAKE

*P*iscis posiblemente sea el signo más enigmático y sofisticado a la vez. Además, eres ducho para disimular estas características tan prodigiosas—a veces porque quieres, y otras veces sin darte cuenta. Hay tanto que se relaciona con este, el último signo del zodiaco que Piscis es visto bajo lentes de tercera dimensión y se convierte en una alegoría de sí mismo o misma. La primera o la última historia sobre Piscis es que es el exponente absoluto de todo caos primordial, del primer sonido del universo que probablemente fue un legado de nuestro llamado *Big Bang*. Piscis hace maravillas de la nada, que es precisamente como tú, Piscis llega a relacionarte con crear. Tienes muchísimo que dar y eres un ejemplo perfecto de cómo puede verse lo que sea bajo diferentes ángulos y cómo las imágenes se convierten en mensajes virtuales que quieren decir varias cosas a todo tipo de persona. Como por ejemplo, creamos un vínculo con nosotros mismos cuando nos vemos en el espejo. Las imágenes se procesan por el quiasma de las cintillas ópticas—parte del cerebro donde se juntan los nervios ópticos—para que podamos ver no solamente lo que está presente, sino también lo que quisiéramos ver o cómo quisiéramos que otros nos vean. Y suertudos todos, los mensajes subliminales—del que tanto nos hablan los sicólogos—son creados bajo el signo de Piscis; de no ser así, nos hubiéramos convertido ya en el lobo del hombre que por cierto ya anda por allí.

Todos, hombres, mujeres, niños, viejos y ahora se dice que hasta los animales, son creativos y capaces de crear. Creamos al realizar un acto de gracia. Creamos al cambiar de humor. Creamos con el simple hecho de pensar. Crear puede ser un esfuerzo artístico o puede tener algo que ver con invertir de forma diferente, en una nueva oficina, o en un nuevo cargo. Cuando te entregas a una nueva relación amistosa o amorosa, estás creando algo. Es más, creamos algo al leer un libro (una nueva relación) o un nuevo documento propio a tu manera de pensar. Esto lo hacemos todos, pero Piscis tiene la habilidad de afinar el espacio que rodea el proceso creativo para darle a Aries, a Tauro, a Géminis, a Cáncer, a Leo, a Virgo, a Libra, a Escorpión, a Sagitario, a Capricornio y a Acuario el espacio necesario para vincularse. Quizá no todo tenga una causa, pero todo sí tiene efecto, y Piscis es quien puede recoger cualquier efecto y mostrarnos que hacer con él creativamente. Y reitero. No es que Piscis sea el único creador o el signo que sabe manipular la creación a su gusto, pero sí es quien tiene un gran don para hacerlo, sin esforzarse. Porque no creamos todos nuestras propias conclusiones y en seguida producimos, construimos, generamos, entregamos, desdoblamos, prosperamos, componemos, estructuramos, mejoramos y nos vinculamos con algo que nos permita crear nuestra propia versión de lo que alguna vez escribió el gran poeta alemán Rainer María Rilke; si tu diario vivir te parece pobre, no le culpes a él; acúsate a ti mismo de ser bastante poeta para lograr descubrir sus riquezas. Para un espíritu creador no hay pobreza, ni hay tampoco lugar alguno que le parezca pobre o le sea indiferente.

Todos, al creer en nosotros mismos creamos algo un poco mejor, por eso mismo escribí este libro.

Cómo vincularse con los otros signos del zodiaco:

Piscis y Aries. Piscis, tú puedes ayudar a Aries a ser un poco más flexible y debes mostrarle cómo dejarse ir para suavizar su camino. Piscis, como último signo del zodiaco y Aries como el primero deben, vinculados, poner un ejemplo de cómo deberían de ser las cosas cuando se crea con absoluta libertad. Entre ustedes, pueden pasar una infinidad de cosas, tanto, que se ha dicho que forman una combinación perfecta para psicoanalista-psicoanalizado. Ustedes pueden escoger quien es quien sin escatimar.

Piscis y Tauro. Muéstrale a Tauro, Piscis, cómo improvisar y habrás hecho algo que mejorará su vida. Recuerda Piscis, que Tauro es gran maestro de los cinco sentidos así que toma suficiente tiempo para crear la atmósfera adecuada. Una vez que Tauro disfrute escucharte, también le gustará el tono de tu voz, y el siguiente paso puede ser cualquier cosa mandada desde el mismo cielo.

Piscis y Géminis. La creación de una discusión eterna es una probabilidad entre ustedes. Poco importa si se ponen de acuerdo o no, pues mientras más tengan que decirse, mas aprenderán. Investiguen, averigüen y utilicen su sapiencia para separar los mítos de la realidad. Piscis, si no, Géminis tendrá oportunidad de acorralarte y tú tendrás ocasión de enojarte.

Piscis y Cáncer. No importa lo que planeen hacer juntos, deberá ser en conjunto y cómodo y si les parece algo como el llamado déjà vu o demasiado familiar acéptenlo sin desperdiciar un instante. Si se desatienden, el tiempo pasará por ustedes sin que puedan crear lo que está marcado en ese cielo tan inmenso; ¡qué desperdicio! Y siento decirles que imaginar o pensar, no es hacer, entre estos, sus signos soñadores.

Piscis y Leo. Si logras hacer que algún Leo crea que soñar es crear, has hecho lo imposible. (Envien por favor un e-mail a avaleria@aol.com). Hacer que Leo tenga fé en algo que no sea producto de su propia creación es mucho más difícil de lo que puediera imaginarse. Invierte los hechos, creándole una oportunidad a Leo de amagar a alguien. Si no puedes, hazte un favor, y olvídalo.

Piscis y Virgo. No dejes que Virgo se salga con la suya y sea tan conformista como generalmente pretende ser. Es más, cuando de creaciones se trate, no dejes que Virgo sienta que manda simplemente porque es tu signo opuesto y te cansa. Podrías llevar a Virgo a una galería de arte o a un buen restaurante y allí, proponerle algo fuera de lo común, estrambótico. Le haría muchísimo bien a Virgo decirte que sí aunque fuera a medias.

Piscis y Libra. Juega un poco con las ideas y la mente de Libra, si es necesario, con un buen juego mental como scrabble o ajedrez. Si Libra te hace caso, y le entra al juego contigo, excelente. Si se aburre con tus proposiciones, desaparece, porque posiblemente no alcanzas ni con mucho a llenar sus requisitos creados. Deja que tu mente se pasee, imagínate que todo va viento en popa, sueña y habla con las estrellas, quienes te enviarán otro tipo de señal.

Piscis y Escorpión. Mide todo, usa tácticas bien creadas, muévete bajo horarios fijos, y no exageres, propon cosas tangibles, simples y fieles a la balanza de las actividades ya planeadas. Posiblemente logren mostrarle al mundo que cualquier cosa puede ser creativa, hasta poner una mesa sin manteles largos. Si le permites a Escorpión ejercer un poco más de poder, podría ser interesante para los dos.

Piscis y Sagitario. Usa un almanaque o el calendario del más antiguo galvan, o de faltarles eso, pidan consejo de un abuelo, abuela, inclusive algo folklórico que pueda resolver una cuestión creativa de manera simple, a la antigüita. ¡Aviso! Entre ustedes, pueden suceder pequeños desastres, como engancharse un dedo en la puerta o dejar caer la llave a la alcantarilla. No es de mal agüero. Para vincularse, necesitan unas pequeñas sacudidas para dejar lugar a cualquier cosa. Escuchar lo que Sagitario tiene que decir es siempre un buen comienzo.

Piscis y Capricornio. Confien en sí mismos y en su combinación astrológica. Respondan a lo que otros quieran de ustedes, pues dejarte ir y recargarte en los demás es algo muy provechoso y aprovechable para Piscis. Te reto a que lo hagas, Piscis. Capricornio siempre necesita un poco de manipuleo para que suelte esas frustraciones internas que no lo dejan respirar y tú, Piscis, es quien mejor puede darle pié para que no sienta que el intento es futil.

Piscis y Acuario. Al ensayar crear un vínculo, el orden del proceso que emprenden no tiene nada que ver con el resultado final. La combinación Piscis-Acuario es en realidad una de los mejores para inventar cosas nuevas, proposiciones inesperadas y ciertas locuras posibles. Ambos ven el futuro con mayor claridad que otros, sobre todo si no les atañe. No olviden de llevar una bitácora, pues los resultados pueden llegar a hacerles contar en millones.

Piscis y Piscis. Siempre que no olviden lo que se prometieron—entre ustedes y a los demás—van por buen camino. Existirá siempre la posibilidad de que ése, su camino, se vea perjudicado por algún ruido real o creado en su imaginación. No se dejen llevar por lo que creen que están logrando. Mientras más concretos sean, más estarán a su total disposición. Atrévanse a hacer buena entrega de sus opciones.

CAPÍTULO 6

CRECER y DESARROLLAR

¡*A*travesamos ya muchas cosas por todas estas páginas, juntos. Tanto que cuando cierren este libro los voy a extrañar! Y, puesto que este es el último capítulo, espero que lo que siga les sirva de trampolín para seguir adelante, aprender algo más, conocerse mejor y tomar las decisiones más adecuadas a la inteligencia astrológica personal de cada quien. Conforme han ido entendiendo cómo pueden acercarse, preguntarse, formar estrategias, negociar, enlazarse y consolidar su futuro, tengo la esperanza de que hayan podido llegar a sentir más confianza en sus propios afanes y soluciones, porque han visto como darle al blanco y quien lo necesita.

Ahora comienzan a crecer y edificar.

Dijo Shakespeare, "Lo que es pasado, es prólogo".

A partir de ahora todo debe serles más fácil, porque saben como usar un punto de vista dinámico y libre. El proceso que usas para tomar cualquier decisión debe tener mayor fluidez que antes, además, ilustrado con una buena racha de nuevas ideas y conocimientos. La oportunidad de acercarte, la idea de cuestionar, la posibilidad de un sin fin de estrategias, la emoción de negociar, la permeabilidad de un vínculo y ahora la perspectiva y la esperanza de crecer y edificar basado en las decisiones de tus movimientos diarios, a corto y a largo plazo, están a tu disposición. Tus recursos han aumentado, tus fuerzas están más presentes y ahora sabes tomar medidas personales usando inteligentemente el siempre-presente arte astrológico. La inteligencia astrológica te extiende la más cordial bienvenida para que la invites a tu casa, a conocer tus amistades, a darte fuerza para contrarrestar temores, a acompañarte para que extiendas tus horizontes y aumentes tus posibilidades de triunfar. Tienes en tus manos un guía de mobilización para tomar decisiones positivas en todos tus asuntos—con respaldo cósmico.

Ya debes saber cómo examinarte, interpelar además de indagar y deducir por qué deseas ciertas cosas, cómo preguntar para llegar a ellas y qué puedes hacer cuando las tienes. Has aprendido a extender tus propios niveles de probabilidades para mejorar tu suerte. Estás ahora consolidando tu fuerza para manejártelas, darte a basto y salir adelante con resultados positivos, con mucho más éxito de lo previsto. Espero que ya sepas un poco más sobre tus propios límites, porque ese conocimiento definitivamente te llevará por un constante que siempre valdrá la pena. Este paso—que no es el final—es un logro maravilloso, sobre todo porque ya llegaste a un punto donde tienes las riendas en la mano. Te has extendido hasta un cielo conocedor, donde espero has encontrado información del arte astrológico que puedes usar para acercarte a quien quieras o planear quien quieras que se acerque a ti. Tú entiendes ahora que la energía de las estrellas y de los planetas es una parte de nosotros mismos. Has tomado las primeras lecciones y estás aprendiendo un nuevo lenguaje, un idioma fascinante con el cual puedes construir frases, formar preguntas, crecer intelectual y espiritualmente y ¡quizá hasta volverte poeta! Los doce signos astrológicos forman patrones dentro de nuestro psique, y cada uno de ellos Aries, Tauro, Géminis, Cáncer, Leo, Virgo, Libra, Escorpión, Sagitario, Capricornio, Acuario y Piscis pueden encontrar ayuda durante una y cada día de nuestras vidas que esclarecerán las oportunidades que existen a través de esta, su clave personal de la inteligencia astrológica.

Recuerda que cuando usas este conocimiento estás respaldado por instrumentos que han sido puestos a buen uso por personajes que nos dejan legados desde los acadios, babiloneos y sabios sirios. Zaratustra, Demócrito, el filósofo hilarante, Aristóteles, maestro de ni más ni menos que Alexandro Magno, entre otras cosas, Tolomeo, Tolomer Al-Kindi, Tales de Mileto, Spujodhvaja, Johannes Kepler, el papa Clemente VI, Petrus Alfonsi, Copérnico, Galileo y muchos de los hombres de la ciencia moderna quienes contribuyeron a este arte filosófico natural. El siguiente paso es tuyo. Cuando escoges algo dentro del ámbito astrológico, aumentas tus propios poderes mitológicos.

Tus propias facultades para conectarte con ideas, lugares y personas es el eslabón que te permite consolidar. Por última vez, permítanme recordarles que la astrología nunca debe pretender mostrarte lo que *debes* hacer, ilumina las cualidades de lo que puedes hacer mientras te ayuda a autodirigirte para suplir las cantidades adecuadas a tu persona. Tú eres quien creas to propio destino, poco a poco, golpe a golpe, como bien dice la canción. Tú tomas la dosis adecuada, y acomodas tu vida a la mejor circunstancia. Crecer, fortalecer, hacer perdurar, afianzar, solidar, robustecer, fundar y edificar, palabras afines a este capítulo que es un especie de gran envoltura con su regalo adentro. Y así, como cuando recibes un regalo, lo abres y procedes a usar lo que te han obsequiado. Tú escoges cómo y te acomodas de una manera muy personal cuando lo haces. Es como una suma de tu espontaneidad a la harmonía cósmica que siempre está presente. ¿Estarás desarrollando algo, construyendo hacia una mejor mañana o simplemente reafirmando lo que ya estaba allí?

A veces, ni cuenta te habías dado. ¿Estarás asegurandote cómo construir algo que no se te había ocurrido antes, o estás atreviéndote a desarrollar lo que ya tenías a mano? ¿O será que ya te diste cuenta que te hace falta algo totalmente nuevo? ¿No tienes por qué eliminar la posibilidad de que estás a punto de erigir una gran fuerza de ira que esclarecerá muchos momentos de enojo reprimido? Estás comenzando una relación, o estás allí porque caíste de sorpresa; y sí así fuera, valdrá la pena? ¿Ahora será cuando debes de terminar para recomenzar? ¿Te parece posible reconstruir lo que otros destruyeron? ¿Estás edificando un futuro sano y próspero? Sea lo que sea, lo que fuese o lo que será, estás ahora desarrollando lo vivido y estás más involucrado que nunca con el mundo que te rodea. ¿Y qué crees? El mundo está a tus pies.

Las calidades que se construyen con otras calidades se transforman de la mejor manera posible a lo que siempre habías querido.

Aries
crecer y desarrollar: lograr

"Los días son pergaminos; escribe sobre ellos lo que quieras recordar".
—Baya

Si existiera en el mundo una justicia absoluta, tu signo la hubiera recibido a temprana edad como regalo de cumpleaños. A pesar de la rapidez con que la tierra da vueltas sobre su eje o se muevo alrededor del nuestro sol, tú, Aries, llegas donde sea antes que los demás porque sientes que es tu derecho el ser primero. Y como Aries que eres, cuando llegas en primer lugar sabes exactamente como comportarte. Es justo que puedas. A veces, como Aries también, pasas tiempo—¿demasiado?—encargándote del hecho de que aunque deberías de haber llegado antes porque te lo merecías, ese no es el caso. Y esperar, no es tu punto fuerte. Si como dicen los cosmólogos que hubo una vez hace unos cuarenta billones de años cuando todo en el universo estaba tan compacto que no había lugar para las galaxias, los átomos ni las estrellas, ya que existían simplemente minúsculas partículas de materia y de antimateria. Tú, Aries, estabas presente esperando entrar por la puerta grande para poder existir. Yo creo que una millonésima parte de segundo antes de la Gran Explosión, o el "Big Bang", Aries ya estaba allí; anticipando el poder comprobar que no valió la pena la espera, que no era necesario porque ya sabías que lo ibas a lograr. Abarcas todo porque estás en el primer lugar del zodiaco, y logras hacernos ver que aún sigue más—todos los otros signos. No fue casualidad el hecho de que fuiste el primero en llegar. Tu signo casi inventó sólo—y ahora tiene que cargar esa culpa—el logro de ser. Tampoco creas que la palabra te pertenece en su totalidad. Ni estás sólo a cargo de ella. Simplemente tienes que tomar en cuenta que mientras haces planes y consolidas, o decides si algo vale la pena o no, ya estás pensando en el futuro, porque ya estás allí. Y aunque usted no lo crea, eres quien mejor sabe si eso, este o aquél o vale la pena o debe seguir a tu lado. En un instante captas, como catalizador o acelerador de partículas, ayudas que aparezcan las fuerzas o el deseo de continuar. Aguantas mejor que otros porque llevas una flama eterna en tu corazón que alumbra lo que nos hace seguir para finalmente obtener. Específicamente del tipo que nos lleva hacía el éxito. Construye todo lo que quieras, Aries porque pase lo que pase, siempre obtendrás algo que valga la pena. De eso, puedes estar seguro.

CÓMO CRECER Y DESARROLLAR RELACIONES CON LOS OTROS SIGNOS DEL ZODIACO:

ARIES Y ARIES. La mente tiene que convencer al cerebro para que algo se pueda hacer. La mente de todo Aries puede convencer al cerebro de cualquier Aries que esa meta es obtenible. Por lo tanto, aunque no estén preparados ni convencidos, todo fin será un comienzo de una nueva fase. Esto, por cierto, es un hecho comprobado.

ARIES Y TAURO. Si un futuro posible parece ampliar tu horizonte presente, prométete que no dejarás de hacer algo que pareciera reconciliador a la primera parte de esta frase. ¿Te parece una manera enredada de enterarte sobre como obtener algo en conjunto? Para que dure algo entre ustedes, tiene que ser algo complicado. Además, Aries, mostrar que tienes influencia podría ser positivo.

ARIES Y GÉMINIS. Si te parece que hay prisa para consolidar una cosa que a su vez te permitirá obtener otra, estás equivocado. Si te das o le das a Tauro precisamente ese tiempo que crees no tener, verás lo bien que logras planear, juntar y sentir uno por uno, o todo a la vez. Esforzarte demasiado no es conveniente Aries, eso si podría ser una pérdida de tiempo. Géminis y tú podrían divertirse con sonseras.

ARIES Y CÁNCER. Si escoges palabras inadecuadas—al principio, en medio o al final—tendrás que volver a comenzar, lo cual por lo general a ti no te funciona, Aries. Cómprate o consíguete un buen diccionario de sinónimos, deja que Cáncer tenga su propia interpretación emotiva, y arréglense para obtener bases seguras. Con eso pueden seguir hasta el final de cualquier cosa, aunque fuese sólo una historia.

ARIES Y LEO. La fidelidad tiene dos significados muy diferentes para ustedes dos, más si logran respetar el punto de vista tanto Aries de Leo, como Leo de Aries, no habrá discrepancia que obtenga fuerza para separarlos. Si logras, Aries, que Leo realmente se interese en ti, ¡posiblemente nunca quieran dejarse! Leo encuentra fuerza en tu regocijo.

ARIES Y VIRGO. Uno debería ser abogado o defender al otro, pero si Virgo es el que obtiene la suficiente calidad para que tú admitas que te salvaguarde, mejor para ti Aries. Virgo debe hacer copia de todo lo que obtiene a través tuyo, para remitirlo en su perdido lugar, dada la ocasión. Siempre la habrá. Vale notar que es imperante que ambos sean coherentes.

ARIES Y LIBRA. Tú, Aries, necesitas robustez para soportar la— a veces—intolerable amabilidad de alguien (Libra) que podría llenarte el buche de piedras. Pero probablemente no sea éste. Porque Libra puede también impresionarte a tal grado que ni cuenta te das de que lo está haciendo. Ustedes son opuestos, ya lo tienes que saber, y a veces reparando las faltas de uno o del otro, pueden obtener metas a largo plazo.

ARIES Y ESCORPIÓN. No hay consejo que valga dentro de esta ecléctica combinación donde cualquier cosa puede pasar, sobre todo si es a largo o a muy largo plazo. Dificultades pueden convertirse en diversiones, amores pasajeros se consolidan en duraderos y posibilidades repentinamente se abandonan. También, odios pueden transformaserse en pasión. Vale la pena conocer a muchos Escorpiones para obtener varias opciones.

ARIES Y SAGITARIO. Si no parece estar bajo control su plan, su encuentro o la relación, cambia de actividad y de paisaje. Esta combinación debería ser como un boleto de lotería, o un pase regalado al mejor club o grupo cercano. Puedes volver a inventar tu historia, volver a inventar tu tiempo, volver a hacer tu programa; lo que no debes hacer es dejar que los egos de ambos interfieran en lo que podría ser algo muy positivo.

ARIES Y CAPRICORNIO. Pregúntense sinceramente si pueden llegar a un acuerdo que tenga que ver con datos y formas. Tú, Aries, no pierdas tu cordura. Si pueden combinar lo mencionado, bueno para obtener más. Pero—y el pero es el meollo del asunto—si alguno de los dos no se siente cómodo, déjense. No obtendrán mejor resultado aguantando.

ARIES Y ACUARIO. Acuario se haría un gran favor si imita alguna característica positiva de Aries. Tú, Aries, indícaselo. Puesto que por letras del abecedario eres quien sigue en la fila de Acuario—y tendrás que irte acostumbrando Aries, que entre ustedes Acuario será siempre primero—síguele la corriente. Si llegan a mejorar la salud o la figura del otro, criticándose, habrán obtenido uno de los caminos que llega a la perfección.

ARIES Y PISCIS. Como caminar sobre hielo quebradizo, trátense con cuidado. Para obtener una buena relación que les dará a ambos resultados que perduren, túrnense. ¡Aunque sea argumentando! Pueden a la larga, servirles para conocerse mucho mejor o estimular su conocimiento sobre los arrebatos, y mostrarles como convertirlos en alborotos.

Tauro
crecer y desarrollar: tener

"Las verdaderas dificultades humanas comienzan
cuando pueden hacer lo que quieren".
—Thomas Henry Huxley

Si revisas los verbos y los sustantivos que llevan las acciones claves de Tauro—cuidarse, fortalecer, poseer, aguantar, creer y tener—llegarás seguramente a la misma conclusión que he llegado yo; y es que tú, Tauro, tienes todo lo que se necesita para resistir hasta alcanzar. Y punto seguido, tener. Otros deben fijarse en ti y aprender como el adquirir tradicionalmente forma parte del recóndito exitoso yo. Tus planes, deseos, esperanzas y sueños siempre involucrados con tus cinco sentidos forman parte de un paquete secreto que cargas dentro de tu persona. Está muy bien envuelto, y contiene la posibilidad de gozar y de sentir la felicidad plenamente. Marguerite Yourcenar en una ocasión escribió que la felicidad es una gracia interna. Creo que sin saberlo, la escritora le dedicó esa frase a la contingencia de Tauro, porque tú Tauro tienes en ti la dádiva gratificante con la suficiente fuerza y sensitividad para repartir lo que tienes cuando otros lo necesitan. Y no estoy hablando de posesiones materiales.

Un buen ejemplo de todo lo que Tauro puede dar, entregar y repartir es el mismo William Shakespeare, Tauro, quien con sus palabras ha confortado a tantos a través de los siglos. Un Tauro ejemplar que tiene el don de la palabra a tal grado que en cualquier momento podemos usarlo de guía, como respaldo,

para divertirnos o hacernos llorar. O simplemente, pensar larga-
mente en una de sus múltiples frases; eso que es, es. Y eso, tú lo
tienes Tauro.

Tú, Tauro, pones en movimiento aquello que pudo haber
sido catalogado como inservible, y de las cenizas de cualquier
cosa puedes reconstruir relaciones, ideas, ciudades, países—lo
que sea. Tienes tal capacidad de ser héroe, que si no te llega la
ocasión, simplemente conviertes pequeñeses en situaciones que
incontestablemente valen la pena. Eso sí, que no rompan su palabra cuando de ti se trata, porque podría suceder que los per-
donas, pero nunca volverás a tenerles confianza, y sólo los que no
la tienen sabrán la frialdad que por lo mismo de ti puede emanar.
No tenerle cariño a alguien de parte de Tauro es peor que tener
lo que Aries, Géminis, Cáncer, Leo, Virgo, Libra, Escorpión, Sagitario, Capricornio, Acuario o Pisics quiesiera tener de o con él o
ella (Tauro). Naciste con una gran cantidad de tensión en tu alma
y te hace falta tu propia resolución para aguantarte a ti misma o
mismo. Otros necesitan un Tauro a su lado para ayudarles a tener
más en su árbol genético de vida. Y tú, Tauro, eres quien más sabe
sobre lo que eso quiere decir. Porque estás allí, porque enseñas
como creer en sí, consolidan y tienen. Tú también.

CÓMO CRECER Y DESARROLLAR RELACIONES CON LOS OTROS SIGNOS DEL ZODIACO:

TAURO Y ARIES. Tauro, harás bien en aprender la lección de la
separación en este caso. Si te pones en una posición de no tener
le abrirás el camino a ese viejo dicho de que menos es más. De
no hacer caso, Aries no entenderá lo que quieres decir y estarás
perdiéndote de algo muy entretenido además de novedoso.

TAURO Y TAURO. Exige lo tuyo, y deja que tu contraparte tenga
oportunidad de reclamar lo suyo también. Propiedad y posesión

podrían tener secuencia en el trato. Posiblemente ambos respondan a las mismas necesidades, porque entre dos Tauros, uno siempre afecta al otro de manera definitiva. Den algo para consolidar más.

TAURO Y GÉMINIS. Todo depende, si Géminis tiene la consciencia limpia o no, y si tú tienes la astucia para averiguarlo. Tu seguridad está en juego. ¡Tampoco te asustes! La manera en que ambos se defiendan será ejemplo de como tendrán que comportarse para afrontar todo lo demás, que será bastante. Tauro, ¿qué no podrás invocar algún ángel para darle oportunidad a todos tus sentimientos?

TAURO Y CÁNCER. Debe existir mucha intuición entre ustedes que pueden aprovechar para que esta relación marche maravillosamente bien. Vayan a un lugar agradable, pónganse cómodos y despejense de toda molestia para seguir adelante. Tauro, al tener que ver con Cáncer confía en eso, en tu intuición que puede proveerte con una clarividencia que simple y sencillamente trae suerte. Tienen mucho de eso, ustedes.

TAURO Y LEO. Tendrás que escoger, de manera cuidadosa. Y para Tauro, tomar este hecho como juego es lo mejor que puede hacer. Como mago, haz algún malabarismo para que tengas algo en la mano. Escoge, toma lo que te tocó o lo que te quedó y aprende a consolarte en lugar de consolidar. ¡Tendrás mucho más a la larga, si lo haces!

TAURO Y VIRGO. Sentimalismos, no. Y a la larga, Virgo te dará las gracias si lo logras. Virgo sabrá como apreciar tu punto de vista y ten la seguridad de que hay una corriente muy positiva en todo lo que hacen. Posiblemente también haya algo mucho más importante de lo que ahora se imaginan; ahora, siendo en las primeras instancias. Tener algo que consolidar, entre los dos, es buena cosa.

Tauro y Libra. Si hace falta gastar—poco o mucho, las cantidades son menos importantes que los hechos—para mejorar, embellecer, agrandar o consolidar algo, háganlo. Y háganlo de buen humor. Tengan presente a Venus, su planeta protector, para escoger lo más agradable y placentero de alguno de los sentidos y lo conviertan en algo celebrable. Tauro tan bueno para Libra como Libra lo es para Tauro.

Tauro y Escorpión. Si están construyendo algo juntos, pónganse un sello en la frente que diga; manéjese con cuidado. Escorpión tiene que estar al tanto de tus cuidados antes de comenzar, y tú debes conservar la calma para lograrlo. Entre los dos, las cosas no son tan fáciles como quisieran, pero mucho más interesante de lo que soñaban. Y, si tú, Tauro, le muestras a Escorpión que sabes acomodar las piezas de tu vida como buen jugador de ajedréz, te ganarás su confianza.

Tauro y Sagitario. No tienes que hacer pataleta, pero si puedes mostrar que sabes ser duro, digno y descubridor. Aprovecha ese momento de asombro que seguramente podrás causar para que Sagitario sepa de una buena vez que contigo no se juega. Con tu siempre presente determinación, consolidas con estos aventureros tener paso firme si te impones.

Tauro y Capricornio. Esta combinación podría ser como un sueño o cuento de hadas, a ratos. Búscate quien se deja para que vivas tu sueño, un compañero, un amigo, un cercano colaborador de trabajo, alguien que pueda ayudarte planear como acumular buen juicio con tiempo medido. Tú, Tauro, tienes una chispa que a muchos Capricornios les hace falta sin saberlo. Muéstrales cómo para tener en quién gastar tus encantos.

TAURO Y ACUARIO. Esto es un reto navegacional. Si logras barajar por las corrientes inconvenientes que pueden echar planes a perder, verás los verdaderos colores de Acuario, y Acuario sabrá como medirte también. Es importante que entiendas que Acuario necesita su propio espacio, no le restrinjas libertad. No sé si puedas con este paquete a largo plazo, Tauro, pero tienes que tratar.

TAURO Y PISCIS. Tengan una fiesta, ténganse confianza, tengan una familia, ténganlo en un momento, detengan lo que tienen, tengan conocimientos, ténganse fe, tengan ganas, tengan valor, tengan corazonadas, tengan vastos horizontes si pueden, ténganse mucho cariño y no tengan dudas; no entre ustedes, por favor.

Géminis
crecer y desarrollar: traducir

"Nadie dice toda la verdad de lo que piensa, y sin embargo pocos dicen todo lo que sienten".
—HENRY ADAMS

*T*raducir por supuesto que es posible, pero nunca será perfecto. Hay un dicho italiano: "Traduttori, traditori", que quiere decir, "Los traductores son traidores". Esto es tan cierto como el decir que el cielo está hacia arriba y la tierra abajo. Y después de más de 400 páginas de traducir mis propias palabras, creo que esta es una gran verdad. Hace poco, unos científicos se pusieron de acuerdo sobre lo que está arriba y abajo en nuestro gran universo y aparentemente los que vivimos sobre la faz de la tierra estamos bien parados. Pero explicar lo que quiere decir una palabra de un idioma a otro, de un signo astrológico a otro es como entender el llorar de un recién nacido y su madre entiende perfectamente bien lo que quiere.

Hay quienes tienen un talento adicional cuando se trata de explicar un vocablo, una voz, cualquier palabrería o una buena idea. Géminis pertenece a estos talentosos individuos por el simple hecho de haber nacido entre el 22 de mayo y el 21 de junio. En otras palabras, siempre podemos contar con que alguien de signo Géminis pueda estar en su mejor forma cuando hay que encontrar la palabra adecuada o hacerla accesible. Géminis, traduces ideas, lenguage y entidades que para otros a menudo son difíciles de comprender y los conviertes en algo sustancial. El poeta Walt Whitman nos da un ejemplo de esta habilidad cuando dice, "¿Cómo sabré lo que la vida es, salvo como lo veo en la carne desnuda"? Esa pregunta poética puede ser traducida de muchísimas maneras por quien quiera, en especial si tiene un Géminis a su lado. Y tú Géminis, te sabes hábil para entrar o salir de toda situación y circunstancia con la palabra adecuada. Eres el perfecto cazador de palabras, quien fácilmente puede traducir lo que dicen a lo sabiamente dicho. Transformar puede a veces ser sinónimo de traducir, y esta idea de cierta manera consolida el poder que tiene Géminis para parafrasear lo que quiera. Géminis, tienes un carácter extrañamente capaz de transgredir los límites de los sentimientos de otros y hacerles sentir que no debe herirles, inclusive, hacerles sentir que al aceptarlo salen ganando. Tienes el don de saber cómo con poco; la descripción de lo que hagas esté tan precisamente enfocado que pronuncias la palabra correcta de valor agregado. Otros aguantan; tú ya te pasaste y estás consolidando el siguiente paso. Y aunque te sobrepases encuentras cómo convencer a Aries, Tauro, Cáncer, Leo, Virgo, Libra, Escoripión, Sagitario, Capricornio, Acuario y a Piscis que nadie te hizo jaque mate, y que en realidad estás tomando nota para construir un nuevo idioma con palabras olvidadas, y que perder al rey en realidad vale la pena. Y te lo creen porque traduciste como ángel.

Cómo crecer y desarrollar relaciones con los otros signos del zodiaco:

Géminis y Aries. Consolidar algo en conjunto podría parecerse a encontrar un tesoro perdido—una pila de novedades, una piñata de dulces y riquezas que bien podría ser el enterarse de algo verdaderamente novedoso. Algo que te hará conocedor estrella sin haber pensado que podrías serlo. Ustedes pueden comenzar de nuevo, diariamente y aunque Aries por lo general prefiere empezar de zero, tú, Géminis—ya lo sabes—puedes convencerle de tomarlo desde donde tú quieres.

Géminis y Tauro. Sé lo más transparente que puedas, Géminis. Si no lo haces, tus novedades podrían parecer echar todo marcha atrás. No te repitas por favor y al explicarte, hazlo concienzudamente porque habrá quien querrá que caígas en alguna trampa. Y tú prefieres recordar lo que te conviene. Tú puedes lograr ser rey o reina por un día con Tauro, pero Tauro es el orgulloso dueño de mucho sentido común.

Géminis y Géminis. Si encuentras la palabra adecuada dentro de tu diccionario profundamente personal y si lo usas como analogía para que ese Géminis que tienes a tu lado juegue o se divierte, estás por buen camino. Así se podrán convencer que la preguntas que no se pueden contestar son lo mejor que tienen en el idioma que sea, aunque otros les digan que así no va la traducción.

Géminis y Cáncer. Por lo general, Cáncer estará influenciado subconcientemente por sus propios hábitos emocionales, y si no me entiendes Géminis, tampoco entenderás lo que Cáncer te está diciendo. Tienes que hacer algo para que Cáncer tenga ganas de entender tu partcular manera de traducir tus emociones y los aprecie. O que simplemente Cáncer te aprecie. Así tendrás el gran placer de consolidar algo que valdrá la pena, algo como reconstruir una relación.

GÉMINIS Y LEO. Para que ambos no se salgan del buen camino lo mejor para ambos es que entre sus palabras aprendan una lección de temporalidad que les permitirá sentir nuevas perspectivas. Y conste que dije sentir. Su lexicología astrológica difiere de tal manera, que para Géminis, lo grande es para Leo simplemente mediano.

GÉMINIS Y VIRGO. Sus ondas, sus frecuencias, sus gustos y sus pasos pueden diferir como las ondas radiales AM difieren de las ondas FM. Sólo con apreciación y cariño podrán sincronizarse, específicamente si tú Géminis das el primer paso. Virgo te puede organizar y una vez puestos de acuerdo habrás encontrado nuevas palabras, nuevos modos y cómo traducir dar y tomar a darse cuenta.

GÉMINIS Y LIBRA. Eres bien capaz de sacar cualquier cosa de contexto y usarlo como quieras, Géminis. Lo sabes transformar o crear un escenario que hace que otros se transformen para bien. Tú y Libra pueden rendirse servicio con simplemente pasar tiempo juntos. Libra debe hacer lo posible por integrarte a su grupo.

GÉMINIS Y ESCORPIÓN. Déja que Escorpión se explique y dále todo el tiempo del mundo para hacerlo. Aunque parezca que no le interesas, tú, Géminis puedes contar con absoluta seguridad que aceptará por lo menos (Escorpión) una invitación de tu parte. Esfuérzate un poco para interesarle más y "aviéntate", como dicen en la colonia (el barrio) de los Doctores en el Distrito Federal (la Ciudad de México). Refuerza, consolida, compon, mejora, usa algo apegado a la tierra y *es-cu-cha*.

GÉMINIS Y SAGITARIO. Aquí no siempre te saldrás con la tuya y cuida tus pasos con este, tu signo opuesto que al traducir lleva una o mayúscula. Aunque tengas todo fríamente calculado, a la larga no será como crees, y la consolidación tiene que venir de parte de Sagitario. Con las palabras adecuadas, mejorarás tu panorama y posiblemente llegues hasta conseguir una gran sonrisa, pero quién sabe si no necesites más recomendaciones.

GÉMINIS Y CAPRICORNIO. Géminis, si logras dar a entender con claridad que existe la posibilidad de que un lugar o una condición cambiará, estarás quizá, acondicionando la relación para que se consolide y dure todos los años que Capricornio considera justos. Si Capricornio te cree, o cree que tienes ideas de largo alcance, podrían ustedes dos modular las traducciones de sus propios sentimientos.

GÉMINIS Y ACUARIO. Cualquier idioma que tenga relación con las computadoras, lo virtual o lo que aparece y desaparece al tocar un botón, los pondrá a marchar con el ritmo del mismo tambor. Http, www, .com, .doc o co. Y si logran :) que gran favor se estarán haciendo. Todo puede ser entretenido, exitante y consolidador. Nunca traduzcan de manera que aparezca un :(por favor.

GÉMINIS Y PISCIS. No hablan el mismo idioma, ustedes. Géminis, comprende que el concepto que tú tienes de la libertad es totalmente diferente al de Piscis, aunque nadie dice que no pueden embonar. Encuéntrense un lugar seguro y traten de estarse quietos, juntos, serenos. Vean lo que nace de su silencio. Posiblemente será algo que valga la pena, positivo para ambos, que puedan consolidar.

Cáncer
crecer y desarrollar: concluir

"Ningún hombre se debilita por escoger".
—Vauvenargues

Si fuera posible, Cáncer debería comenzar al final. Eso haría que el proceso de terminar lo que haces te fuera mucho más fácil. En particular porque te desgastas tanto al despedirte o decir adios. Simplemente con fijarse en la maleta grande y pesada que normalmente cargas contigo al viajar, en lugar de un bolso tamaño cabina. Tu maleta, generalmente está retacada, llena hasta el tope por la única razón de que eres quien más carga en el alma de todos los signos del zodiaco. Cáncer, grandilocuente y orgulloso de serlo. Y si por el momento ese no es tu caso, espera un poco, porque para acomodarte en tu signo y sentirlo tuyo, este bagaje es necesario. Simplemente tendrás que aprender cómo acomodar todas tus cosas. Con esa carga, mejoras tu carácter y lo fortalezes puesto que terminar de arreglar cualquier cosa es buena prueba de que te soportas, te aguantes, te confortas.

Cáncer, estás emparentado con las palabras y los hechos acabar o terminar, de la misma manera que las matemáticas necesitan los números para explicarse. Uno se encuentra al otro sin esforzarse. Y para ti, Cáncer, todo lo que terminas te permitrá una opción de cambio a tu medida. Cuando sea. Es más, cuando estás a punto de terminar algo es cuando eres perfecto, porque tus expectativas están en su más alto nivel y porque justamente un poco antes de decir adios las memorias te invaden. La añoranza es para ti un regalo que te permite soñar, y el proverbio

352

ruso que dice añorar el pasado es como correr trás el viento en tu ser, toma un maravilloso significado. Posiblemente sea porque como Cáncer sabes nutrir el sique de todos los otros signos astrológicos, y quizá seas tú quien mejor entiende lo que dijo ese astrónomo jesuita William Stoeger del Grupo de Investigación del Vaticano ante un grupo de cosmólogos hace unos años: los científicos saben que los átomos del cuerpo humano fueron fraguados en las estrellas, y la cosmología moderna expone como están tejidos los humanos en esa vasta red cósmica. Definitivamente no hablaba de la inteligencia astrológica el doctor Stoeger al pronunciar estas palabras, pero nos hizo a todo Cáncer el gran favor de ponerle el toque final inmejorable a nuestro lenguaje estelar.

Otros podrán considerar lo difícil que es terminar algo relacionado contigo, Cáncer. Una vez que todos esos otros ingresan a la delicada y entrañable pero siempre complicada relación que dá el tener que ver contigo, no pueden terminar. ¡Tenaz y acometedor es tu agarre! Dejas huella siempre. Y no hay toque final Cáncer, salvo que tú tomes la decisión de dejar ir.

Cáncer, eres un tiro para reasesorar, realiñar, reacomodar, rehacer y mostrar lo que sucede si los que te rodean no terminan como les conviene.

Y, si no me creen, vean las fábulas de Jean de la Fontaine, Cáncer por supuesto, capaz de terminar cada moraleja con un pensamiento que nos deja con profunda meditación, a través de varios siglos.

CÓMO CRECER Y DESARROLLAR RELACIONES CON LOS OTROS SIGNOS DEL ZODIACO:

CÁNCER Y ARIES. Si tú, Cáncer, te dijas ir emocionalmente, posiblemente logres hacerle sentir a Aries que lo que le conviene es, en lugar de consolidar, correr en sentido opuesto al tuyo. Cede lo más que puedas para que toda situación, suavemente, y con sabor latino, tome su lugar como el agua que poco a poco toma su nivel. Deja que Aries tome la iniciativa o las riendas, y preséntale tu plan como si fuera suyo *te acuerdas cuando se te ocurrió* . . . como ejemplo.

CÁNCER Y TAURO. Escucha lo que Tauro tiene que decirte y trata de aceptar el hecho de que Tauro sabe algo que tú no solamente no sabes, sino que ni cuenta te has dado. Tauro puede instruirte o encausarte. Lo que bosquejen podría ser algo casi eterno, porque ustedes se complementan. Ah, pero Cáncer, tendrás que ceder de buena gana, aunque no estés de acuerdo.

CÁNCER Y GÉMINIS. Tendrás que solucionar problemas, pero en lugar de ver el índice de una libreta de instrucciones, debes volver a comenzar. Si Géminis puede convencerte que regresar al principio vale la pena, no te hagas el o la remilgosa, moldea tu alma porque toda solución vá para largo alcanzes. En otras palabras, no menosprecies lo que podría ser una enseñanaza como la flor del siempre viva. Uno puede fácilmente reconfortar al otro.

CÁNCER Y CÁNCER. Jean de la Fontaine escribió dieciocho libros de fábulas, y cada cuento tenía una moraleja al final. Estas fábulas son agudas, chistosas y divertidas, además de que el autor usa palabras de una manera novedosa. La importancia que esto tiene para Cáncer es que Fontaine siempre deja lugar para que el lector saque su propia conclusión. Él era del signo Cáncer, y ustedes que comparten el mismo signo deben aserciorarse de tener una de sus obras—como mínimo—a la mano. Allí encontrarán consejos, inspiración y consuelo de sus palabras, para poder concluir tranquilamente cualquier tema.

CÁNCER Y LEO. Trata de acortar caminos, recortar presupuestos o reducir palabras con Leo. Cuando ya tengas manos en el asunto—el que sea—déjale cancha a Leo para que siga su camino o trace su propio plan, y que posiblemente no tenga nada que ver con tus propuestas. Deja por favor que Leo tome la iniciativa porque a la larga, tú saldras ganando de nuevo, lo que sea. No olvides nunca que Leo es a quien hay que llamar cuando necesitas apoyo, siempre.

Cáncer y Virgo. ¡Para ustedes, la mejor combinación que pueden hacer para que las cosas tomen el camino adecuado es que terminen su misión y ¡no lo conviertan en cuestión! Una vez establecidas las reglas del juego, no se dejen caer en tentaciones que puedieran intervenir con un resultado feliz. Por ejemplo, que una tercera persona intervenga. La relación entre ustedes debe ser a prueba de fuego y duradero.

Cáncer y Libra. Pase lo que pase guarda tu afabilidad, la cordura y tu gentileza Cáncer. Aunque tengas el corazón un poco pesado, posiblemente esta combinación te colmine a exagerar algo que no debe tener mayor importancia. Además, no vayas a cometer el error de estorbarte a ti misma/mismo, si siempre podrás sacarle provecho a esta relación con Libra. ¿Y si simplemente te ries de satisfacción?

Cáncer y Escorpión. ¡Suertudos! Tanto tú como Escorpión son signos de agua. Como tales, tienen el derecho absoluto de musitar, demorar y tomar estrategias poéticas particulares de H_2O. Punto seguido, no se quejen si tardan más de lo planeado en terminar o en decidir que han terminado algo excelente. Confianza es una palabra que debe estar presente en toda consolidación.

Cáncer y Sagitario. Tiren sus dados, y que gane el mejor, o el más afortunado. En seguida, construyan una marcada tendencia entre ambos para que puedan modificar o resignarse cuando aparentemente sus planes se traben. Hasta lo más arriesgado puede funcionarles, no lo olviden, y el único atorón podría ser el hecho que por lo general, Sagitario tiene mucha más fuerza física que tú. ¡Alcánzalo, terminantemente!

CÁNCER Y CAPRICORNIO. Para que duren ustedes juntos, o en una faena, tienen que asear, desenpolvar o expurgar el asunto primero. Para eso, hablen todo lo que puedan, conversen—aunque sea por teléfono—más de preferencia en largar caminatas agradables. El meollo del asunto es que Capricornio te haga el caso que crees merecer. ¡Con eso en la mano, la combinación de sus signos opuestos comenzará a dejar fruta bendita! Mientras más tarden, mejor. Ten en cuenta que cualquier irritabilidad no es más que un pequeño llamado a cuentas, por lo tanto sigan, sigan, sigan.

CÁNCER Y ACUARIO. Si no finalizan nadando en direcciones opuestas, salvo que estén jugando con algún balonpié, sobre un escenario marcado o construyendo una tarea artística y se les ha pedido que tomen caminos encontrados pueden, deben y espero que quieran hacer maravillas con cosas poco comunes, ideas nuevas o reciéntemente creadas, ¡si es que no inventan lo que aún no existe! Firmen para consolidar a largo plazo y no se pierdan de vista, pues ambos tienen ese algo mágico que puede llevarlos lejos.

CÁNCER Y PISCIS. Sabemos que todo expide algún tipo de energía. Los campos energéticos varían, igual que los campos magnéticos o de gravedad que se modifican y cambian de estado. Combinados, los campos energéticos de Cáncer y Piscis expiden una energía que puede producir una interacción perfecta. Lo importante es no dejarse, soltarse o apoyarse. Lo único que podría serles difícil es su sentido de tiempo o temporalidad. Pero, mientras más tiempo—y perdonen la redundancia—pasen juntos, mejor para ustedes.

Leo
crecer y desarrollar: autoexpresión

"Nadie puede hacerte sentir de menos sin tu propio consentimiento".
—ELEANOR ROOSEVELT

¿Será la palabra "autoexpresión" un oxímoro? Puede ser que con algún otro signo astrológico lo sea, pero con Leo, definitivamente no lo es. Leo, tú eres tu mejor agente, y como tal, tu propio bienestar está detrás—aunque sea veladamente—de todo lo que dices y haces. Puesto que el despilfarro te hace tanto bien, esta disposición podría ser lo mejor tanto como lo peor. Lo mejor si estás mejorando tu experiencia personal y todo lo contrario si te has sobrevaluado y te caen el el acto. Por lo general estás convencido que puedes hacerlo que sea mejor que quien sea. Quizá esto sea cierto. Creer en ti mismo o misma debe ser un acto de fe, algo que te llega naturalmente y lo único que nunca debes permitir que te suceda es autoreprocharte. Para sacarte el mejor partido posible, debes dejar que tu autoestima te permita sentir en la cima del mundo, seguro, orgulloso, queriéndote y motivado así dinámicamente fortalecido por tu propio carácter. En el lenguaje médico, se reconocen solamente dos estados de ánimo; uno es el regocijo o la euforia, y el otro es la simple depresión. Y, cuando tú, Leo estás deprimido, ese sentimiento interfiere de manera drástica con tu autoexpresión. No te preocupes demasiado. Puedes remediarlo con bastante facilidad si te haces el propósito. Y sobre todo, lo puedes hacer cuando consolidas y construyes o edificas para fortalecer. Para darte a basto con seguridad, apóyate sobre el costado fenomenal de tu signo y así mismo encontrarás alivio para todo mal al comprender todo lo que puedes hacer con tu autoexpresión personal y propia. Para comenzar, verás que distinguirás tu técnica individual que tiene parecido con poder construir tu propia leyenda que te permite creer no solamente en ti, sino que en lo que quieres representar.

Los demás te necesitamos, Leo. Por eso puedes ser modelo para los que se cruzan en tu camino o saben que existes. Debemos siempre llevar en la bolsa el número telefónico de nuestro Leo favorito para pedirle consejo cuando no podemos dar con la autoexpresión adecuada. Tú eres quien tiene que mostrarnos que estilo usar para construir y consolidar cosas importantes o relaciones valiosas. Tienes que tener a la mano este don para que los demás nos enganchemos contigo y sigamos tu paso, de manera individual y celebatoria. Y para que Aries, Tauro, Géminis, Cáncer, Virgo, Libra, Escorpión, Sagitario, Capricornio, Acuario y Piscis aprendamos de ti, tendrás que tachar lo que no sirva y ponerle una palomita a lo que podemos usar. Como un ejemplo, no te cuesta ningún trabajo encontrar que decir a la hora que se necesita, o ponerte algo que amerita la ocasión, dinos cómo, Leo por favor. Así, continuaremos todos a consolidar un concepto; un sueño, una quimera, un plan, con quien sea. Si tú nos indicas como, y nosotros te escuchamos, habremos mejorado nuestra expresión personal y de antemano, te lo agradezco Leo. Por cierto, Napoleón Bonaparte era un Leo, y como seña personal, dejó escrito: "Si quieres algo bien hecho, hazlo tú mismo".

Acaso así mejoraremos todos, con tu consejo, aunque sea un poco, pero siempre solidificando.

CÓMO CRECER Y DESARROLLAR RELACIONES CON LOS OTROS SIGNOS DEL ZODIACO:

LEO Y ARIES. Puedes, y además debes, pueden y además deben, prepararse para iluminar el cielo entero; Leo para Aries o vice versa. Tú puedes fácilmente mostrarle a Aries cómo deleitar a los demás o encantar a los de menos, según la circunstancia. Recuérdale que se dice que Hércules y Gilgamesh eran Leo. Fuerza y superioridad son dos rasgos relacionados directamente con tu signo, Leo.

LEO Y TAURO. Cualquier cosa puede pasar cuando ustedes, los titanes del Zodiaco se juntan. Esperemos que sea para lo mejor, pues les puede resultar—a veces—tan positivo cuando de consolidar se trata, que podrían perderse en una nube de algodón, por inconsistente, si no se cuidan. Apunten todo, escojan con cuidado, y planeen de puntitas.

LEO Y GÉMINIS. ¡Venturosos! ¡Esta es una combinación que seguramente será la envidia de todas las otras combinaciones quienes querrán ser o Leo o Géminis! Géminis es quien necesitará una ayudadita para ir viento en popa (gracias D.F., ciudad de México). Así que dále una buena oportunidad Leo, para mostrarte su brillo. Dile que crees en lo que te dice o propone para que consoliden magnéticamente. Lleguen a cualquier acuerdo con tal de que puedan expresarse.

LEO Y CÁNCER. Tienes que interpretar a Cáncer, de tal manera que su simbolismo romántico te guste, te funcione y/o te agrade. Esto, a tal modo y manera que aunque te sientas abrumado por este gran signo, recuerdes que a todos nos hace falta un apretón de manos, un abrazo, un cariño, una querencia, incluyéndote a ti, Leo. Cáncer sabe instintivamente cuando necesitas algo de lo arriba mencionado. No le huyas porque posiblemente te ayudará a sentirte mejor, para mucho tiempo.

Leo y Leo. Usa algo de tu propia perspicacia y de la agudeza que debe tener páginas aparte en tu vida así como en el capítulo personal tuyo llamado mi autoexpresión y como lo domino. Brillar más que otros es un gran deporte en la vida de Leo, así que un Leo siempre tendrá que mejorar lo que otro Leo haga. Yo no quisiera estar presente cuando uno eclipse al otro, aunque sé que todo Leo aguanta cualquier cosa, a corto y a largo plazo.

Leo y Virgo. Para Leo, Virgo se da por bien servido aunque se queje. Y tú, Leo eres quien lo o la puede encaminar hacia donde debería ir. El único problema es que Virgo no se dejará fácilmente. Para tomarse un poco de la poción de la vida loca y divertirse haciendo lo que hace, Virgo debería escucharte. Asunto difícil. Hazle ver en el espejo que vale, tiene y puede. Paso segundo, podrán decirse afectuosamente, tuyo.

Leo y Libra. Ambos pueden tener una interacción excelente y deberían optar por hacerlo seguido. Mientras, más, mejor y si aún lo pueden aumentar, de nuevo, tanto mejor. Inclúyase en el más cantidad y calidad. Tengan por seguro que si habría que escoger a los más divertidos del zodiaco para animar una fiesta, serían Leo y Libra definitivamente. No se te ocurra criticar su atuendo—de Libra—porque su indumentaria es un acto de autoexpresión.

Leo y Escorpión. Si surge algún problema, ni Leo ni Escorpión sabrán como desenmarañarse porque en conjunto no ven claro cuando las cosas no marchan bien. Por lo tanto, hay que hacer un pacto de autoexpresión para llevar las cosas en paz. Túrnense y déjense ser, como dice la canción de los Beattles, *Let it Be.* Dos signos astrológicos fuertes, formales y que cargan mucha energía, a veces, desenvainada. Siempre hay arreglo entre ustedes, porque habrá uno que nunca cede, dejándole lugar a que el otro consolide su partida.

LEO Y SAGITARIO. Depuren sus ideas, acuerdos, transacciones y conviértanle en buena inteligencia. Entre ustedes, la segunda vuelta siempre será la mejor. Diversifiquen y crean todas las salidas fáciles que les venga en mente. De esta manera construirán determinadamente un nuevo rol para su autoexpresión capaz de durar mientras existan horas en el día.

LEO Y CAPRICORNIO. Si se escucha un rumor lejano, podría ser el rugir de Capricornio, mostrando su desacuerdo cuando algo se sale de la raya que se trazaron, y eso que a quién le toca rugir es a Leo. Ten presente Leo, que si Capricornio siente que lo estás escudriñando el rugido podría convertirse en truenos descabellados. Toma lugar en la segunda fila, Leo, porque te estarás haciendo un favor si te dejas llevar ¿de la mano? Así, consoliden lo que quieran porque las ventajas serán fantásticas.

LEO Y ACUARIO. Como líneas de alta tensión que nunca deben rozarse, así son sus elementos cósmicos. En otras palabras, ni se les ocurra chocar—de ser posible, jamás. Los opuestos se atraen, y si se ponen de acuerdo podría ser magnífico siempre y cuando tengan bien en cuenta las primeras lineas de este párrafo. Escojan pequeños detalles, tiernos momentos y opten por minimizar lo que parecería enorme. Así, todo puede funcionar tal y como debe ser sin que el cielo se entremeta.

LEO Y PISCIS. Si existen milagros, podrían aparecer entre ustedes. Con sólo acomodarse bien—como en un montón de almohadas puestas en montón que uno hala, tira y arregla a gusto—tienes que entender que Piscis siempre podrá ayudarte a encontrar mejor forma. La expresión perfecta, el sentimiento adecuado, la creación del momento, es lo que aparece cuando ustedes se junta. ¡Y con un tercer signo pueden encontrar aun más garbo!

Virgo

crecer y desarrollar: entender

"Es un lujo ser entendido".
—Ralph Waldo Emerson

Parecería que la pregunta "¿no entiendes"? se hace en familia, en el trabajo y entre unos y otros por todo el mundo. Si no es lo más frecuentemente escuchado, tendrá segundo o tercer lugar seguramente. Según Sigmund Freud, una gran parte de nuestras mentes vive dentro de la inconsciencia, y aunque la parte inconsciente de la mente es parecida a la consciente, eso tan recóndito pero que nos pertenece también tiene deseos, miedos, aprehensiones y enojos. Tenemos que esmerarnos para que nuestro perfil inconsciente pueda comprender todo lo que la consciencia le puede ofrecer. Quizá eso nos dé un poco más paz y consuelo para entender nuestro compañero, la autoexpresión. ¡Qué complicado!

Los Virgos están exentos de todo lo dicho en el párrafo anterior. Tú, Virgo deseas que tu inconciente entienda tu conciente con la misma intensidad que todos los demás; con la misma certeza con que caminamos sobre la faz de la tierra, y con aún más vigor, porque también quisieras que tu pesimismo siempre tuviera a la mano una buena dosis de optimismo para contrarrestar. Virgo, percibes la adversidad aunque esté minuciosamente repartida y entiendes en materia de segundos cómo poner las cosas donde deben estar, personas, emociones, ideas ya sean las o proyectos. Muchas veces ni siquiera necesitas preguntar porqué. En un destello sabes de donde viene la pregunta y habrás encontrado cualidades recónditas que sabes convertir en interpretaciones válidas. Virgo, tienes la capacidad de desarreglar todo y hacer entender a quien quieras que en realidad estás haciendo frente poniendo las cosas en su lugar; conviertes lo que no sirve en algo imprescindible. Sabes mostrarle a quien sea como convertir algo bueno de algo malo, y entiendes por qué es que vale la pena hacerlo. Te necesitamos Virgo, aunque a veces nos parece que nos haces daño, porque eres tan verídico. Y cuando te portas mal, nosotros—Aries, Tauro, Géminis, Cáncer, Leo, Libra, Escorpión, Sagitario, Capricornio, Acuario y Pisicis—tendremos que en realidad estás contribuyendo al autoentendimiento de cada quien. ¡Lástima que no nos perdones por no comprender esto de primera entrada!

Quizá todas las neuronas del cerebro son pequeñísimos Virgos que empujan y halan y ponen las cosas de la consciencia y la inconsciencia en su lugar para que la mente se entienda. Por supuesto que la palabra "entender" no te pertenece, simplemente tienes tu propia y muy personal interpretación de lo que quiere decir. Y nos conviene escucharte porque sabes ponerle estilo, cambio, echar la luz directa y objetar si no está como debe lo que haya que entenderse. Cuando hace millones de años alguien dijo que se haga la luz, ¡yo creo que tú eres quien lo encendió!

CÓMO CRECER Y DESARROLLAR RELACIONES CON LOS OTROS SIGNOS DEL ZODIACO:

VIRGO Y ARIES. No desaparezcas si te parece que Aries no da el tono adecuado o puede con el paquete. Dense otra oportunidad porque una mala interpretación podría tener efectos a largo plazo, con fallas consolidadas. Tanto tú como Aries están a la búsqueda de su propia verdad, así que les ruego se den el espacio conveniente para lograrlo. Es más, aunque las cosas parezcan estar funcionando bien, traten de abrirse otras fases de entendimiento, por si acaso . . .

VIRGO Y TAURO. Entre los dos, uno puede ser el combustible de los pensamientos del otro. El llamado otro puede ser el primero en aparecer. Hay algo muy visual además de físico entre estos dos signos, y más les vale que se vayan acostumbrando porque de lo contrario la consolidación estará mal entendida. Tú, Virgo, puedes comprender mucho más sobre el mundo con Tauro a tu lado.

VIRGO Y GÉMINIS. Entre ustedes, mucho trabajo y poca diversión. Esto puede ser un método cómodo para lijar asperezas, y si llegan a ocuparse más en la diversión y nada de trabajo, cuidado. Demasiada facilidad no da buena espina entre ustedes, y tú, Virgo, eres quien debe estar velando el tiempo para hacerle entender a Géminis como logar que sus esfuerzos tengan frutos válidos. Créeme Virgo, cuando te cuento—en secreto—que es mejor para ambos si tú mandas, comprensivamente.

VIRGO Y CÁNCER. Combinen, mezclen, entremezclen, revuelvan y si es necesario búrlense, pero no dejes que Cáncer se escape de tus manos sin que Cáncer entienda que lo o la necesitas a tu lado. Como pareja, como ayudante, como muestra o como ejemplo. Con tú manera de ser y la intuición de Cáncer podrán ganarle al tiempo y mover montañas o traerse todo un iceberg del polo norte, cambiar el clima y tener resultados excelsos.

VIRGO Y LEO. Si dejas que Leo comienze lo que posiblemente termine como un monólogo, relájate y déjalo correr. Virgo, escucha lo que tenga que decirte sea consejo o consentimiento, lo que tendrá que aparecer forzosamente entre ustedes. Te hará bien hacerte acompañar por Leo, quien debe saber entender esto en un nivel ejemplar. Respeto mutuo es imperativo, y si pueden hablar cultura tanto mejor.

Virgo y Virgo. El meollo de esta combinación es saber encontrar el grado adecuado. A satisfacción, a carta cabal y en toda forma. Vean el costo material y emocional porque siempre habrá manera de acomodarlo para que los dos lo consideren rentable, pero no lo tomen literalmente. Abundante atención diversificada entre ambos hará que su entendimiento sea más gentil y duradero.

Virgo y Libra. Sin pena y sin escrúpulos, pide lo que quieras. Libra te sorprenderá con sus respuestas y si le haces sentir poco interés o te desentiendes de sus propuestas Libra buscará otra manera de acomodarse en su muy versátil vida. Esto podría dejarte con un sentido de abandono que francamente, no necesitas. Tu gusto debe convertirse en regusto, espero que me entiendas.

Virgo y Escorpión. Podrian gozar hasta marchitarse, simplemente porque no encuentran como parar, y no sería lo peor que les pudiera pasar. Escalona tu placer para que entiendan como convertirlo en algo creativo, constructivo y por qué no, hasta destacado. Hay muchas maneras de confrontar las vicisitudes de la vida, y tu relación con Escorpión es una de ellas. Prepárense para recibir ideas inconvencionales en cualquier momento que tendrán que entender.

Virgo y Sagitario. No lleves a Sagitario a casa mientras están tratando de llegar a un acuerdo, de cualquier tipo. Y si lo haces, ambos no saben recibir órdenes, provéele a Sagitario con lo que sea su voluntad para que esté tranquilo, a gusto y cómodo. Esto es algo que pocas veces haces, Virgo, y ahora es cuando debe preocuparte los modales, la etiqueta y lo correcto. Entiende que Sagitario es quien puede hacerte ver el lado optimista de cualquier cosa.

VIRGO Y CAPRICORNIO. Tú tienes lo que Capricornio quiere, pero aun no lo sabe. Entender esto no es fácil sobre todo para Capricornio a quien le cuesta trabajo abrirse. Un propósito a largo plazo es lo mejor que les puede pasar y las consecuencias siempre ayudarán a entenderse mejor en lo particular. En lo general, todo depende de las buenas o las malas vibras cósmicas. Y, ¡ay! no desaprovechen un ligero olor a seducción, sorpresivo y agradable por supuesto.

VIRGO Y ACUARIO. Te reto a imaginarte como se vé el próximo Acuario que tengas enfrente completamente desnudo. Y, segundo reto para Virgo, cuéntaselo y dile como te lo o la imaginas. En seguida deben poder convivir concretando sentimientos en vez de entendiendolos. Si no quieres que Acuario sepa porque te brillan los ojitos, poco importa. Puede ser que a algún Acuario le agrade muy poco este imagen, y mucho menos entienda de que se trata.

VIRGO Y PISCIS. Pidan consejo de su compañero o compañera de cama, de su mejor amigo o de quien esté provisionalmente a tu lado sobre como atravesar aguas turbulentas. Así, en lugar de ser dos, serán cuatro. Para entenderse o desconocerse un cambio de color o de giro siempre ayuda. Entre cuatro, le pueden encontrar la cuadratura al círculo o el brillo a cualquier tono de gris.

Libra
crecer y desarrollar: resolver

*"La mayor equivocación que puedes hacer en tu vida
es estar continuamente temiendo que lo harás".*
—Elbert Hubbard

La habilidad para resolver, despejar, encontrarle solución o llevar a cabo un succeso con éxito no es simplemente un talento ejemplar para ti, Libra; ni te dá el premio de ser el único fiel de la balanza. También te hace deseable. Cierto es que muchísimas mujeres espectacularmente bellas y hombres tremendamente bien parecidos nacieron bajo este signo; Brigitte Bardot y Marcello Mastroianni, como ejemplos. Y fijense bién, no es que realmente sean tanto más agraciados físicamente, sino que un o una Libra sabrá siempre como resolver y solucionar el sentido de su prescencia, adornarlo adecuadamente y embelesarlo para cautivar y complacer. No hay manera de esquivar el hecho de que este don—que en otras palabras podría ser llamado la inconsciencia de la Inteligencia Astrológica—es algo bien dominado por Libra. Libra, nunca deben ponerte a escoger, porque tú debes de ser el escogido. Cuando te acorralan para hacer que tomes una decisión entre una cosa o otra, al hacerlo fácilmente les compruebas a todo ser cercano que tienes razón en haber elegido tal o cual persona o cosa. Y esto simplemente porque eres Libra. La razón cósmica es que tu signo representa un personaje que balancea, equilibra perfectamente unas pesas que en astrología moderna podría representarte como quien carga en un hombro antimateria y en el otro hoyos negros,

¡hábilmente permitiendo que ambos pesen lo mismo! Para los que no son adeptos a la ciencia física, la antimateria no pesa nada, y un milimetro cuadrado de un hoyo negro pesa mas que toda nuestro planeta tierra.

Admito, Libra, que para aquéllos que te aman, necesitamos encontrar una dósis etereo/cósmica de paciflorina, pues tienes la capacidad de enloquecerlos simplemente porque encuentras soluciones mágicas para todo. Con la salvedad de que para los tuyos, esas soluciones son adivinanzas. Los acertijos siempre te funcionan ventajosamente Libra, además de que puedes ser tan flexible que aparentas ser compasivo a más no poder o tan sereno que parece no importarte nada. Sueles resolver situaciones en lugar de sentimientos y sin embargo, al mismo tiempo puedes hacer que los demás se sientan mejor sobre sí mismos. Yo puedo asegurarte Libra, que a la larga casí nunca sales perdiendo porque nadie como tú sabe hacer buen uso de la palabra compromiso. Lo resuelves gratamente y con un tronar de tus bien pulidos, aseados y/o adornados dedos sabes como convertir una buena idea en teorías perfectas que tranquilamente llevan consenso, unaminidad y simpatía a tu lado. Por lo general Aries, Tauro, Géminis, Cáncer, Leo, Virgo, Escorpión, Sagitario, Capricornio, Acuario y Piscis sentirán que su vida alcanza un bien en mejor porque tú los has incluido en alguna resolución tuya. Por supuesto que los que no están a tu lado o contigo tendrán que acomodarse con su propiedades personales del signo, donde sea que se encuentre, sabiendo que donde lo hallen, ampliarán sus horizontes.

CÓMO CRECER Y DESARROLLAR RELACIONES CON LOS OTROS SIGNOS DEL ZODIACO:

LIBRA Y ARIES. Dos opuestos, tratando de resolver un problema, en especial entre ustedes, tienen que examinar toda situación y acontecimiento hasta el último detalle para asegurarse que pueden ser suficientemente inovadores y llevar a cabo su emprese o relación. Nunca tomen decisiones rápidas, es decir, mediten; juntos si es posible, separados si su imán interno no se los permite. Mientras la solución no parece alejarse, construir para consolidar con Aries podría ser excelente gasto para tu tiempo, y depurar tu energía con éxito.

LIBRA Y TAURO. Piensa en algo bello. Piensa en algo que tenga que ver con paz y tranquilidad. Piensa en que ambos tienen el mismo planeta rector (Venus) y ten la seguridad, Libra, que si acomodas tus piezas de tal manera que algo se vea mejor, esté más bien presentado o hay oportunidad de que tenga mayor encanto ya habrás hecho más de la mitad del camino para que se resuelva todo problema—seguramente pasajero—con Tauro. Les hará bien conocer un secreto estelar. Venus tarda 224 días en dar la vuelta sobre su eje, ¡por lo tanto en 224 minutos, horas o días se resuelve todo!

LIBRA Y GÉMINIS. ¡Sé objetivo y dí la verdad! Hacer esto resolverá todo que pudiera sucederles puesto que estas dos acciones vienen de parte tuya, Libra. Nada de tonterías por favor. Géminis excela en ellas, y a veces les da buen resultado, en especial si sus tonterías vienen al caso o parecen ser una lógica conclusión de algo. Si juntan recursos pueden persuadir hasta a su peor enemigo, a tal grado que cualquier problema caerá—a favor de ustedes—por su propio peso.

LIBRA Y CÁNCER. Antes de tratar de resolver cualquier cosa, antes de tomar cualquier decisión o de que hagan un trato; antes de comenzar a pensar en consolidar o construir traten de ir tras bambalinas, al fondo de las cosas, investigando todo recurso para no caer en improbabilidades. Cáncer puede embaucarte así que concéntrate bien. Borralo que contenga su pasado, en relación a la historia presente, y diríjanse hacía lo que parezca ser el curso más limpio y sano, sólidamente construido por favor.

LIBRA Y LEO. El reconocimiento es algo que les hace bien a los dos. Así que hagan lo que tengan que hacer para que esto suceda. Mientras más reciben, mejor. Ahora que si solo hay lugar para uno de ustedes sobre el escenario, déjale el lugar a Leo. Tú, Libra, puedes pararte justamente detrás y quedarte parado/parada mientras Leo hace la inclinación de gracias y asegúrate que te agradezca públicamente tu intención. ¡Después, salgan los dos a celebrar!

LIBRA Y VIRGO. Lo que tardas a veces en decidir cualquier cosa podría ser puesto en relevancia cuando le respondes a Virgo. Ese efecto te produce. Además, Virgo—tan exigente—podría decirte una y otra vez; ¿y si lo vemos de otra manera?, ¿y si cambiamos de parecer? resuélvelo simplemente poniendo a buen uso tu gran capacidad de ponerte en el lugar de otro, en este caso, del gran inquisidor. ¡Problema resuelto!

LIBRA Y LIBRA. Para el encuentro que consolide todos los encuentros entre ustedes, lean y ponderen lo dicho por Doris Lessing; ha habido un especie de divorcio en el largo camino de esta raza humana entre el *yo* y el *nosotros,* un especie de terrible apartado. Sí, Doris Lessing nació bajo el signo de Libra. Sí, lean sus palabras de nuevo, Libra a Libra y Libra a Libra.

LIBRA Y ESCORPIÓN. Trabajar en conjunto siempre les aportará buenos resultados y si además pueden hacer circular algunas buenas ideas de antaño, tanto mejor. Retrocedan por ahora hasta el *Don Quijóte* de Miguel de Cervantes y escojan entre cualquier página alguna palabra que sirva de poción mágica o respuesta inmediata. Si no les funciona, búsquense otro gigante de las letras para inspirarse. Consolidar así con Escorpión siempre será ventajoso.

Libra y Sagitario. Pregúntense si el punto y su posible consecuencia sería igual en otra época del año. Si la respuesta es afirmativa hay un grave problema, únicamente porque Sagitario está tan a tono con la naturaleza. Pistas de primera instancia están por todos lados: en el clima, en el cielo, en las hojas de los árboles o en su caída. Fíjate bien y resuelve el acertijo.

Libra y Capricornio. Seguramente podrás sojuzgar a Capricornio y mantenerlo así simplemente porque tienes ese especial encanto. Pero si esto no te funciona tan bien como quisieras, resuelve cómo hacerle creer a Capricornio que eres sumamente responsable y mucho más serio/seria de lo que esta persona crée o creía. La perfección misma a menudo no le basta a Capricornio y quien sabe si realmente estás a la altura. Un esfuerzo celestial hará milagros.

Libra y Acuario. Como si su relación fuera consecuencia de pegarse con kola-loca, al revés, al derecho, en partes, chueco, etcétera. Aún sin tener la seguridad de que estés o estén en lo correcto, haz la prueba. Los tiempos no pasan por Acuario de la misma manera que por los demás signos, ellos viven con un reloj interno particular. Consecuentemente, hay momentos durante los cuales todo parece estar fuera de control. No están, ni es así. Acuario simplemente está esperando lo que considera ser su momento. Tómalo o déjalo, no respondas demás.

Libra y Piscis. Entre Piscis y Libra, aunque no haya estratégia convenido, no importa cuando de resolver algo se trata. Lo que sí importa es que tengan ustedes suficiente resistencia para no acortar caminos y comprender como hacer para que lo inmediato se alargue. Así, Piscis se convencerá que sí te importa el bien de la humanidad, aunque de manera un poco rebuscado. ¡Forza Libra! ¡Forza Piscis!

Escorpión
crecer y desarrollar: saber

"Para conocerse, hay que aseverarse".
—ALBERT CAMUS

scorpión es el signo astrológico que debe ser una transición entre el individuo y la colectividad. Pesada carga para cualquiera, pero alguien tiene que hacerlo y Escorpión aguanta más que cualquier otro signo del zodiaco.

Escorpión, eres tú quien ayuda a los demás ponerse a prueba y eres quien sabe cómo mostrarnos cómo hacerle caso a nuestro sistema de alarma interno para poner a conocimiento propio que algo anda mal.

Tienes la calidad de ayudarnos a conocernos mejor. Parecería que tú eres quien recolecta información sobre todo los demás y repartes el conocimiento para que cada quien pueda accesar su propia conclusión. Escorpión, nos provees de las sendas que llegan a nuestra propia intimidad para hacerlas públicas por nuestro propio bien. Esta intimación, que parte de la vida diaria, incluye los detalles de dónde y cuándo nacimos y que información llevamos dentro de nuestra propia ADN. Tú, Escorpión, te desdoblas por nosotros antes de aligerar tu propio flete. Quizá haría bien en reconocerte mejor para identificar ese ser tan único y especial que vive en ti y puedas construir una convergencia más adecuada a la vida que te rodea, o a la vida que has consolidado a tu exterior. Una vez que hayas logrado esto, cuando ya te adueñes de ese conocimiento, será una verdadera bendición en y para tu vida. Respetarás de inmediato el conocimiento propio de los que se atraviesan por tu vida—tanto físico como inmaterial-mente—y serás portador o portadora del verbo conocer en el más amplio sentido de la palabra. Tu paquete de inteligencia astrológ-ica estará llena de todo tipo de utensilios de fácil acceso—para ti—y será tu lujo, el estar junto a ti será un lujo para los demás. ¡Valdrás tu peso en oro o en rayos de luna!

El conocimiento frecuentemente se adquiere resolviendo problemas y esto incluye el aprendizaje del valor de esas triviali-dades o asuntos que parecen no tener importancia, aunque esto es algo tan subjetivo que apenas me atrevo a discutirlo. Datos, hechos y las realidades de la vida no tienen nada que ver con el tipo de conocimientos que se adquiere contigo, Escorpión. ¿Será por eso? ¿Será así? es lo que tienes que decir, símple o compli-dadamente para abrirle paso a la profundidad de nuestro ser y despertarle una búsqueda de esa llave de la caja de Pandora que a nosotros—gracias a ti—sí nos servirá abrir. Te necesitamos para poderte preguntar, *¿por qué me acongoja el saber qué?* y las infinitas posibilidades que siguen. Tú, Escorpión eres quien sabrá siempre que responder y que condiciones harán que la suma o la resta de circunstancias nos respondan adecuada-mente. ¡Para consolidarnos!

Digamos que tú, Escorpión, eres quien nos puede tender el mejor de todos los puentes que el zodiaco tiene que ofrecernos para decifrar cómo conocer o conocernos. Las otras palabras claves que encontrarán en este libro—pasión, misterio, caer, imaginación y búsqueda—pueden casualmente indicarnos cómo aproximarnos hacia los resultados que nos aprofundizan. Quizá no necesitemos más que eso.

CÓMO CRECER Y DESARROLLAR RELACIONES CON LOS OTROS SIGNOS DEL ZODIACO:

ESCORPIÓN Y ARIES. Si no crees en las alteraciones, posiblemente te encontrarás creyendo firmemente, apasionadamente, en lo que menos te conviene. Podría ser algo como un número telefónico equivocado, una dirección inexacta o un .com desatinado. Tóma cualquier casualidad como un instrumento antes de tratar de componer lo que realmente no sirve. Esto quiere decir en otras palabras, que todo se vale menos la evación de consecuencias.

ESCORPIÓN Y TAURO. ¿Te has dado la oportunidad de creer algo o en algo aceptando su veracidad nada más ¿por qué sí? Podrías con amabilidad dejar que algún capricho de Tauro—tan emocionantemente tu signo opuesto—siga su propio curso. Y, si el antojo es tuyo, Escorpión, cuenta con tu conocimiento instintual para ejemplificar lo que sucede cuando dejas lo demás en paz tienes permiso de un ¡uf! pequeño.

ESCORPIÓN Y GÉMINIS. Cuando te involucras con algún Géminis, Escorpión, tendrás que hacer un mayor esfuerzo por ponerte en su lugar, con real sentido común. Es decir, sin rodeos. Punto dos, cruza los dedos y espera que cuando Géminis te dice que le creas, realmente lo puedas hacer. Si debes darle credulidad a sus palabras dependerá de que debas confiar en la sabiduría de las predicciones, que a veces son incomprehensibles.

ESCORPIÓN Y CÁNCER. Esto podría ser una combinación muy ventajosa si le das tiempo a Cáncer de acomodarse y tú aceptas que hay veces en que lo ilógico puede valer la pena. Una de las quejas que seguramente te dará Cáncer, podría ser simplemente por un malentendido. No tienes que estar totalmente convencido de que Cáncer tiene conocimientos encantadores, pero ábrete a la posibilidad de esa divergencia. Valdrá seguramente la pena.

Escorpión y Leo. Si crees que Leo está desgarrado, o si crees que está siendo algo falso, posiblemente tienes razón. Lo importante es que no lo tomes demasiado en serio, que no dejes que esto sea un desacuerdo permanente. Leo tratará de culparte, tú tienes que facilitar los conocimientos que posees de tal manera que no se pierda ni un hilo de lo ya consolidado. Con Leo, las composturas y las enmiendas pueden ser divertidas, y nunca dejes para mañana lo que puedas hacer, pensar o conocer hoy.

Escorpión y Virgo. Hay algunos exagerados que a un simple punto y coma le dicen un cometa de tinta. Mucho vale el tiempo de Virgo y de Escorpión ponderar sobre este tipo de conocimientos tan fuera de lo común y extraños. Así se abre un nuevo camino de pensamientos no fundamentales pero ¡sí muy aprovechables para cuando busquen ustedes como resolver cualquier conflicto que a duras penas comprenden! El futuro entre ustedes puede ser productivo y merecedor de aún más.

Escorpión y Libra. Si analizan demasiado, si se analizan demasiado, acabarán por pensar que no tienen conocimiento alguno, que es algo dicho por tanta gente que sería una lástima encontrarlos a ustedes en ese tren de pensar. Relájense, Escorpión busca un paliativo entre tus gustos menores y acomoda tus sentidos para que gozes a Libra, que por lo general tiene de donde dar.

Escorpión y Escorpión. Por lo general, la información es guardada y con suerte, convertida en sabiduría de varias maneras. En el genial *Gran libro Oxford de la mente* se refiere a esas maneras como cuentas, que tienen tres rutas de acceso; la cuenta propia del caso, la cuenta casual y la cuenta de fuente fidedigna (legal). Si puedes encausar en el lugar adecuado lo que esto quiere decir con otro Escorpión, posiblemente los incluyan en una próxima edición del libro arriba mencionado. ¡Suerte!

ESCORPIÓN Y SAGITARIO. Sabías que a la letra de la palabra en inglés que significa conocer (know) además de ser la duodécima (contándose la ch) letra del abecedario, también se le puede llamar una unidad vector paralelo al eje-z y que puedeser un significado cryptográfico del símbolo para el kalium que es también potasio. Esa misma letra también puede ser un constante de ionización. Juega un poco con estos conocimientos, diviértete y atrévete al regocijo abstracto.

ESCORPIÓN Y CAPRICORNIO. Tóma tiempo para prepararte, Escorpión, más que nada para ponerte *ad hoc* y ponerte a disposición de Capricornio y conocerle bien. Si quieres construir algo—ya sea material, físico o emocional—con este signo tienes, que soportar más de lo que quisieras y mostrar que vales la pena. Ensaya primero ante otros, y después, adquiere todo el conocimiento que puedas para que nunca se dé cuenta. Capricornio quiere excelencia y pide realización.

ESCORPIÓN Y ACUARIO. Pasa más de lo que te imaginas. Esta combinación podrían encontrarse, ambos de 80 años, y preguntarse el uno al otro por qué nunca se casaron, habiéndose amado tanto sin saber por qué no se atrevían a hablar pero esto es solamente un ejemplo. ¿Te has fijado en tu alrrededor? Por ejemplo, un hueso quebrado se ve solamente con rayos-x, y los humanos no vemos de noche como pueden hacerlo otros animales. Las personas de signo Acuario ven instintivamente mucho más que las personas de otros signos. Es más, si hay algo en otra dimensión, ellos conocen cómo acercárcele. Aprovecha pues, Escorpión.

ESCORPIÓN Y PISCIS. Podrían comenzar a consolidar sus conocimientos preuntándose si alguno de ustedes cree que el ser humano es la suprema medida de todas las cosas o no. Y si quieren aprofundizar, sigan con un ¿qué hay que saber para contestar eso? Si logran entenderse bajo esta premisa, vean hasta donde creen poder avanzar. ¡Parece algo serio, verdad! De verdad que lo es. Es intenso y a largo plazo lo suyo.

Sagitario
crecer y desarrollo: ambicionar

"Los logros del ser humano deben sobrepasar su alcance. Oh, ¿para qué existe el cielo"?
—ROBERT BROWNING

¡Suertudos ustedes que nacieron bajo el signo de Sagitario! Cuando todos los que no somos de tu signo abordan la tarea de conventir sus propias aventuras en películas de largo metraje, estamos procesando nuestros lazos celestiales jupiterianas, es decir, de Sagitario. Todos tenemos algo de este signo, solo falta conectarse con ello. Y tú, Sagitario, ayudas al crecimiento ajeno sin esforzarte, simplemente porque sabes regalar bienestar y permear este sustantivo de un especie de polvo mágico que hace que expansivamente nos sabemos capaces de lograr nuestras propias ambiciones. Simplificas cualquier combinación por tener una manera de pensar sin escombros, no te enredas y sabes como referirte dentro de un marco justo a lo necesario para que otros se inspiren con lo que deben. Sus ambiciones se aclaran, y los tuyos se ajustan a la medida de toda circunstancia. Sagitario, eres el escogido por la mitología del presente para apunta cómo tomar el camino adecuado hacía el lugar esperanzado.

Sagitario, tu signo se compone de una mitad mitológica que tiene figura de centauro y otra mitad hombre. Imágen y figura de toda aventura, y del que se atreve. Sabemos que sin ambición, no hay aventura. La ambición le da la oportunidad a quien quiera de aspirar. Quién no quiere hacer algo mejor, mejorar su imagen, divertirse más, ser más saludable, tomar una decisión más justa, viajar a otro país o comprobar que su plan o proposición es la que realmente vale la pena. Sabemos que casí todos, todas, pero tú, Sagitario, siempre has cargado con esa flecha dibujada en tu símbolo, indicáncoles a todo Aries, Tauro, Géminis, Cáncer, Leo, Virgo, Libra, Escorpión, Capricornio, Acuario y Piscis lo fácil que es alcanzar las estrellas. Esa es tu intención. Todos tenemos ambiciones, pero se necesita algo muy especial para tener la adecuada, la que va enlazada con tu propia autonomía.

Ser y tener son tan diferentes como desear y agarrar. Sagitario, por que eres tan exitoso en instaurar los instrumentos adecuadas para poder tener y agarrar más, también eres ducho en indicar como revelar ambición sin la interposición de envidia.

Eres, Sagitario, el gran y elocuente optimista del zodiaco— por lo general—y la ambición viene grátis con el paquete. Quizá sea por eso que tu signo es el que se compone de dos terceras parte de recursos divinos y una tercera parte llamado simplemente humano, según decían desde la época antes de Jesucristo. El ser humano Sagitario tiene la ambición de ser un superhombre y tiene el don de lograrlo. Puedes aspirar a realizar tu vida con los dados que concedían los antiguos dioses mitológicos, imbuidos en tu alma. Cuando entras en acción—algo excelente para ti—eres la manifestación misma de aspirar a más. Y cuando estás amarrado—que para ti es igual que estar enfermo—llegas a sentirte incapacitado y perdido. No dejes que eso te suceda frecuentemente Sagitario, porque todos necesitamos de tu resistencia y de tu espíritu. Sabes cómo acomodar palabras sofisticadas en boca ajena y sabes como coreografiar ideas originales y novedosas que rompe esquemas. Para aquellos que desean con todo el alma algo, que se aproximen a ti, que trate de darte de buenas y convencerte que les muestres el camino que les permitirá saciarse con una cuchara grande lo que ansia y ambiciona su corazón. Lo sabes hacer con tanta elegancia—si te propones a hacerlo—que parecerá totalmente natural. Con un Sagitario a un costado cualquier cosa puede lograrse, la sed de mando la sabes encausar y además haces que todo anhelo valga la pena. ¡Qué mejor!

CÓMO CRECER Y DESARROLLAR RELACIONES CON LOS OTROS SIGNOS DEL ZODIACO:

SAGITARIO Y ARIES. Tu ego, Sagitario, puede encontrar su igual con todo Aries. Pueden gozar juntos a tal grado que traspasen países, continentes y años. Con pedacería, fragmentos y porciones chicos pueden construir lo que les venga en gana. Aspiren a lo que quieran, busquen dónde fundar un zócalo que se expanda por el mundo entero y nunca acepten un no el uno del otro.

SAGITARIO Y TAURO. Hay quienes mantienen que las ilusiones son discrepancias que emanan de verdades. Ustedes han encontrado la horma de sus zapatos entre sí. No todo lo que se imaginan sucederá, y quien dice que no irán a la caza de un sueño imposible, insinuado por Tauro quizá. Pero quizá logren lo que nadie más pudo hacer por el simple hecho de estar juntos. Espero que toda ilusión o discrepancia sea bienvenida y utilizable.

SAGITARIO Y GÉMINIS. Poco importa si te defrauda un poco Géminis, porque es tu signo opuesto y posiblemente captes que sin aceptarlo, algo suyo debería ser tuyo. Es imperativo que entiendas que Géminis siente lo mismo. La ambición de ambos siempre tratará de buscar una salida sorpresivamente irritable, exasperada, magnética. Uno puede apoderarse del otro y por lo mismo, busquen como experimentar con lo que se ha perdido sin reconocerlo. Lo que aún no encuentra su lugar.

SAGITARIO Y CÁNCER. Dale algun consejo y asegúrate que Cáncer te haga caso. Si no lo hace, tu consejo no es bueno y perderás compostura. Cáncer no necesita aspirar a más que una bella mirada y una atitud correcta de tu parte y podrá darte casi exclusivamente lo mismo. ¿Finalmente, por qué no autoconvencerse que ambos están mucho mejor de lo que creen?

SAGITARIO Y LEO. Esquiva lo que no te parezca perfección pura. Elimínalo. Ustedes son quienes pueden hacernos ver que la perfección sí puede existir muy de vez en cuando. Leo a Sagitario y Sagitario a Leo no tienen que temerle a "la señora de la fortuna". Está presente donde estén ustedes. Simplemente no siempre estará de lado suyo. Afánense a conseguir exactamente lo que ambicionan con A mayúscula. ¿Quién dice que lo superabundante no dura?

SAGITARIO Y VIRGO. Prométanse muchas cosas y en seguida traten de alcanzar la luna, cualquier rayo de ella, o por qué no, un paseo por su trasnochada andar. No hagan planes demasiado ambiciosos si no son un poco alocados para que tengan cómo culparse después. Virgo sabrá como bajarte la guardia y tú sabrás cómo hacerle ver lo divertido que puede ser dudar la realidad.

SAGITARIO Y LIBRA. ¿Nunca has querido verte retratado en la portada de una revista de talla internacional? Entre ustedes, si se apoyan, alguno lo podrá lograr. Eso es pan comido, y hasta algo mejor si escuchas consejo de Libra, puesto que pueden influenciarse igual que la gravedad de la luna ejerce mágico poder sobre los mares y sube la marea. Quizá otros considerarán como derroche el magnífico tiempo que pueden pasar juntos, ustedes lo saben emplear fortuitamente. Esta es una excelente combinación para hacerse relaciones públicas mutuas, buenos favores y algunas fortunas celestiales.

SAGITARIO Y ESCORPIÓN. Decisiones, decisiones y más decisiones—hay tanto de dónde escoger, y Escorpión te facilita el poderlos destinguir. Quizá no tanto por cual decidirte, pero si ver con ojos nuevos viejos objetos o ideas. Suaviza tu punto de vista y trata de que Escorpión haga lo mismo. Sería conveniente considerar prometerse algo, como por ejemplo de que manera van a repartirse el botín. La ambición de Sagitario despierta la siempre presente imaginación de Escorpión.

SAGITARIO Y SAGITARIO. A su alcance están todas las opciones del mundo. Les puede funcionar cualquier cosa. Un poco de prudencia les hará bien porque al planear algo un poco disparatado o inverosímil puede haber tropezones. Física y mentalmente podrian agotarse, y recuerden sobre todo al estar juntos, que la ambición no es la madre de todas las virtudes.

SAGITARIO Y CAPRICORNIO. Tu propia reputación Sagitario, es mucho más importante que cualquier cosa que pudieras aspirar lograr. Por lo tanto, déjaselo saber a Capricornio. Podría ser una idea o una colaboración pasajera para Capricornio, y si así es, para tu manera de ser esto no debería importarte. Pide cosas con toda claridad, y exhíbete tal y cómo eres ya que tú eres quien más brillo puede alcanzar en esta combinación, aunque Capricornio no se lo crea.

SAGITARIO Y ACUARIO. Sería excelente si pudieran tener una poción mágica para que siempre que se vean ustedes pudieran ambicionar un clima perfecto. Sentirse bien al aire libre es algo específicamente importante tanto para Sagitario como para Acuario. Además, esta combinación necesita un poco de tontería, un toque majadero y una pequeña locura como la sal que se le pone al huevo. A la larga, de esas pequeñeces se nutren a largo plazo. Posiblemente otra persona mejore su relación, y posiblemente también, esa tercera persona y tú, tendrán mucho que agradecerle a Acuario.

SAGITARIO Y PISCIS. Comparen. Distinguen. Conecten. Distribuyan. Escuchen. Anoten. Esperen. Atiendan. En seguida, escojan algo totalmente al azar y continuen con la lista de acciones del párrafo. Entre ustedes, alguno habrá cautivado a otra persona que tiene aun más ambición que la suya, y esto presupone que el dicho de juntos pero no revueltos es la mejor manera de asumir su propia inteligencia astrológica.

C a p r i c o r n i o
crecer y desarrollar: permanecer

*"Permaneceré como soy porque me importa
un bledo".*
—DOROTHY PARKER

Permanecer es una manera de estar de acuerdo de ser compatible con algo o con alguien. Permanecemos porque tenemos la libertad de hacerlo. Por lo menos, así debería ser y fuerzas externas no deberían tener nada que ver con nuestra permanencia. Pedí no quedarme dijo el poeta Muhlenberg, ¡que nos muestra como la idea de permanecer puede ser tan ilusioria como el mismísimo tiempo! Esperamos todos permanecer en la mente de aquellos que queremos y admiramos, y esto tiene que ver con durar, hermana menor de permanecer. Capricornio es llamado a cuentas para tener en su estructura una permanencia eterna, y le conferimos el premio mayor a Capricornio para que sea guardian absoluto de lo mismo. Tú, Capricornio, estás en plena forma cuando no tienes que ir y venir, porque con el simple hecho de estar te fortaleces. Sostienes a los demás con tu sola presencia y al quedarte en tus trece o en un sólo lugar sobrellevas cualquier cosa. Sabes además, como ayudar a los habitantes de todos los otros signos astrológicos cómo permanecer a gusto, endonde les tocó vivir o sabes cómo mostrarles dónde deberían de permanecer.

Permanecer es un estado de ánimo que te conviene, Capricornio, porque el tiempo es tu patio de recreo. Mucha gente sienten que el tiempo los restringe, o que pasa demasiado rápido y no les alcanza, o tiene una lentitud insoportable. Pero para ti Capricornio, permanecer con el tiempo alrededor tuyo no te molesta; la eternidad no te limita y sabes como residir en él sin que te alteren ni las pequeñeses ni la grandiosidad de lo que pudiera sucederte. Sabes que el tiempo arregla todo, que todo agua toma su nivel y el tiempo que pasa mientras eso sucede para ti no tiene medida.

Todos criticamos, a veces varias veces al día, pero tú eres quien sabe mejor que nadie cómo poner a buen uso tus juicios y orquestrarlos de tal manera que la franqueza que a menudo usas y que duele porque a veces reprueba, le cuadra a la gente. Sienten que crecen, que les muestras cómo mejorar, y que la permanencia que les ayudas a soportar, tiene razón de ser.

Tienes el talento para poder—si realmente crees que vale la pena—moldear cualquier tipo de espera y convertirlo en un momento de intimidad haciéndole sentir al otrora quejoso que tiene mucha suerte en poder disponer del tiempo para esperarte, o de espera. Ayudas mientras esperan, permanecen porque sienten que aún pueden más, y frecuentemente eres quien muestra como encontrar paz y sosiego haciendo una fila en el banco, en el cine, para reponer calzado o comprarse una lotería. Es más, cuando otro signo que no sea el tuyo esté en una fila, suertudo ese, si el que le sigue es Capricornio. Tendrá algo sustancioso que decirle seguramente.

Sabes como ayudar a otros que esperan a guardar la calma, a guardar la forma o simplemente a permanecer. Y, te habrás hecho un favor propio usando este poder tan intrínsico para involucrarte en cualquier asunto sin escatimar, en especial si tiene esto que ver con consolidar relaciones humanas. Para serte franca, sería excelente si todos los otros signos permanecen a tu lado para siempre, porque hasta que te pierden se dan cuenta de la falta que haces, y ¿por qué que tal si te pierdes? ¿Qué hacemos?

Cómo crecer y desarrollar relaciones con los otros signos del zodiaco:

Capricornio y Aries. Simplemente por el hecho de tener estilos diferentes no es excusa alguna para ser descuidado con los sentimientos de Aries. Él o ella—Aries en cuestión—podría tener necesidades que tú deberías ayudar a poner en su lugar. No tienes que pensar en permanencias, porque no creo que al signo de Aries le interese compartir el verbo contigo. Salvo si logran ponerse de acuerdo mientras meditan. Entonces, todo cambia.

CAPRICORNIO Y TAURO. ¡Te sacaste la lotería, Capricornio! Lograr que Tauro te acompañe, cómo sea, dónde sea, cuando sea consolida tu muy particular y constatada quimera. La que sea. Aunque su relación sea efímera, perservera, porque más que todos tú sabes que él que perservera alcanza. Tauro te produce mucho de lo que siempre querías pero no sabías como alcanzar, además.

CAPRICORNIO Y GÉMINIS. Tienen que tener un buen motivo para seguir adelante o pensar en permanecer en contacto. Capricornio puede ser el baluarte y Géminis el coordinador. En el peor de los casos, un poco de superficialidad no te hará daño, Capricornio. Cuida que las reacciones de Géminis no te inhiban y vé como tú asumes nuevas posibilidades a largo plazo si se llegan a entender.

CAPRICORNIO Y CÁNCER. No ignores la nobleza de Cáncer, Capricornio. Si el esfuerzo que tienes que hacer para aceptarla te parece cuesta arriba, es porque estás a punto de prender tu propia inteligencia astrológica. ¡En hora buena! La sapiencia encontrada entre ustedes debe ayudarles a consolidar sus planes, puesto que son signos contrarios y complementarios. Arrímale el hombro a Cáncer y te dará todo el apoyo que necesitas. Ahora ya lo sabes y harías mal en desaprovecharlo.

CAPRICORNIO Y LEO. Podría parecerte, Leo, demasiado caprichoso pero a Leo ser caprichoso le hace bien. Por lo tanto, ayúdalo a salirse con la suya y a sentirse bien como el rey del mundo, y verás que estará tan feliz que te apoyará o si quieres, te acompañará hasta el fin del mundo. ¿No será que algo de extravagancia de hace bien a ti? Piénsalo y de vez en vez permanece meditándolo.

Capricornio y Virgo. El meollo entre ustedes es guardar la compostura con moderación aparente. Nos llegan noticias recién estudiadas sobre el hecho de que la inteligencia no puede ser definida, pero evitar la estupidez sí puede se puede especificar. Esta información es mucho mejor que cualquier cita o frase escogida, especialmente si están consolidando algo juntos. ¡Háganlo pues!

Capricornio y Libra. Si podrías asomarte por la mirilla de alguna puerta, te darás cuenta que entre ustedes y por el momento, lo pequeño es lo más conveniente. Lo básico, lo que comienza o con lo que comenzaron, volver a empezar o permanecer quietos. No hagan olas. Sumen la situación momentánea con algo seguro y no pidas Capricornio, que te comprueben nada. Libra puede ver tu aura y siempre debes escucharle. Contrólate.

Capricornio y Escorpión. Definitivamente no tienen necesidad de ningún común denominador para apoyarse mutuamente. Pueden comenzar desde cualquier lugar con cualquier cosa y guiarse instintivamente hasta por la tormenta mas tremenda. Si han decidido hacer algo en conjunto, todo debe caer por su propio peso en buen lugar. Podría acontecer lento, pero seguro, y definitivamente de manera permanentemente conveniente.

Capricornio y Sagitario. Planeen con cuidado y con esmero sus pasos, uno por uno, hasta el final y con la proposición de que todo mejorará. Lo que tienen que evitar es la posibilidad de que empeore. Lo más importante a largo plazo entre ustedes es que la apreciación de sus esfuerzos sean positivos; más que el resultado final. ¿Por qué razón? Porque al juntar sus ideas, nacen maravillas.

CAPRICORNIO Y CAPRICORNIO. Si logras descubrir lo que te da la mayor satisfacción sin mentirte, toda duda y toda aprehensión desaparecerá y harás sentirle al Capricornio que está a tu lado—o que lo estará—igual. Nadie es mejor para Capricornio, que otro/otra Capricornio. ¡No finjas! Si te disfrazas, serás presa fácil o ejemplo de una pobre excusa.

CAPRICORNIO Y ACUARIO. Si crees que Acuario no es lo suficientemente serio o no se toma la relación o el problema con suficiente sensatez, quizá tengas razón, pero eso no quiere decir que las cosas no puedan funcionar. No discutas por mezquindades (no tienen que tener el mismo gusto en cosas menores) y no tienes porque no divertirte con el desparpajo de Acuario. ¡Pasen menos tiempo juntos y haz un esfuerzo por conocer un Acuario por semana para hacer tus propias comparaciones!

CAPRICORNIO Y PISCIS. Tú, Capricornio, puedes con gracia ser bastante conformista. Piscis puede ser todo lo contrario. Y aunque ustedes no son signos opuestos, al tener que consolidar—entre los dos—permanecerán en linea recta para su propio aprovechamiento. Pueden crear, amar, planear, trabajar y hasta aguantarse para y por todos los tiempos, si quieren. Eso sí, no dejes que Piscis se enclaustre en su propio ser.

Acuario
crecer y desarrollar: vitalidad

"El peor pecado es sentarte sobre el trasero".
—FLORYNCE KENNEDY

*¡S*i te falta vitalidad eficaz, más te vale averiguar cómo conseguirlo! Si eres Acuario, naciste en la atalaya adecuada para saber de dónde agarrarte para lo que te venga en juego, en mente, en cara o simplemente para resolver cualquier acontecimiento. Inclusive si siendo Acuario te han acusado alguna vez de faltarte vitalidad o ser letárgico, es simplemente porque no has encontrado la salida adecuada para activar tu vigor y eficacia. Acuario, una vez que haces algo o te encuentras en la situación conveniente para tu persona, nadie te para. Eres inolvidable, enérgico y aparece en ti la suficiente impetuosidad para abrirte paso donde sea. Tu vitalidad te permite ser la flor y nata de todo conato. Si te llegan a decir que no tienes límites no debes intentar contestar porque tú mismo no los conoces. Hay una doctrina llamada *vitalismo* que es algo que debería de interesarte—por ahora, superficialmente—porque podría ser que te convenga. Propone que la vida y todos los fenómenos consecuentes biológicos se deben a una fuerza vital. Tú, Acuario, eres el objeto y el sujeto de eso mismo.

Alexandro Pope, el poeta del siglo XVIII, usa la frase chispa vital de la flama celestial para describir la vida. No era de signo Acuario, pero dentro de esa pequeña frase poética se encierra más que cualquier otra descripción que pudiera yo imaginarme para tratar de hacerte ver, Acuario, de que manera esa palabra, esa idea, de vitalidad late en tu ser. Al mismo tiempo, harás bien en amaestrar un poco de tu propia vitalidad ecléctica para poder reforzar el vigor de los tuyos, o de los que te interesan. Este es un don inherente a tu signo y sería una verdadera pérdida si no lo usas adecuadamente, porque también eres capaz de influenciar vigorosamente a quienes quieras de lo que no deben. Tan sencillo como eso, especialmente si la felicidad tiene algo que ver con el bienestar ajeno o con consolidar la vida de los demás de alguna forma, por mínima o máxima que pudiera ser. El potencial de tu energia puede a veces salirse de los estribos, algo en dentro del gran esquema de tu vida no debería de importar siempre y cuando entiendas que tus vibras son menos controlables que los de todos los otros signos. Y, habrá que recordar, que todos tenemos a Acuario en nuestra carta astral en algún lado. Cuando hayas descifrado y sepas cómo dirigir ese caudal independiente que llevas, en ese espíritu tan vital que es el tuyo, serás el mejor ejemplo de vitamina cosmológica para todos los almas necesitadas de Aries, Tauro, Géminis, Cáncer, Leo, Virgo, Libra, Escorpión, Sagitario, Capricornio y Piscis. Lo entretejido de nuestra propia persona no es fácil de explicar, pero hay algo en tu entretejido principio vital que de alguna manera arbitra la fortuna ajena, con suerte. Posiblemente sea como tener una bendición especial simplemente por estar presentes en el mundo. Aquí estas tú Acuario, y ahora tienes la oportunidad de aprovechar efectivamente tu semejanza, tu vitalidad y tu propensidad de ayudar. Nunca dejes pasar de costado una oportunidad de mejorar algo o ayudar a mejorar a alguien. Sería una lástima si lo hicieras, porque nos dejarías en la tiniebla.

Cómo crecer y desarrollar relaciones con los otros signos del zodiaco:

Acuario y Aries. Esopo hace unos dos mil años tuvo la genialidad de escribir "Ándense con cuidado de no perder el meollo por asirse de la sombra". Celebren su tiempo, su vitalidad y su unión entendiendo esa gran frase en toda su intimidad y substancia. Tanto Acuario como Aries pueden hacer milagros entre ustedes y para otros. Dejen que sus espíritus se alcen sobre toda adversidad y utilicen cualquier cosa más todo que les venga a mano para mejorarle la situación a quien tengan enfrente. Ambos se sentirán como los reyes del mundo al lograrlo.

ACUARIO Y TAURO. No jueguen con fuego ni con lo que no caiga de pié por su propio peso. Todo tendrá una consecuencia, muy vital eso sí, pero con efectos secundarios. Puedes tú Acuario, ser todo lo brusco que quieras o todo lo franco que creas necesario si es que eso logra que Tauro esté tramando realidades, y no sueños imposibles. En este caso—entre ustedes— no te pierdas en detalles ni trates de hacer tus propios horarios que Tauro no entendería. ¡Cuida que Tauro tenga muy claro lo importante que puede ser el estar bien alineado con su propia vitalidad!

ACUARIO Y GÉMINIS. Puede haber tanta energía y vitalidad entre ustedes que podrían ser ejemplo para que los demás vean y sientan como debe ser lo perfecto, lo completo, lo que tenga el espíritu adecuado y además cómo divertirse de lo lindo al mismo tiempo. Si las cosas no parecen estar marchando así, o te equivocaste de signo, o Géminis se divierto contigo, Acuario.

ACUARIO Y CÁNCER. Con una sola idea estrambótica, ¡podrías darle a Cáncer substancia suficiente para que mantenga su tren de ideas en el riel adecuado hasta lograr lo que quiera! Es decir, tú, Acuario, escógele su billete de lotería. Combinar fuerzas puede ser una magnífica idea para ambos. Ahora que si al mismo tiempo planean probar alguna novedad que les mejore el cuerpo o el alma y logran mayor vigor físico, ¡excelente!

ACUARIO Y LEO. ¡Uf! ¡Cuidado! No vale la pena una contrariedad si Leo te pide sumisión. No tienes que acceder a nada, simplemente haz como si estuvieras de acuerdo, miente un poco, y pónte cómodo sin discutir. Su vitalidad profunda podría parecer ser absolutamente opuesta y sin embargo todo Acuario tiene algo de Leo, como que todo Leo tiene algo de Acuario, viceralmente. La mágia está presente entre ustedes.

ACUARIO Y VIRGO. Cualquier estadística, sobre todo si es vital o hecho para consolidar algo estará bien elaborado y confiable si Virgo está a tu lado o ha colaborado contigo para realizarlo. Por una vez Acuario, confórmense y vayan de acuerdo a la época; la suya o por la que estén pasando sin tropezones ni modos o maneras inconvenientes. Si hay una celebración religiosa por conmemorar, Virgo siempre sabrá como enaltecerla, y si no hay una, trata de volver el tiempo hacia atrás para atrapar lo que se pueda, con Virgo, por supuesto.

ACUARIO Y LIBRA. Cuando te estás imaginando cómo consolidar, resolver, contruir, aguantar o usar algo con Libra a tu lado, la fidelidad será la virtud más importante. Algunas reglas que tú, Acuario, podrías considerar arcáicas pueden ser puestas en acción para resolver pequeñas dificultades o vicisitudes que aparecen en todo camino, ¡hasta en las que son perfectas! Libra podrá no darte o entregarte todo lo que quieras, pero harías bien en resolver cualquier aventura que podría convertirse en algo vitalmente bienaventurado.

ACUARIO Y ESCORPIÓN. Descanza antes de comenzar. Respira honda y profundamente, sal a caminar o haz algún ejercicio para llegar tranquilo en cualquier trato vital con Escorpión. No dejes de hacer las cosas con afán y ahinco, pero tampoco exageres, Acuario. Escorpión puede cerrar sus puertas de acceso, las suyos particulares, simplemente porque se cansa nada más de ver tus propuestas. No cejes. Pónganse de acuerdo y a trabajar, puesto que los resultados pueden ser paradisiacos si le ponen suficiente empeño.

ACUARIO Y SAGITARIO. ¡Qué pareja! No deben necesitar consejo alguno, su relación está hecho en el cielo, siempre y cuando aciertan como llegar. Construir y consolidar es algo que les viene instintivamente cuando ustedes se juntan, de manera tan vital que no tienen que pensarlo dos veces. ¡Es más, si se proponen a tramar algo nuevo, quizá descubran como viajar más rápido que la luz! O por lo menos, crean estar a punto de revelarlo.

ACUARIO Y CAPRICORNIO. Si crees, Acuario, que te algo impide tus actos deja de estar haciendo lo que planeabas, y busca otro camino, otra oportunidad o una nueva manera de emplear vitalmente tu ambición. Capricornio y tú tienen cierta afinidad para rarezas, como partículas ionizadas, el ácido deoxiribonuclaico, vibraciones secuenciales y ondas electromagnéticas. Si cualquiera de estas especificaciones se cargan de manera negativa, ustedes pagarán caro las consecuencias. Pongan todo en orden para que no pueda perderse ninguna particula vital bajo ninguna circunstancia.

ACUARIO Y ACUARIO. Estoy segura de que si llega algúna señal intraestelar, será una pareja de Acuarios quienes lo recibirán primero. Estoy segura también, de que poca gente les quiera creer. Signos ininteligibles serán descifrados por ustedes y lo más importante es que un Acuario siempre le crea a otro. Cualquier esfuerzo vital, entre ustedes, valdrá la pena.

ACUARIO Y PISCIS. Guardando compostura aunque no estén de acuerdo es de suma importancia, pues lo que puedan decirse siempre será un accesorio para algo valioso. Al hablar, tanto Acuario como Piscis entenderá mucho más de lo que esperaba, por el simple hecho de que ambos signos tienen mucha intuición, que se apaga si no es vocalizada. Piscis tiene necesidad de recargar su vitalidad de vez en cuando. Tú, Acuario, puedes ayudarle. ¿Por qué no hacerlo?

Piscis

crecer y desarrollar: senderos

"Los maestros abren las puertas, pero eres tú quien tiene que entrar".
—PROVERBIO CHINO

Siempre hay manera de encontrar un método para cualquier parecer, aunque a veces el sendero equivocado pordría aparentar ser el más razonable. (Le agradezco al señor W. Shakespeare y a G. Moore el haberme permitido tomar el atajo para estas dos primeras frases). Y aun hay más ya que con Piscis siempre hay más. Las palabras de Emerson que son como una senda hacia Piscis hecha a la medida; no existe camino que no tenga una estrella sobre él. Es esa la escencia poetica de Piscis, resumida en diez palabras, porque Piscis puede ser la estrella que nos guía en todo momento, sobre cualquier sendero y al sentirnos perdidos Piscis es quien, a veces sin saberlo, nos guía de manera delicada, reflexiva y natural haciendonos entender por dónde ir y cómo.

Piscis, eres alguien que con toda tranquilidad, podrías tomar este libro en tus manos, abrirlo donde caíga, poner el dedo sobre cualquier linea y encontrarle el cuadrado al círculo y la concordancia perfecta en esa misma frase que pondrá en su lugar y mostrará cómo entender la inteligencia astrológica adecuada a toda circunstancia, consolidando momentos, ideas, pasiones y acciones. Naciste porque así tenía que ser para el bien ajeno, dentro de un signo que lleva en sí la suficiente sabiduría mágica para poder construir carreteras o senderos hacía lo que Aries, Tauro, Géminis, Cáncer, Leo, Virgo, Libra, Escorpión, Sagitario, Capricornio y Acuario quiere y debería consolidar. Las situaciones están allí para que tú compongas mundos, Piscis. Y sabes además como vivir el *presente* tomando en cuenta todo lo vivido con la intuición correcta para lo que vendrá. No requieres mucho para subirnos a nuestro sendero propio, el anhelado. Simplemente tenemos que decirte; me ayudas, y aunque no te digamos por favor, te desempeñas, sabiendo por qué te lo pedimos. Entiendes nuestras alegrías y tristezas, sabes por qué aparecen y cómo nos aproximamos a ellas. Una parte vital de tu propio ánimo astrológico es una intuición increible, perspicacia fuera de lo común y a veces, clarividencia envuelta en una gran habilidad para sentir las emociones de los demás. Y siempre mejorarás otras vidas con mayor facilidad que la tuya propia.

Piscis, nos permites ver como, andando en el sendero de la vida, sería mejor y más juicioso emplear lo que tenemos a la manopara seguir adelante, por que tú comprendes el presente como algo único y disfrutable. Tienes tanta presencia para con el aprovechamiento de lo real con lo irreal, que estoy casi segura de que será alguien de signo Piscis quien descubrirá el número específico que tiene como significado la duración eterna. ¡Por lo menos, ese sendero te lo confiero! Quizá todos los otros signos del zodiaco deberían construirte un portal cibernético para que tú mismo tengas acceso a algo tan gratificante como lo que nos otorgas. Piscis.com debería estar allí de nuestra parte para que con solo un abrir y cerrar de ojos puedas divertirte o consolarte de inmediato. Te lo mereces. A veces, se te olvida tu propio sendero, te pierdes por ahí y espero que siempre tengas a la mano como recargarte y con quien para que tengas la seguridad que toda tu compasión tiene recompensa. Nosotros, siempre que miremos el reloj, debemos entender que es una manera de encontrarnos en el sendero del diario deambular y que tú, Piscis, eres quien nos ayuda a entender esto. Gracias, y como post data, les deseo a todos los signos tener algún Piscis cercano para aligerarnos el día.

Cómo crecer y desarrollar relaciones con los otros signos del zodiaco:

Piscis y Aries. Para ti Piscis, posiblemente te parezca este momento de la vida un poco extraño, y Aries podría estar sintiendo algo de hostilidad por el simple hecho de estar juntos. Y sin embargo en conjunto, cualquier problema puede resolverse suavemente, como debe de ser. Piscis termina el ciclo astrológico; Aries lo comienza. Mientras más pensante sea su avenida de acceso mejor para ustedes.

Piscis y Tauro. Cuando estás con Tauro el tiempo pasa con demasiada rapidéz, y ¡si no te sucede esto, cambia de Tauro! Ahora, nadie va a pedir que rindas cuentas, y mucho menos Tauro porque el tiempo siempre estará de tu lado en esta situación. ¿Será que cuando ustedes se juntan todo está escrito en las estrellas? Lo que pase, lo que suceda, habrá valido la pena, y lo que no suceda, déjalo para otro sendero o sueño. Posiblemente esta buena vibra les dure para siempre y si no, seguramente habrá otra ocasión.

Piscis y Géminis. Confórmate pero escoge mejor. No tomes cualquier sendero con todo Géminis. Toma algunos con alguno.

Géminis puede encantarte pero no cumplirte y permítite divagar con todas las posiblidades posibles antes de prometer cualquier cosa. Planea también cómo salirte de esa situación por si acaso. De hecho, deberías tener a la mano varias coartadas, y no escatimes valor si crees que debes utilizarlas. ¡Por supuesto, también pueden divertirse!

PISCIS Y CÁNCER. Si el tiempo no les rinde, cambien de horario para que ambos puedan gozarse, entenderse y realizar lo que planean. Siempre hay más que dar entre ustedes; inclusive, al final del sendero, habrán nuevas y maravillosas cosas. Sus prioridades podrían cambiar, pero la fuerza que los une, nunca. Una falla en sus definiciones no es negativa, les dará oportunidad de ampliar aun mas sus horizontes. Mientras más tiempo pasen juntos, mejor a la larga.

PISCIS Y LEO. *No* cambies de giro, Piscis. El agua siempre tomará su nivel entre ustedes a la larga. A la corta, posiblemente, no. Alguno entre ustedes dos puede sentir que no recibe su merecido o que trabaja demasiado con poco logro, pero mientras más especificaciones hay más oportunidades habrán para enfocarse (ambos). Con Leo, tú, Piscis puedes perderte, pero divertidamente y nunca olvides que perdiendote, te hallas Piscis, esa ventaja te doy.

PISCIS Y VIRGO. Mientras no pierdan de vista la finalidad de su intento, la experiencia de su encuentro puede ser—con suerte—tan afortunada como apretar el botón de la suerte en una máquina que suelta miles de pesos de oro o plata. No tomen atajos, ni piensen que todo es color de rosa entre ustedes, recuerda que son signos opuestos y si nada parece marchar bien entre ustedes, aguanten porque simplemente tienen que esperar que sus astros cambien de giro. El juntarse los mejora y les permite acceso al buen juicio a la larga.

Piscis y Libra. Comienzen contandose sus sueños. Los verídicos. Los que quieren hacer realidad. En seguida, pero poco a poco, ábranse hasta donde puedan llegar, y si ven que llegaron a la irrealidad absoluta, sigan. Lo único que no debe hacer Piscis con Libra es forzar las cosas y tratar de ser demasiado realista. Las suposicione, las posibilidades, los quizás y los por si acasos son factores viables. Libra puede ser gran compañero de Piscis.

Piscis y Escorpión. Si lograrán crear algo artístico, aunque fuera casero, sería excelente . . . hagan la prueba, porque eso les abrirá paso a talentos que ni imaginaban tener. ¡Puede ser valorar algo artístico, crear un platillo excelente o componer una Opera íntegra! Su sensibilidad habrá subido de varios grados y su tranquilidad también si se atreven. Ambos tienen mucho de los mismo, pero nunca hay suficiente para llenar todo camino, y lo creativo tanto para Piscis como para Escorpión es la mejor vitamina astral.

Piscis y Sagitario. Firmen algo, tengan un giro oficial en su encuentro, públicamente júntense, tenganle fé a los reglamentos autorizados y no se asusten si la palabra burocracia entra en el juego. Así evitarán cualquier incongruencia que podría dar paso a una equivocación prematura o indebido. Si el sendero parece quedarles grande, no cejen, simplemente, tomen otro y díganse; borrón (real) y cuenta nueva.

Piscis y Capricornio. Atrévete a experimentar Piscis, aunque no sea santo de toda devoción de Capricornio, quien gusta de ir por los caminos seguros. Ensaya y maniobra, y si logras que Capricornio se conecte con algo recién inventado, sería sensacional la vitalidad integrada. La de Piscis, con Capricornio revuelto con lo inaudito. La alternativa podría ser pura aburrición.

PISCIS Y ACUARIO. Para empezar, asegúrate para que los sentidos de Acuario y los tuyos estén en coordinación, listos para
afrontar despejadamente cualquier cosa. Punto seguido, atrévanse a lo que sea, con toda la vitalidad puesta a su disposición
y con un suplemento de adaptación a la mano, si es que no se
puede comprar enbotellado. La combinación suya, es como para
que salgan de viaje al Polo Sur y pasen varios años estudiando el
lenguaje secreto de los pinguinos. Algo tan fuera de lo común
como mínimo, algo muy importante como máximo.

PISCIS Y PISCIS. Espiritualismo, meditación y congruencia.
Con solamente estás tres palabras sería suficiente para que ustedes, Piscis en conjunto, comprendan lo que tienen que hacer
para convertir su vitalidad en fuerza vital. Quisiera que tomen el
sendero que les permita reconocer todos los dones que tienen.
No tienen que ser grandes creyentes, sólo tienen que darse una
buena oportunidad y todo se esclarecerá. Consoliden su espiri-
tualidad. ¡Aunque me repita!

ÍNDICE

Índice

Índice